Inken Wanzek ▪ Christine Rosenboom

Arbeitsplatz in Gefahr – das sind Ihre Rechte

Inken Wanzek ▪ Christine Rosenboom

Arbeitsplatz in Gefahr – das sind Ihre Rechte

**Kündigung ▪ Beschäftigungsgesellschaft ▪
Aufhebungsvertrag ▪
Mobbing ▪ Trennungsgespräche**

Bibliografische Information Der Deutschen Bibliothek

Die Deutsche Bibliothek verzeichnet diese Publikation in der Deutschen Nationalbibliografie; detaillierte bibliografische Daten sind im Internet über http://dnb.ddb.de abrufbar.

ISBN: 978-3-7093-0152-4

Konzeption und Realisation: Ariadne-Buch, Christine Proske, München
Satz: KompetenzCenter, Mönchengladbach
Redaktion: Cornelia Rüping

Umschlag: stern und AG MEDIA GmbH
© LINDE VERLAG WIEN Ges.m.b.H., Wien 2007
1210 Wien, Scheydgasse 24, Tel.: +43/1/24 630
www.lindeverlag.at

Druck: Hans Jentzsch & Co. GmbH., 1210 Wien, Scheydgasse 31

Inhalt

Vorwort

Man muss eigentlich allen Menschen wünschen, dass sie diesen Ratgeber niemals benötigen. Die Realität sieht leider anders aus: Wir haben uns an die Meldungen gewöhnt, dass Konzerne Tausende von Jobs streichen, dass Produktionen ins günstigere Ausland verlagert werden oder dass, damit der Gewinn noch höher ausfällt, Mitarbeiter „freigesetzt" werden.

Die Freigesetzten aber fühlen sich nicht frei. Sie haben Angst. Und mit ihnen fürchten sich Millionen Menschen in Deutschland, die noch ihren Job haben, davor, dass ihr Betrieb der nächste sein könnte, über den in der „Tagesschau" berichtet wird. Umfragen zeigen regelmäßig: Keine andere Angst treibt die Deutschen so sehr um wie die vor Arbeitsplatzverlust und Arbeitslosigkeit.

Angst vor Jobverlust

Wer vor einer – betriebsbedingten – Kündigung steht, braucht Hilfe. „Arbeitsplatz in Gefahr – das sind Ihre Rechte" bietet diese Hilfe. Das in der stern-Ratgeber-Reihe erschienene Buch beschreibt, welche Wege noch offenstehen, wenn die Kündigung droht oder wenn Sie „herausgemobbt" werden sollen. Es zeigt ausführlich auf, welche Risiken bei Abfindungen und Aufhebungsverträgen lauern und was vor dem Übertritt in eine Beschäftigungsgesellschaft zu beachten ist. Beispielhaft schildern Betroffene, wie sie mit der Situation fertig wurden und was sie taten, um wieder einen neuen Arbeitsplatz zu finden.

Und so kann der Ratgeber auch Mut machen. Mut, sich zu wehren. Mut, sich nicht hängen zu lassen. Mut, anderen zu helfen. Dies wäre ein schöner Erfolg für ein Ratgeber-Buch!

Wehren Sie sich

Frank Thomsen, geschäftsführender Redakteur *stern*

Einleitung

Immer mehr Menschen müssen von ihrem Arbeitgeber hören: „Ihr Arbeitsplatz entfällt. Wir bieten Ihnen einen Aufhebungsvertrag oder den Eintritt in eine Beschäftigungsgesellschaft an. Lehnen Sie dies ab, müssen Sie mit einer betriebsbedingten Kündigung rechnen." Als erste Reaktion darauf denken die meisten Betroffenen: „Das kann nicht sein" oder „Das muss ein Irrtum sein". Dies wird begleitet von Niedergeschlagenheit, Wut, Hilflosigkeit – alles Gefühle, die eine ganz normale Reaktion auf eine außergewöhnliche Situation sind.

Erste Reaktion

Gewerkschaften und Arbeitgeber erfanden den sozialverträglichen Stellenabbau, um betriebsbedingte Kündigungen zu vermeiden. Doch gelingt es dadurch auch, Arbeitslosigkeit zu verhindern? Oder ist es gerade die betriebsbedingte Kündigung mit einer anschließenden Kündigungsschutzklage, die den Arbeitsplatz erhält? Unser Ratgeber richtet sich an Sie als Arbeitnehmer, wenn Sie den bevorstehenden Arbeitsplatzverlust nicht einfach hinnehmen wollen, sondern trotz der schwierigen und unbekannten Situation die beste Alternative für sich finden wollen. Sie erfahren Schritt für Schritt, welche Rechte Sie als Arbeitnehmer haben. Häufiger als angenommen lassen sich Kündigungen erfolgreich abwehren.

Kriterien für Ihre Entscheidung

Die Informationen und Tipps in diesem Buch helfen Ihnen, Kriterien zu entwickeln, anhand derer Sie entscheiden können, ob ein Aufhebungsvertrag, der Eintritt in eine Beschäftigungsgesellschaft oder doch die Kündigungsschutzklage der für Sie beste Weg ist, Arbeitslosigkeit zu vermeiden. Sie erfahren, wie Sie eine Kündigungsschutzklage vorbereiten und in der Praxis durchführen können. Zudem lernen Sie einzuschätzen, wie Ihre persönlichen Erfolgsaussichten in einem Kündigungsschutzprozess sind.

Als Alternative zur Kündigung bieten Arbeitgeber oft einen Aufhebungsvertrag oder den Übertritt in eine Beschäftigungsgesellschaft an. Doch wie gut sind diese Alternativen? Sie erfahren, was eine Beschäftigungsgesellschaft eigentlich ist und mit welchen Konditionen Sie rechnen können. Dabei geben Ihnen Erfahrungsberichte einen Einblick in die Praxis. Wenn Sie mit dem Gedanken spielen, die Firma über einen Aufhebungsvertrag zu verlassen, sollten Sie wissen, was Sie darin vereinbaren können und was nicht enthalten sein sollte. Eine Beispielrechnung zeigt Ihnen, wie lange Sie mit Abfindung und Arbeitslosengeld Ihren Lebensunterhalt finanzieren können.

Einblick in die Praxis

Gerade Konzerne gehen immer mehr dazu über, ganze Betriebe oder Betriebsteile zu verkaufen. Informieren Sie sich, welche Rechte Sie in die neue Gesellschaft mitnehmen. So lernen Sie einzuschätzen, ob es für Sie sinnvoll ist, einem Betriebsübergang zu widersprechen, und welche Folgen dieser Widerspruch in Ihrer persönlichen Situation hat.

Betriebsschließungen und Insolvenzen stellen die schlimmsten Szenarien für Arbeitnehmer dar. Sie lesen, wie Sie den Schaden für sich minimieren können. Auch hier haben Sie unter bestimmten Umständen die Chance, Ihren Arbeitsplatz im Unternehmen zu erhalten.

Minimieren Sie den Schaden

Doch die beste Information hilft nichts, wenn sie nicht aufgenommen und umgesetzt werden kann, weil Emotionen den Verstand blockieren. Der Chef, der gestern noch freundlich war, setzt Sie plötzlich mit unfairem Verhalten unter Druck. Die Personalabteilung zwingt Sie, Trennungsgespräche zu führen, obwohl Sie Ihren Arbeitsplatz behalten wollen. In diesen Gesprächen müssen Sie nicht unterliegen. In den Kapiteln über Trennungsgespräche und Mobbing lesen Sie, wie Sie sich mit einfachen, aber wirkungsvollen Mitteln in Drucksituationen wehren können.

Ihre Rechte

Dieser Ratgeber führt Sie praxisnah und in verständlicher Weise in Ihre Rechte ein und zeigt Ihnen, wie Sie diese durchsetzen können. Mit den richtigen Argumenten können Sie viel für sich bewegen. Sie erkennen Ihre Handlungsmöglichkeiten auch in scheinbar aussichtslosen Situationen und sind in der Lage, Alternativen einzuschätzen. Die tägliche Praxis lehrt, dass man sich erfolgreich wehren kann, wenn Gefühl, Wissen und Handeln im Gleichgewicht sind. Dazu will dieser Ratgeber beitragen.

I.   Wenn die Kündigung droht: Welche Wege kann ich gehen?

Immer mehr Arbeitnehmer werden durch eine avisierte betriebsbedingte Kündigung mit dem Verlust ihres Arbeitsplatzes konfrontiert. Sie stehen vor der Wahl, einen Aufhebungsvertrag zu unterschreiben, in eine Beschäftigungsgesellschaft zu gehen oder mittels einer Kündigungsschutzklage um ihren Arbeitsplatz zu kämpfen. Diese Entscheidung müssen sie in der Regel unter erheblichem Zeitdruck und starker emotionaler Belastung treffen.

Das einführende Kapitel vermittelt Ihnen einen ersten Überblick über die gängigsten Personalabbaumethoden. Zudem gibt es Ihnen Hinweise zur Bewältigung des psychischen Drucks, denn unbewältigte Emotionen führen häufig zu eklatanten Fehlentscheidungen.

Psychischen Druck bewältigen

Das eigene Gefühlschaos verstehen und bewältigen

Der Personalchef eines Konzerns sagte, als er die Entlassung von 2.600 Mitarbeitern eines Betriebs ankündigte: „Nehmen Sie es nicht persönlich." Doch jeden Einzelnen betraf der drohende Arbeitsplatzverlust unmittelbar. Die finanzielle Existenzgrundlage und die Stellung in der Gesellschaft waren von einem Moment auf den anderen infrage gestellt. „Plötzlich bin ich (und viele Kollegen) nur noch Ballast", sagte Walter, 54 Jahre, zwei Kinder. „Wenn ich in meinem Alter den Arbeitsplatz verliere, so finde ich in der heutigen Arbeitsmarktsituation keinen adäquaten Arbeitsplatz mehr. Das bedeutet, dass meine Familie und ich in spätestens ein bis

Unmittelbare Betroffenheit

zwei Jahren ein Sozialfall sind. Das wäre das Ende der kleinsten zu schützenden Gemeinschaft, der Familie. Kann das so gewollt sein?"

Arbeit ist keine Nebensache. Der Verlust trifft, und zwar nicht nur in finanzieller Hinsicht. Der Mensch identifiziert sich mit seiner Arbeit. Diese bestimmt seinen Stellenwert in der Gesellschaft. Entzug von Arbeit nimmt dem Menschen plötzlich einen Teil seiner Identifikation.

Vier Phasen

Den Arbeitsplatz zu verlieren, löst – wie Psychologen sagen und es auch unserer praktischen Erfahrung entspricht – bei jedem Menschen eine tiefe Betroffenheit aus. Nach der Konfrontation mit der Nachricht „Ihr Arbeitsplatz entfällt!" durchläuft der Mensch die Phasen Schock, Verdrängung, Aggression und Niedergeschlagenheit. Sie müssen nicht in dieser Reihenfolge durchlaufen werden, üblicherweise wechseln sich Verdrängung, Aggression und Niedergeschlagenheit immer wieder ab. Am Ende folgt je nach Zukunftsperspektive, Persönlichkeit und Umfeld die Phase der beruflichen Neuorientierung, das Ringen um den Arbeitsplatz oder die Phase des Sich-Aufgebens.

Schock

Diese Phase tritt unmittelbar nach der Nachricht „Ihr Arbeitsplatz entfällt" auf. In diesem Moment empfindet wohl jeder Mensch gleich, egal welche Position er innehat. Wenn der Arbeitsplatz verlorengeht, schwindet bei jedem Menschen das Selbstbewusstsein und Existenzängste entstehen. Man weiß nicht, wie man mit dieser Situation umgehen soll. Man fühlt sich verletzt, missachtet, bestraft, ausgenutzt, auf das Tiefste enttäuscht, ungerecht behandelt und schämt sich. Gleichzeitig ist man wütend, niedergedrückt und fragt sich: „Warum gerade ich?"

So schrieb ein vom Stellenabbau betroffener Mitarbeiter in einer E-Mail: „Gekündigt! Warum tut man uns das nach so vielen Jahren guter Arbeit an? Warum wirft man uns so plötzlich zum alten Eisen? Ich bin enttäuscht! Ich bin verzweifelt! Das Verhalten meines Chefs macht mich traurig und aggressiv, manchmal depressiv. All diese Gedanken machen uns allen sehr zu schaffen, meinen Kindern, meiner Frau und mir selbst natürlich am meisten. Unsere Enttäuschung ist riesengroß! – Aber ich will es schaffen."

Nicht jedem sieht man diesen psychischen Schock an, nicht jeder redet darüber. Die meisten Betroffenen unterdrücken ihre Gefühle. Gerade in der Schockphase neigt man dazu, sich zu isolieren. Doch Isolierung verstärkt den Schock und führt zur Verdrängung. Gefühle, die immer wieder auftauchen können, sind: „Ich habe das Bedürfnis zu laufen, zu laufen, zu laufen", „Nicht ich denke, sondern es denkt in mir", „Ich kann das Denken nicht stoppen", „Ich fühle mich ferngesteuert", „Ich fühle totale Leere in mir, bin wie gelähmt", „Es ist, als ob ich plötzlich in eine andere Welt geschleudert worden wäre". Betrachten Sie diese keinesfalls als Zeichen von Unfähigkeit oder persönlicher Schwäche, sie sind eine ganz normale Reaktion auf eine außergewöhnliche Situation. Hier einige Tipps, wie Sie sich verhalten können:

Isolierung und Verdrängung

- Wenn Sie das Gefühl verspüren herumzulaufen, tun Sie es. Bewegung baut Stress ab.
- Wenn Sie das Bedürfnis nach Entspannung und Ruhe haben, legen oder setzen Sie sich hin, atmen Sie so tief ein, wie Sie können, und dann ganz langsam wieder aus. Wiederholen Sie dies, bis Sie zur Ruhe kommen.
- Wenn Sie das Gefühl haben, unerträglich gestresst und nervös zu sein, beruhigen Sie sich. Atmen Sie dazu schnell hintereinander in kurzen Atemstößen mehrmals aus, dies

Entspannung

am besten mit leicht gebeugtem Oberkörper. Machen Sie dies aber nicht zu lange, sonst besteht die Gefahr, dass Sie hyperventilieren.

- Vermeiden Sie unbedingt jede Art von Ersatzhandlung: Geben Sie sich keinem Kaufrausch hin. Flüchten Sie sich nicht in Alkohol oder maßloses Essen. Auch Fernsehen ohne Ende hilft Ihnen nicht dabei, mit der Situation besser zurechtzukommen.

- Um der Isolation und Verdrängung vorzubeugen, notieren Sie die Gefühle, die die Nachricht „Ihr Arbeitsplatz entfällt" in Ihnen ausgelöst hat. Schreiben Sie aber keinen Deutschaufsatz. Formulieren Sie Ihre Gedanken so, wie sie kommen, in Wortfetzen, im Telegrammstil oder in langen Sätzen. Folgen Sie dem Rhythmus Ihrer Gefühle. Horchen Sie in sich hinein und schreiben Sie auf, was Sie hören. Lassen Sie Tränen der Trauer und der Wut zu.

Formulieren Sie Ihre Gedanken

DER UMGANG MIT BETROFFENEN

Die Isolierung in der Schockphase ist für Außenstehende nicht immer zu erkennen. Allerdings können die damit verbundenen Gefühle im schlimmsten Fall in unkontrollierte Aggression oder Depression münden. Wenn Sie also wissen, dass ein Kollege, Ihr Lebenspartner, ein Freund, Ihre Tochter oder Ihr Sohn von Stellenabbau betroffen ist, achten Sie darauf, ob sich diese Person zurückzieht, stark gereizt oder aggressiv reagiert. In solchen Fällen sollten Sie einfach da sein. Fragen Sie sie nicht: „Wie geht es dir?" Sie werden nur eine Floskel zur Antwort bekommen. Stellen Sie auch keine Fragen wie „Wie konnte es dazu kommen?", sondern greifen Sie auf, was der oder die Betroffene sagt, und gehen Sie darauf ein. Sprechen Sie sein Gefühl an, indem Sie fragen: „Wie fühlst du dich? Beschreibe es mir." Hören Sie zu, auch wenn Sie nicht alles gleich verstehen. Später ist auch noch Zeit nachzufragen.

Sind Sie als Beziehungs- oder Ehepartner vom Arbeitsplatzverlust mit betroffen, achten Sie darauf, dass Sie nicht zu verdrängen beginnen, weil Sie für Ihren Partner da sein wollen. Reden Sie mit ihm auch über Ihre Ängste. Seien Sie ehrlich und suchen Sie das offene Gespräch. Überschütten Sie Ihren Partner aber nicht mit Ihren Ängsten, sondern versuchen Sie, diese Situation gemeinsam anzugehen. Isolieren Sie sich nicht zu zweit.

Verdrängung

Matthias ist seit zwei Monaten gekündigt. Er war zum Rechtsanwalt gegangen und hatte Kündigungsschutzklage eingereicht. Er hatte seine Kündigung nicht verdrängt. Trotzdem verließ er jeden Morgen um 7:00 Uhr das Haus und ging zur Arbeit. Vor den Toren kehrte er um. Manchmal besuchte er den Betriebsrat. Den Rest der Zeit schlenderte er durch die Stadt – allein mit dem Gedanken: „Ich bin gekündigt."

Matthias hatte seiner Familie nichts gesagt. Er konnte es nicht sagen. Er war innerlich blockiert. Er fürchtete Vorwürfe oder aufmunternde Worte, die ihm sagten, alles werde gut. Er konnte den Gedanken an die Blicke der Nachbarn, an ihre Fragen, an ihr Bedauern und Mitgefühl nicht ertragen, das sie zeigen würden, sobald sie erfahren, dass er seinen Arbeitsplatz verloren hatte. Matthias schämte sich, versagt zu haben. Er trug dieses Gefühl vier Monate mit sich herum, bis er Folgendes erlebte:

Innerliche Blockaden

„10:30 Uhr. München Hauptbahnhof. Untergeschoss. Die Menschen eilen von der S- zur U-Bahn, viele mit Einkaufstüten bepackt. Man sieht es ihren Gesichtern an. Sie haben keine Zeit. Zeit, Zeit ist etwas, was ich im Überfluss habe. Ich, vor dessen Tür die Arbeitslosigkeit steht. Plötzlich sehe ich die ‚BISS'-Verkäufer, wie sie jeden Tag hier stehen und schweigend ihre Zeitschrift anbieten, die ihre Arbeitslosigkeit zum Thema hat. Ich sehe sie jetzt mit anderen Augen. Ich stelle mir vor, wie es sein wird, wenn ich arbeitslos bin. Würde ich dann auch die Kraft finden, hier zu stehen und ‚BISS' zu verkaufen? Nein, das würde ich nicht. Ich kann mich nicht so outen.

Ich beobachte, wie die Menschen an den ‚BISS'-Verkäufern vorbeigehen. Manche übersehen sie, so als ob sie nicht da wären. Andere senken den Blick und schleichen vorbei. Ich habe das bisher auch immer so gemacht. Ich dachte immer, was sind das für welche, die hier stehen. Heute weiß ich es.

Ich gehe auf einen ‚BISS'-Verkäufer zu und sage ihm, dass ich eine Zeitung kaufen möchte. 1,50 Euro kostet sie. Ich gebe ihm zwei Euro und sage: ‚Stimmt so.' ‚Er nimmt das Geld und sagt: ‚Gell, wir sind immer da?' Ich antworte: ‚Das ist auch gut so.' Wir kommen ins Gespräch. Ich habe Zeit und er auch. Vielleicht spüren wir beide, dass uns keine Welten mehr trennen wie früher.'"

Nach dieser Begegnung sprach Matthias mit seiner Familie und schloss sich seinen Kollegen an, die in gleicher Situation waren und sich regelmäßig trafen. Matthias hat seinen Kündigungsschutzprozess übrigens gewonnen.

Verlust der Identifikation

Was war geschehen? Matthias – vorher erfolgreicher Projektleiter – konnte den plötzlichen Verlust seiner Identifikation durch die Arbeit nicht verkraften. Er versuchte durch routinemäßiges Verhalten die alte Welt aufrechtzuerhalten. Er hatte das Gefühl, versagt zu haben. Erst die Begegnung mit einem anderen Menschen, der in der Situation war, die er für sich selbst zukünftig fürchtete, löste seine innere Blockade.

Dieses Beispiel zeigt, dass Verdrängung nicht einfach zu erkennen ist. Matthias hat vernünftig gehandelt. Er ist zum Anwalt gegangen und hat Kündigungsschutzklage eingereicht. Er hat verstandesmäßig richtig gehandelt, aber seine Gefühle total verdrängt, um den Alltag vor sich selbst und den anderen unverändert erscheinen zu lassen.

Um zu verhindern, dass in Ihnen eine innere Blockade entsteht, reden Sie am besten sofort mit Ihrer Familie, guten

Freunden und Kollegen, die in der gleichen Situation sind wie Sie. Machen Sie sich bewusst, dass Gedanken wie „Mich geht das alles nichts an", „Ich habe alles im Griff", „Mir macht das nichts aus", „Was soll's, irgendwie geht es schon weiter" Symptome dafür sein können, dass Sie verdrängen, was passiert ist.

Hinterfragen Sie Ihre Reaktionen. Schreiben Sie den Satz nieder: „Mein Arbeitsplatz ist bedroht. Mein Chef hat mir das mitgeteilt." Damit liegt die Tatsache, dass Ihr Arbeitsplatz bedroht ist, sichtbar vor Ihnen auf dem Tisch. Fragen Sie sich: Was bedeutet das für mich? Fragen Sie sich, warum Sie sich so verhalten, warum Sie die Situation nichts angeht, warum Sie glauben, über der Sache zu stehen und alles im Griff zu haben.

Tatsachen auf den Tisch legen

Schreiben Sie all Ihre Gefühle auf, die Ihnen dazu einfallen. Auch wenn Sie nichts spüren, notieren Sie dies. Suchen Sie ein Bild für diese Leere und beschreiben Sie es. Vielleicht haben Sie das Gefühl, ganz alleine in einer Wüste zu stehen. Beginnen Sie diese Gefühlsleere zu empfinden. Beschreiben Sie sie.

Am besten ist, diese Gefühle einem vertrauten Menschen mitzuteilen, selbst wenn Sie ihn nicht belasten wollen. Vielleicht geht es Ihrem Partner genauso und er hält sich auch zurück. Das Ergebnis ist, dass beide versuchen, die Situation herunterzuspielen und optimistisch zu erscheinen. Dadurch entsteht eine Diskrepanz zwischen Innen- und Außenwelt, die Sie irgendwann nicht mehr bewältigen können. Wenn Sie sich dagegen Ihrem Partner öffnen, schaffen Sie für beide die Möglichkeit, ehrlich mit der neuen und schwierigen Situation umzugehen und die Gefühle in den Griff zu bekommen. Erst dann können Sie auf dieser Grundlage gemeinsam eine Lösung finden.

Teilen Sie sich mit

DER UMGANG MIT BETROFFENEN

Wie schon bei der Schockphase gilt auch hier: Außenstehende bemerken oft gar nicht, was im Inneren der Betroffenen passiert. Um der Verdrängung entgegenzuwirken, sollten Sie hier ebenfalls gut zuhören und einfach da sein. Fragen Sie den anderen, wie er sich fühlt, nicht wie es ihm geht, um eine Antwortfloskel zu verhindern. Bedrängen Sie ihn nicht, aber wenden Sie sich ihm immer wieder zu. Wenn er zu reden beginnt, hören Sie zu.

Ebenso wichtig ist es, keine fertigen Lösungen zu präsentieren. Sagen Sie nicht „Du musst dieses oder jenes tun". Der Betroffene selbst muss die Situation zunächst verarbeiten und kann erst dann aktiv handeln. Das gilt auch, wenn Sie die Situation, dass der Arbeitsplatzverlust droht, aus eigener Erfahrung kennen. Erzählen Sie nicht im Detail, wie Sie die Situation bewältigt haben, sondern reden Sie ehrlich darüber, wie Sie sich damals gefühlt haben. Lassen Sie sich ganz auf das Gespräch ein, denn das Gefühl, dass jemand da ist, der nur zuhört oder auch interessiert nachfragt und Verständnis zeigt, kann die Phase der Verdrängung beenden.

Aggression

„Ich schreie meine Kinder grundlos an und entschuldige mich nachher wieder bei ihnen. Ich will das nicht, aber ich bin so voller Wut", schrieb Jürgen, als er erfahren hatte, dass die Firma beabsichtigt, ihn zu kündigen.

Wut und Aggression

Sie haben Wut. Sie möchten am liebsten um sich schlagen. Die Unterdrückung der Wut löst einen unerträglichen inneren Druck aus. Ein Arbeitsplatzverlust löst immer Aggressionen aus. Wer davon betroffen ist, fühlt sich hilflos. Er möchte die Situation ändern, weiß aber nicht, wie. Das Gefühl, der Situation ausgeliefert zu sein, verursacht das Bedürfnis, einen Befreiungsschlag zu führen. Dieser muss aber gezielt ausfallen, wenn er nicht zerstörerisch wirken soll. Wut ist Energie und bietet damit die Chance, die Situation zu verändern.

Offene Aggression ist leicht zu erkennen. Die meisten Menschen unterdrücken sie jedoch. Dies erzeugt das Gefühl, platzen zu müssen, und führt häufig zu starker Reizbarkeit, ungewolltem Anschreien von Unbeteiligten, Ehepartnern, Kindern. Daher ist es wichtig, dass Sie sich dieses Empfinden eingestehen, damit es nicht den Falschen trifft. Wenn Sie spüren, dass Wut aus Ihnen herausbrechen will, verlassen Sie lieber den Raum. Seien Sie lieber unhöflich, als mit den Folgen eines unkontrollierten Wutausbruchs umgehen zu müssen.

Es gibt verschiedene Möglichkeiten, wie Sie Ihre Wut ausleben können. Treiben Sie Sport, um Ihre Aggressionen gezielt abzubauen. Oder nehmen Sie zum Beispiel einen Plastikbehälter, etwa eine leere Eisbox, und werfen Sie diesen mehrmals fest auf den Boden. Damit zerstören Sie nichts, können sich aber ohne Gefahr abreagieren. Legen Sie Ihre gesamte Wut in dieses Werfen. Auf diese Weise können Sie nicht nur allein, sondern auch zusammen mit Ihren Familienangehörigen Aggression abbauen, denn auch Ihr Partner und Ihre Kinder haben wahrscheinlich eine ganz starke Wut auf Ihren Arbeitgeber.

Treiben Sie Sport

Achten Sie aber darauf, dass Kinder unter fünf Jahren oder andere Personen, die leicht erschrecken könnten, nicht in der Nähe sind. Und: Überraschen Sie Ihre Familie nicht mit einem Gefühlsausbruch, sondern sagen Sie ihnen, dass Sie Ihre Wut gezielt loswerden wollen. Lassen Sie das Wütendsein zu einem bewussten Willensakt werden.

Bewusster Willensakt

Wenn Sie sich so verhalten, verhindern Sie, dass sich die Wut unvermittelt gegen Kinder richtet, im Streit mit dem Partner, Ihren Freunden oder Verwandten entlädt oder gar in eine Depression verwandelt. Und Sie vermeiden, dass Sie Ihren Vorgesetzten oder Personalleiter in einer angespannten Situation anschreien und damit Ihre persönliche Lage im Betrieb selbst noch einmal verschlechtern.

DER UMGANG MIT BETROFFENEN

Was können Sie als Freund, Partner oder Kollege tun, wenn sich derartige Aggressionen gegen Sie richten? Versuchen Sie, das Anschreien oder Explodieren nicht persönlich zu nehmen. Sprechen Sie mit der betreffenden Person über diese Wut. Seien Sie mit ihr wütend. Zeigen Sie Verständnis für dieses starke Gefühl und sagen Sie ihr, dass Sie ihre Wut verstehen.

Ziehen Sie aber auch Grenzen. Wenn zum Beispiel Ihr Partner betroffen ist, sagen Sie ihm, dass Sie durch seine Wut nicht verletzt werden wollen. Spielen Sie das Plastikbehälterspiel mit – so lange, bis Sie beide lachen müssen. Dieses gemeinsame Werfen kann durch seine komische Note Verkrampfungen lösen. Hat sich die Situation ein wenig entspannt, überlegen Sie, was zu tun ist, um die außergewöhnliche Situation gemeinsam zu meistern.

Niedergeschlagenheit

Depression

Wut wird häufig zu Niedergeschlagenheit, die schlimmstenfalls in eine Depression mündet. Man beginnt die Wut gegen sich selbst zu richten. Beispielhafte Symptome sind Antriebslosigkeit, Lustlosigkeit, das Gefühl, dass alles zu viel ist, Traurigkeit, ohne weinen zu können, sowie das Bedürfnis, sich zurückzuziehen. Niedergeschlagenheit ist blockierte Energie. Stehen Sie auf. Gehen Sie den ersten Schritt, dann den zweiten, dann den dritten.

Hilflosigkeit

Die Situation des drohenden Arbeitsplatzverlustes erzeugt stets ein Gefühl der Hilflosigkeit. „Ich kann da eh nichts machen" oder „Der Arbeitgeber sitzt am längeren Hebel" sind Gedanken, die immer wieder auftauchen. Man fällt in Lethargie, lässt den Dingen ihren Lauf und sagt sich: „Es wird schon irgendwie alles gut werden". Vergleichbar ist diese Situation mit dem Sich-Treiben-Lassen in einem Boot. Wellen und Wind tragen es auf das Meer hinaus. Sie treiben – Sie wissen nicht, wohin.

Schauen Sie sich in Ihrem Boot um. Sie sehen das Ruder, einen Motor, einen Kompass, eine Funksprechanlage und eine Seekarte. Ganz unten in einer Kiste finden Sie Leuchtraketen und ein Navigationshandbuch. Was würden Sie tun, wenn Sie in einem solchen Boot säßen? Diese Dinge einfach ins Meer werfen? Oder würden Sie beginnen zu lesen, zu lernen, das Gelernte anzuwenden? Würden Sie nicht alles versuchen, um wieder festen Boden unter die Füße zu bekommen und irgendwo das Ufer zu erreichen? Warum nicht auch jetzt, zu dem Zeitpunkt, wo der Arbeitgeber versucht, Sie in einem Beiboot auf dem Meer auszusetzen?

Es gibt nur einen Weg aus der Niedergeschlagenheit: Handeln Sie. Sie haben diesen Ratgeber schon gekauft. Wenden Sie ihn nun auch an. Informieren Sie sich über Ihre Chancen und Aussichten, klären Sie Ihre Situation Schritt für Schritt. Brechen Sie die Isolierung bewusst auf. Verlassen Sie Ihr Schneckenhaus und suchen Sie das Gespräch. Nehmen Sie sich ganz bewusst vor, mit anderen Menschen in Kontakt zu treten.

Werden Sie aktiv!

DER UMGANG MIT BETROFFENEN

Wenn Sie bemerken, dass sich Ihr Partner oder eine Freundin mehr und mehr zurückzieht und schweigsam wird, gehen Sie auf diese Person zu. Stellen Sie sich als Ansprechpartner zur Verfügung und fragen Sie sie, ob sie reden möchte. Laden Sie sie auf ein Bier oder eine Tasse Kaffee ein, oder unternehmen Sie gemeinsam einen langen Spaziergang. Wichtig dabei ist, dass solche Treffen nicht der Ablenkung dienen, denn das fördert Verdrängung und Niedergeschlagenheit. Wichtig ist das Gefühl, reden zu können, aber nicht zu müssen.

Stellenabbau: eine strategische Firmenentscheidung

Erinnern Sie sich noch daran, was der Personalchef, der den Abbau von 2.600 Stellen bekanntgab, gesagt hat? „Nehmen Sie es nicht persönlich, wenn Ihr Chef zu Ihnen sagt: ‚Ihr Arbeitsplatz entfällt'." Ohne Frage beweisen diese Worte

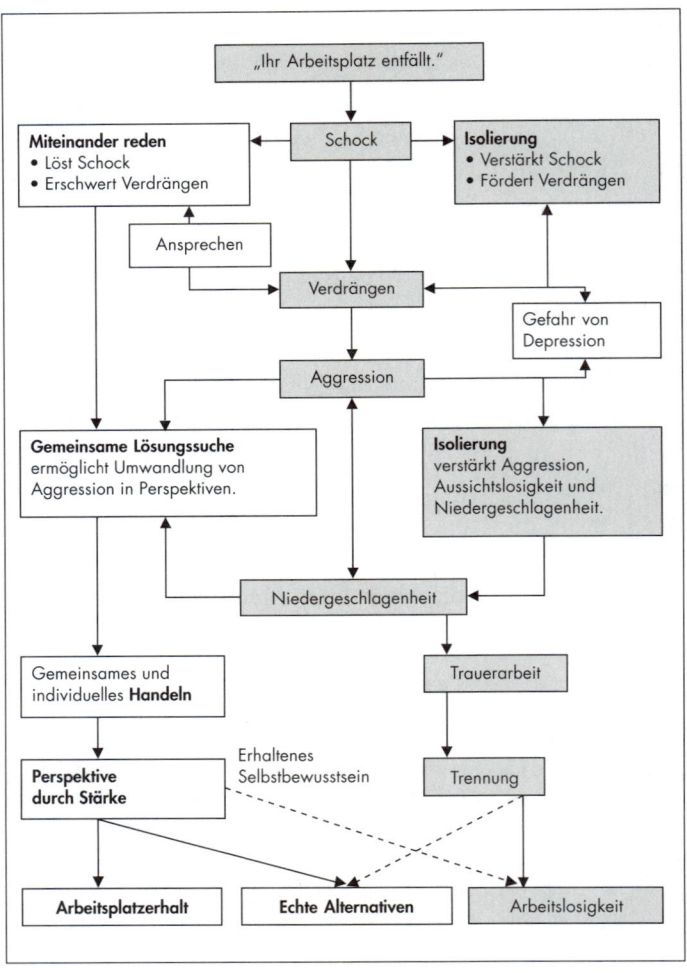

sehr wenig Einfühlungsvermögen den Mitarbeitern gegenüber. Stellenabbau wird in den Chefetagen als eine rein strategische Entscheidung betrachtet und dient oft der Gewinnmaximierung oder Sanierung eines Betriebs.

Plant eine Firma den Abbau von Stellen, bindet sie dabei
auch ihre Führungskräfte und Personalberater ein. In Ziel-

vereinbarungen zwischen Unternehmen und den Vorgesetzten wird dann festgelegt, dass eine bestimmte Anzahl von Arbeitsplätzen in der eigenen Abteilung innerhalb eines gewissen Zeitraums abgebaut werden muss. Dem stimmen die Vorgesetzten deshalb zu, weil sie befürchten, ihre eigene Karriere zu gefährden, oder Angst haben, selbst gekündigt zu werden. Derartige Ängste erhöhen die Bereitschaft, Druck auf diejenigen Mitarbeiter auszuüben, die vom Arbeitsplatzverlust betroffen sind. Im Lauf der Zeit arrangieren sich die meisten Vorgesetzten mit dem Gedanken, dass sie Mitarbeiter entlassen müssen.

Druck auf Mitarbeiter

Außerdem werden Führungskräfte psychologisch geschult. Sie lernen das oben beschriebene Phasenmodell kennen und trainieren – teilweise in Rollenspielen –, wie sie Mitarbeiter in der jeweiligen psychischen Phase dazu bringen, dass diese ihren Arbeitsplatz freiwillig aufgeben. Das Hauptargument in diesen Schulungen ist, dem Mitarbeiter zu zeigen, dass es zum Verlassen der Firma keine Alternative gibt.

Wenn Sie sich diese Hintergründe bewusstmachen, wird klar, dass Sie die Schuld für den Arbeitsplatzverlust nicht bei sich selbst suchen dürfen. Der Stellenabbau betrifft zwar genau Ihren Arbeitsplatz, doch die Maßnahmen – leider oft auch Schikanen – sind nicht gegen Sie persönlich gerichtet. Vielmehr werden sie gegen die Person eingesetzt, die diesen Arbeitsplatz besetzt. Würde zum Beispiel Klara Maier statt Hans Müller die Stelle innehaben, würde man mit ihr die gleichen Gespräche führen wie mit ihm und auf sie den gleichen Druck ausüben wie auf ihn.

Stellenabbau nicht persönlich nehmen

Die Tatsache, dass Sie betroffen sind, hat also primär nichts mit Ihrer Person zu tun, sondern Ihr Arbeitsplatz passt zufällig in das Raster der strategischen Entscheidung. Sie haben keine schlechten Leistungen erbracht und auch nicht versagt,

Sie waren lediglich zur falschen Zeit am falschen Ort. Nehmen Sie es daher wirklich nicht persönlich, wenn Ihr Chef zu Ihnen sagt: „Ihr Arbeitsplatz entfällt." Aber nehmen Sie die neue Situation nicht einfach hin. Befassen Sie sich mit Ihren Rechten und Handlungsoptionen, denn der Arbeitsplatzverlust bedeutet nicht zwingend, dass Sie die Firma verlassen müssen.

Wie kann Ihr Arbeitgeber das Arbeitsverhältnis lösen?

Vertrag mit der Firma

Denken Sie daran, dass Sie einen Arbeitsvertrag mit Ihrer Firma haben. Er bezieht sich nicht auf ein Projekt oder Ihren Arbeitsplatz, auf dem Sie gerade beschäftigt sind, sondern er begründet Ihr Arbeitsverhältnis mit der Firma. Dieses verpflichtet den Arbeitgeber, Ihnen Arbeit zu geben und Gehalt zu zahlen. Im Gegenzug dazu müssen Sie für Ihr Unternehmen arbeiten. Das bedeutet, dass Ihre Arbeit und Ihr spezifischer Arbeitsplatz zwar entfallen können, damit ist aber noch lange nicht Ihr Arbeitsverhältnis mit der Firma beendet.

Kündigen ist für den Arbeitgeber gar nicht so einfach

Fehler bei Kündigung

Will Ihr Arbeitgeber – wie auch Sie es tun können – den Vertrag kündigen, muss er bestimmte Bedingungen einhalten, die im Kündigungsschutzgesetz (KSchG) festgeschrieben sind. Es ist erstaunlich, wie häufig Arbeitgebern bei Kündigungen Fehler unterlaufen. Oftmals können sie Mitarbeiter gar nicht betriebsbedingt kündigen, da dies gegen die Vorschriften des Kündigungsschutzgesetzes verstoßen würde.

Ein Kündigungsschutzprozess ist für den Arbeitgeber mit hohen Kosten verbunden – und er kann nicht sicher sein, dass der Arbeitnehmer wirklich den Betrieb verlässt. Eine Klage bedeutet für den Arbeitgeber das Risiko, den Prozess zu verlieren, doch für den Arbeitnehmer bietet sie die Chance, den Arbeitsplatz zu erhalten. Darüber erfahren Sie mehr im Kapitel „II. Betriebsbedingte Kündigung – Was kann ich tun?".

Risiko des Arbeitgebers

Freiwillige Beendigung des Arbeitsverhältnisses

Um die Kündigung zu umgehen, bieten Arbeitgeber häufig an, das Arbeitsverhältnis im gegenseitigen Einvernehmen zu beenden. Diese freiwillige Beendigung des Arbeitsverhältnisses ist durch einen Aufhebungsvertrag möglich. Oft ist ein solches Angebot verbunden mit einer Abfindung oder dem Eintritt in eine Beschäftigungsgesellschaft. Ein Aufhebungsvertrag kann nur zustande kommen, wenn Sie Ihre Unterschrift freiwillig daruntersetzen. Die Firma kann Sie dazu nicht zwingen.

Diese Angebote machen Firmen in der Regel nicht aus sozialer Verantwortung, sondern um sicherzugehen, dass der Arbeitnehmer zu einem definierten Zeitpunkt das Unternehmen verlässt. Wird ein Arbeitsverhältnis freiwillig beendet, spricht man auch vom „sozialverträglichen Stellenabbau". Doch oft geht es eher darum, Entlassungen im großen Stil mit einem besser klingenden Begriff weniger dramatisch wirken zu lassen. Die Verwendung des Wortes „sozialverträglich" soll den Bürgern, den Gewerkschaften, aber auch den Mitarbeitern suggerieren, dass Aufhebungsverträge, verbunden mit Abfindungen und Beschäftigungsgesellschaften, in jedem Fall eine gute Lösung darstellen. In vielen Fällen wird die Arbeitslosigkeit jedoch lediglich verzögert, die durch eine Kündigungsschutzklage hätte verhindert werden können.

Entlassungen im großen Stil

Für den Arbeitgeber ist die einvernehmliche Lösung die bessere Alternative. Doch wie sieht es für Sie als Arbeitnehmer aus? Bevor Sie sich entscheiden, ob Sie ein Angebot annehmen, prüfen Sie, ob Ihr Arbeitgeber Ihnen überhaupt so einfach, wie er es gerne hätte, kündigen kann. Nicht umsonst bietet Ihnen die Firma eine einvernehmliche Lösung an, die schließlich auch Geld kostet. Sie würde Ihnen kein Angebot machen, wenn sie Sie ohne Kosten und Imageverlust risikofrei kündigen könnte. Machen Sie sich bewusst, dass Sie nicht so chancen- oder gar rechtlos sind, wie es Ihnen zunächst erscheinen mag. Genaueres über Ihren Handlungsspielraum erfahren Sie später.

Einver-nehmliche Lösung

Geben Sie nicht vorschnell auf

Ihr Arbeitgeber oder Vorgesetzter wird alle möglichen Mittel einsetzen, um Sie dazu zu bringen, Ihren Arbeitsplatz freiwillig aufzugeben. Dies ist Teil seiner Zielvereinbarung. Sobald er Ihnen mitgeteilt hat, dass Ihr Arbeitsplatz bedroht ist, zählen keine Argumente mehr. Es spielt keine Rolle, wie lange und wie gut Sie mit ihm zusammengearbeitet haben.

Dennoch: Aufhebungsvertrag und Beschäftigungsgesellschaft sind Angebote seitens der Firma – mehr nicht. Sagen Sie klar und eindeutig Nein, wenn Ihnen diese Alternativen nicht zusagen. Jedes noch so kleine Zögern und Zaudern stärkt die Hoffnung beim Arbeitgeber, Sie doch noch mit geeigneten psychologischen Mitteln dazu zu bringen, das Arbeitsverhältnis auf diese Weise zu lösen. Machen Sie sich die Absurdität bewusst: Weil Sie Angst haben, Ihren Arbeitsplatz durch Kündigung zu verlieren, sind Sie bereit, ihn freiwillig mittels eines Aufhebungsvertrags aufzugeben. Die scheinbaren Vorteile von Abfindung oder Beschäftigungsgesellschaft können sich bei genauerer Betrachtung als Nachteile erweisen.

Ohne Zögern und Zaudern

TIPP

Bei einer Entscheidung, die Ihr gesamtes Leben verändern kann, sollten Sie sich nicht überreden oder unter Druck setzen lassen. Im Kapitel „VIII. Wie Sie Trennungsgespräche erfolgreich bewältigen" finden Sie Tipps, wie Sie sich gegen Versuche dieser Art wehren können. Und: Unterschreiben Sie auf gar keinen Fall einen Aufhebungsvertrag, wenn Sie das nicht wollen. Bleiben Sie bei Ihrem Nein.

Wie sieht Ihre persönliche Situation aus?

Wenn Sie vor der Frage stehen, ob Sie sich für oder gegen die Angebote zur Auflösung Ihres Arbeitsverhältnisses entscheiden, spielen unterschiedliche Faktoren eine Rolle. Zum einen kommen finanzielle Überlegungen zum Tragen, zum anderen sollten Sie prüfen, welche Chancen Sie auf dem Arbeitsmarkt für sich sehen.

Finanzen und Arbeitsmarkt

Die entscheidende Frage: Hartz IV, ja oder nein?

An erster Stelle sollte folgende Überlegung stehen: „Droht mir Hartz IV, oder bin ich anderweitig finanziell abgesichert?" Arbeitslos zu werden ist immer eine schwerwiegende Sache. Man sollte dies ernstnehmen und diese Gefahr nicht mit Floskeln wie „Irgendwie geht es schon weiter", „Irgendetwas finde ich schon" oder „Dann mache ich mich halt irgendwie selbständig" verdrängen.

Werden Sie stattdessen aktiv, indem Sie die Wörter „irgendwie" und „irgendwas" mit Inhalt füllen und so konkretisieren. Prüfen Sie realistisch Ihre Chancen auf dem Arbeitsmarkt, die Frage nach der Selbständigkeit und die Möglichkeit, einen Kündigungsschutzprozess zu gewinnen. Näheres dazu erfahren Sie im Folgenden.

Die Finanzen

Zunächst sollten Sie sich klar darüber werden, welche finanziellen Verpflichtungen Sie zu erfüllen haben: Familie, Unterhaltszahlungen, Wohneigentum, Lebensunterhalt. Wo können Sie einsparen? Wo stecken Partner und Kinder zurück? Finanzielle Schwierigkeiten können zu einer Dauerbelastung werden und Familien zerstören. Beziehen Sie Ihre Familie in Ihre Entscheidung mit ein. Sie muss – wie Sie – mit den Folgen leben.

Familie einbeziehen

Diese Überlegungen dienen Ihnen als Basis für Ihre Entscheidung. Nur wenn Sie wissen, wie viel Geld Sie und Ihre Familie tatsächlich benötigen, können Sie feststellen, wie lange Sie mit einer Abfindung oder in einer Beschäftigungsgesellschaft Ihren Lebensunterhalt sichern können. Für einen Kündigungsschutzprozess spielen diese Überlegungen eher eine untergeordnete Rolle, da Sie in diesem Fall Ihren Arbeitsplatz erhalten wollen. Existiert in Ihrem Betrieb ein Betriebsrat und hat dieser Ihrer Kündigung ordnungsgemäß widersprochen, muss der Arbeitgeber Sie bis zum Prozessende weiterbeschäftigen, wenn Sie dies gerichtlich beantragt haben. Existiert kein Betriebsrat oder hat er Ihrer Kündigung nicht ordnungsgemäß widersprochen, müssen Sie die Zeit bis Prozessende mittels Arbeitslosengeld überbrücken. Wenn Sie in erster Instanz vor Gericht gewinnen, ist die Weiterbeschäftigung und damit Ihr Gehalt bis zum Prozessende gesichert, vorausgesetzt, Ihr Anwalt hat dies beantragt.

Ermitteln Sie Ihre Chancen auf dem Arbeitsmarkt

Um auf dem Arbeitsmarkt Erfolg zu haben, genügt es nicht, gut zu sein. Auch das Alter spielt eine große Rolle. Viele Firmen stellen Mitarbeiter ab 40 Jahren erst gar nicht ein.

Wenn in einer Branche generell ausgestellt wird, haben auch jüngere Arbeitnehmer zunehmend Schwierigkeiten, einen Arbeitsplatz zu finden.

Nach einer Stimmungsumfrage im Jahr 2005 der Management- und IT-Beratung Capgemini mit 1.260 Vorständen und Geschäftsführern von Unternehmen mit mehr als 12,5 Millionen Euro Jahresumsatz zogen 70 Prozent der Unternehmer in der Elektronik-, Hightech- und Software-Branche keinesfalls in Erwägung, eine Stelle mit einem Mitarbeiter zu besetzen, der älter als 50 Jahre ist. Nur vier Prozent würden dies überhaupt tun, richtig begeistert waren allerdings null Prozent der Befragten.

Also Vorsicht mit dem Gang in Beschäftigungsgesellschaften, wenn Sie nicht zuvor die Arbeitsmarktsituation geprüft haben! Dies können Sie tun, indem Sie die Jobbörsen im Internet und die Stellenanzeigen in Fach- oder Branchenzeitschriften und Zeitungen nach passenden Stellen durchforsten. Bewerben Sie sich dann probeweise. Auch wenn Ihnen dies sehr aufwendig vorkommen mag, es lohnt sich. Denn auf diese Weise bekommen Sie ein Gespür dafür, wie gefragt Sie und Ihr Knowhow tatsächlich sind. Darüber hinaus erfahren Sie möglicherweise, wie viel Sie bei einer Neueinstellung in einer anderen Firma verdienen könnten.

Arbeitsmarktsituation prüfen

Ist Selbständigkeit für Sie eine Alternative?

Auch das Thema Selbständigkeit beschäftigt viele Arbeitnehmer, deren Arbeitsplatz gefährdet ist. Viele drücken diese Hoffnung mit den Worten aus: „Wenn alles schiefgeht, mache ich mich selbständig." Doch wer diese Möglichkeit in Betracht zieht, muss einige grundsätzliche Überlegungen anstellen. Fragen Sie sich: Bin ich der Typ dazu? Habe ich eine tragfähige Geschäftsidee? Verfüge ich über das erforderliche

Vorüberlegungen

31

kaufmännische Wissen oder kann ich es mir in kurzer Zeit aneignen? Denken Sie darüber nach, ob Sie sich zutrauen, mit Geschäftspartnern zu verhandeln. Haben Sie Erfahrung mit dem Akquirieren von Aufträgen? Auf welcher finanziellen Basis können Sie aufbauen? Reicht die Abfindung dazu, oder müssen Sie Kredite aufnehmen? Können Sie Durststrecken überstehen, oder geben Sie bei Schwierigkeiten leicht auf? Diese und ähnliche Fragen sollten Sie sich beantworten, bevor Sie freiwillig Ihren Arbeitsplatz aufgeben. Zu

Selbstän-digkeit aus der Not

viele Existenzen scheitern, weil Selbständigkeit nicht aus Überzeugung, sondern aus der Not heraus gewählt wurde. Nur wer es schafft, die Tragfähigkeit seiner Geschäftsidee in einem Businessplan nachzuweisen, und wer über die erforderlichen Eigenschaften verfügt, sollte den Schritt in die Selbständigkeit wagen.

> **TIPP**
>
> Auf den folgenden Internetseiten finden Sie erste Hinweise. Dort erfahren Sie auch, welche finanziellen Förderungen bei einer Existenzgründung zur Verfügung stehen.
> www.existenzgruender.de
> www.kleineUnternehmen.de
> www.gruenderstadt.de
> www.gruenderinnen-agentur.de
> www.deutscher-gruenderpreis.de

Ihre Chancen im Kündigungsprozess

Vergessen Sie bei Ihren Überlegungen nicht, Ihre Chancen in einem Kündigungsschutzprozess zu überprüfen. Damit halten Sie sich die Möglichkeit offen, Ihren Arbeitsplatz und so auch Ihre finanzielle Absicherung zurückzugewinnen, wenn die Arbeitsplatzsuche fehlschlägt oder sich Ihre Idee zur Selbständigkeit als nicht tragfähig erweist. Einen Kündigungsschutzprozess können Sie jederzeit beenden, wenn Sie eine sinnvolle Alternative gefunden haben. Sehr häufig ist es in diesem Fall möglich, vor Gericht eine Abfindung zu erlangen. Einen Aufhebungsvertrag dagegen können Sie nicht rückgängig machen, wenn sich Ihre Vorstellungen nicht umsetzen lassen. Mehr dazu erfahren Sie in Kapitel „II. Betriebsbedingte Kündigung – Was kann ich tun?".

Arbeitsplatzverlust: Welche Alternativen gibt es?

Sie haben es bereits erfahren: Wenn der Arbeitsplatzverlust droht, stehen meist mehrere Wege offen. Sie können sich mit Ihrem Arbeitgeber einigen und anschließend aus dem Unternehmen ausscheiden oder sich gegen die Kündigung mit einer Klage wehren.

Aufhebungsvertrag

Sobald Sie und Ihr Arbeitgeber einen Aufhebungsvertrag unterschrieben haben, endet das Arbeitsverhältnis definitiv zum vereinbarten Termin. Es gibt kein Zurück mehr. Eine Kündigungsschutzklage ist nicht möglich. Erfolgreich anfechten lässt sich ein Aufhebungsvertrag nur in äußerst seltenen Fällen. Lesen Sie mehr zu diesem Thema im Kapitel „IV. Aufhebungsvertrag und Abfindung – Was Sie bedenken sollten"

Endgültige Entscheidung

Beschäftigungsgesellschaft

Beschäftigungsgesellschaften werden fast ausschließlich von größeren Firmen angeboten. Sie sind zeitlich begrenzte Einrichtungen, in denen sich Mitarbeiter, deren Arbeitsplatz entfallen ist, selbständig eine neue Anstellung suchen können. Dabei werden sie unterschiedlich gut unterstützt.

In der Regel unterschreiben Sie vor Eintritt in eine Beschäftigungsgesellschaft einen Aufhebungsvertrag, der Ihr Arbeitsverhältnis beendet. Beschäftigungsgesellschaften bieten im Prinzip den gleichen Service wie die Agentur für Arbeit. Wenn Sie in eine Beschäftigungsgesellschaft eintreten, besteht keine Garantie, dass Sie einen neuen Arbeitsplatz finden. Hier tragen Sie ebenfalls selbst die Hauptverantwortung dafür, eine neue Stelle zu finden.

Keine Garantie

Auch für diese Alternative gilt: Je jünger ein Arbeitnehmer ist, desto besser sind seine Aussichten, über eine Beschäftigungsgesellschaft einen neuen Arbeitsplatz zu finden. Bei einem Alter bis 35 Jahre bestehen gute bis sehr gute, zwischen 35 und 40 Jahren gute bis mittlere Vermittlungschancen. Wer über 40 Jahre alt ist, hat deutlich schlechtere Karten, ab 50 Jahren sinkt die Wahrscheinlichkeit, überhaupt noch eine Stelle zu finden. Überlegen Sie sich daher sehr genau, ob der Eintritt in eine Beschäftigungsgesellschaft für Sie sinnvoll ist.

Bei einigen Firmen spielen leider Erfahrungen im Arbeitsgebiet und individuelles Können eine sekundäre Rolle: Die Personalverantwortlichen lesen Bewerbungen gar nicht mehr, wenn der Kandidat über 40 Jahre alt ist. Sie erkennen diese Firmen daran, dass die Absage auf Ihre Bewerbung innerhalb weniger Tage, bei E-Mail-Bewerbungen sogar innerhalb von Stunden erfolgt. Lassen Sie sich dadurch nicht entmutigen, sondern bewerben Sie sich bei anderen Firmen weiter.

Machen Sie weiter

HINWEIS

Sicher haben Sie auch immer mal wieder Berichte über Firmen gelesen, die ältere Arbeitnehmer einstellen. Dennoch handelt es sich derzeit immer noch um eine kleine Minderheit. Das Umdenken der Arbeitgeber geht leider nur sehr langsam voran. Seien Sie daher bitte realistisch, wenn Sie über Ihre aktuellen Marktchancen nachdenken.

Kündigung und Kündigungsschutzklage

Generell gilt: Je älter ein Mitarbeiter ist, je länger er in einer Firma arbeitet und je mehr Unterhaltsverpflichtungen er zu leisten hat, desto besser sind seine Chancen in einem Kündigungsschutzprozess. Eine Kündigung kann aus mehreren Gründen unwirksam sein. Überprüfen Sie daher, eventuell mithilfe eines Fachanwalts für Arbeitsrecht, untenstehende Kriterien. Trifft eines oder mehrere auf Ihre Situation zu, dann haben Sie eine gute Grundlage, um gegen Ihren Arbeitgeber erfolgreich zu klagen:

- Der Arbeitgeber hat im Unternehmen eine falsche soziale Auswahl getroffen.
- Er hat Ihnen gekündigt, obwohl Sie einen besonderen Kündigungsschutz genießen.
- Er hat es versäumt, Sie an einem anderen Arbeitsplatz, für den Sie qualifiziert sind, zu beschäftigen. Dabei ist dem Arbeitgeber eine Weiterqualifizierung des Mitarbeiters zumutbar. Die Einarbeitungszeit kann bis zu sechs Monate (je nach Tätigkeit) betragen. Zu beachten ist: Stellen, für die der betroffene Mitarbeiter überqualifiziert ist, werden vor Gericht nicht in Betracht gezogen. So kann sich ein Ingenieur zum Beispiel nicht auf die Stelle einer Sekretärin berufen, selbst wenn er diese Tätigkeit erfüllen kann. **Zumutbare Weiterqualifizierung**
- Der Arbeitgeber muss vor Gericht genau nachweisen, warum ausgerechnet der Arbeitsplatz von Lisa Feld und nicht der von Hans Klein entfällt. Das heißt, dass der Arbeitgeber seine unternehmerische Entscheidung, die zum Stellenabbau geführt hat, bis auf den Arbeitsplatz des zu kündigenden Mitarbeiters herunterbrechen muss. Stellenabbau ohne weitere betriebliche Änderungen wird vom Gericht nicht als eine unternehmerische Entscheidung anerkannt.

• Existiert in Ihrem Betrieb ein Betriebsrat, muss dieser vor Ihrer Kündigung angehört werden. Versäumt der Arbeitgeber dies, ist die Kündigung ebenfalls unwirksam.

Details über Chancen und Risiken eines Kündigungsschutzprozesses finden Sie im folgenden Kapitel.

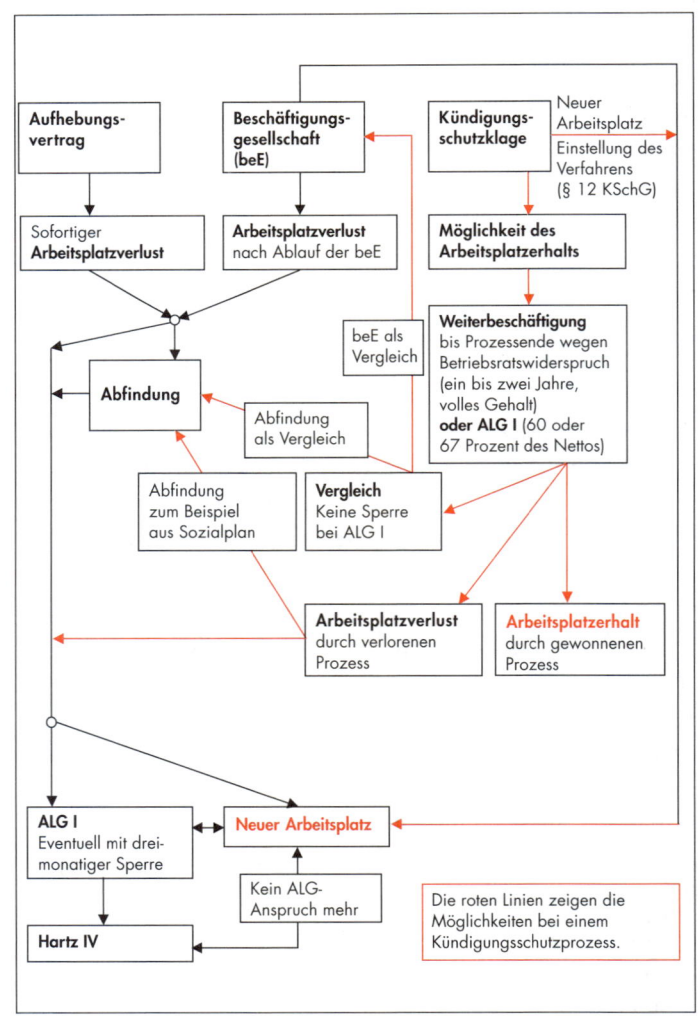

II. Betriebsbedingte Kündigung – Was kann ich tun?

Die meisten Menschen empfinden die betriebsbedingte Kündigung als die schlimmste Art, ihren Arbeitsplatz zu verlieren. Dennoch liegt in der Kündigungsschutzklage eine große Chance für Sie, Ihren Arbeitsplatz zu erhalten. Das liegt daran, dass der Arbeitgeber bei der Kündigung die gesetzlichen Bestimmungen des Kündigungsschutzgesetzes zu beachten hat. Erstaunlich oft unterlaufen ihm dabei gravierende Fehler. So haben beispielsweise 2003/2004 von circa 200 gekündigten Mitarbeitern des Betriebs München Hofmannstraße alle bis auf einen ihren Kündigungsschutzprozess gegen die Siemens AG gewonnen. Um einschätzen zu können, ob eine Kündigungsschutzklage in Ihrer persönlichen Situation Aussicht auf Erfolg hat, lesen Sie die folgenden Ausführungen. Sie erfahren außerdem, wie ein Kündigungsschutzprozess üblicherweise in der Praxis abläuft und wie Sie ihn optimal vorbereiten.

Große Chance

Wann ist eine betriebsbedingte Kündigung wirksam?

Intention des Kündigungsschutzgesetzes ist es, den Arbeitnehmer vor willkürlicher Entlassung zu schützen, da die Arbeit seine existenzielle Grundlage darstellt. Deshalb kann der Arbeitnehmer eine Kündigung vom Arbeitsgericht auf Rechtmäßigkeit überprüfen lassen.

Existenzielle Grundlage

Die unternehmerische Entscheidung

Dringende betriebliche Erfordernisse (§ 1 I KSchG) wie ein dauerhafter Umsatzrückgang, Absatzprobleme oder Auftragsmangel führen zu einem veränderten Arbeitsbedarf. Um seinen Betrieb diesen veränderten Umständen anzupassen, fällt der Arbeitgeber eine unternehmerische Entscheidung. Diese setzt er durch Maßnahmen wie Rationalisierung, Auslagerung betrieblicher Tätigkeiten und Betriebsstilllegung um. Dadurch kann für den Arbeitgeber auch die Notwendigkeit entstehen, Mitarbeiter zu entlassen.

Freie Entscheidung

Seine unternehmerischen Entscheidungen trifft der Arbeitgeber grundsätzlich frei. Das Arbeitsgericht überprüft im Kündigungsschutzverfahren daher nicht, ob sie notwendig und zweckmäßig ist. Allerdings wird eine Missbrauchskontrolle durchgeführt, ob die Entscheidung „offenbar unsachlich, unvernünftig oder willkürlich" ist. Darüber hinaus muss der Arbeitgeber nachweisen, dass die unternehmerische Entscheidung sich tatsächlich auf den Arbeitsplatz niederschlägt, der wegfallen soll. Pauschale Begründungen wie der Hinweis auf eine schlechte Auftragslage genügen nicht. Es muss belegt werden, wie sich der Auftragsrückgang und die gesunkenen Umsatzzahlen konkret auf die betroffenen Arbeitsplätze auswirken.

Nach § 1a KSchG kann der Arbeitgeber dem Arbeitnehmer eine Abfindung anbieten, wenn dieser im Gegenzug auf eine Kündigungsschutzklage verzichtet. Näheres dazu erfahren Sie im Kapitel „IV. Aufhebungsvertrag und Abfindung – Was Sie bedenken sollten".

Kriterien bei der Sozialauswahl

Unwirksame Kündigung

Eine Kündigung ist nach § 1 III KSchG ebenfalls unwirksam, wenn der Arbeitgeber soziale Kriterien bei der Auswahl der zu kündigenden Arbeitnehmer nicht oder nicht ausreichend berücksichtigt hat. Hierzu gehören die Dauer der Betriebszugehörigkeit, das Alter, Unterhaltspflichten und Schwer-

behinderung. Dabei kommt dem Arbeitgeber nach Rechtsprechung des Bundesarbeitsgerichts (BAG) bei der Gewich-
tung der Kriterien ein Wertungsspielraum zu (BAG, Urteil
vom 16.5.1989, EzA KSchG § 1 Soziale Auswahl Nr. 27;
BAG Urteil vom 18.10.1994 EzA KSchG 1969 § 1 Betriebsbedingte Kündigung Nr. 34).

Üblicherweise wird für die Sozialauswahl ein Punktesystem **Punkte-**
festgelegt. Die Einordnung der Mitarbeiter in dieses Punkte- **system**
system kann für den Arbeitgeber kompliziert werden, weil er
zwar Alter und Betriebszugehörigkeitszeiten der Mitarbeiter
aus den Personalakten kennt, aber nicht weiß, welche Unterhaltspflichten sie zu leisten haben oder ob sie möglicherweise
schwerbehindert sind. Im Einzelnen hat er die nach dem
Hinweis im Kasten folgenden Kriterien in ausreichendem
Maß zu berücksichtigen.

> **HINWEIS**
>
> In die soziale Auswahl müssen alle Arbeitnehmer eines Betriebs einbezogen wer-
> den, nicht nur die einer Abteilung. Vergleichbar sind dabei alle Kollegen, die die
> gleiche Tätigkeit ausüben. Es werden also Kaufleute mit Kaufleuten, Softwareent-
> wickler mit Softwareentwicklern, Sekretärinnen mit Sekretärinnen und Dreher mit
> Drehern verglichen. Dabei werden aber nicht „Indianer" mit „Häuptlingen" ver-
> glichen. Der Vergleich für die soziale Auswahl erfolgt also nur innerhalb einer
> Hierarchieebene. Das heißt, Abteilungsleiter werden mit Abteilungsleitern, Pro-
> jektleiter mit Projektleitern, Mitarbeiter ohne Führungsfunktion mit Mitarbeitern
> verglichen, die ebenfalls keine Führungsposition haben.

Dauer der Betriebszugehörigkeit

Unter diesem Begriff sind die Jahre und Monate zu verstehen, die Sie ununterbrochen für Ihren Arbeitgeber gearbeitet
haben. Haben Sie also beispielsweise bei Ihrem Unternehmen gekündigt, um zu studieren oder elterlichen Pflichten
nachzukommen, und sind später dort wieder neu eingestellt
worden, dann zählt die Betriebszugehörigkeit nur ab dem

letzten Eintrittsdatum. Die Jahre vorher werden nicht berücksichtigt. Manche Unternehmen beziehen allerdings auch diese Jahre ein und berechnen ein fiktives Eintrittsdatum. Erkundigen Sie sich in Ihrer Personalabteilung oder bei Ihrem Betriebsrat, wie dies im Unternehmen gehandhabt wird.

Versetzung

Manche Unternehmen bestehen aus mehreren Betrieben. Werden Sie von einem Betrieb in einen anderen des gleichen Arbeitgebers versetzt, zum Beispiel von München nach Stuttgart, beginnt die Betriebszugehörigkeit nicht von neuem. Der Begriff „Betriebszugehörigkeit" bedeutet in diesem Zusammenhang eigentlich die Unternehmenszugehörigkeit. Ihre Dienstjahre nehmen Sie jedoch nicht mit, wenn Sie in ein anderes Unternehmen des gleichen Konzerns wechseln, es sei denn, es handelt sich um einen Betriebsübergang, zum Beispiel eine Ausgliederung, oder Sie vereinbaren dies individuell mit Ihrem neuen Arbeitgeber.

Lebensalter

**Alters-
ruhegeld**

Dieses Kriterium soll verhindern, dass Arbeitgeber gezielt ältere Mitarbeiter ausstellen. Die Schwierigkeiten, die die Suche nach einem neuen Arbeitsplatz mit sich bringt, sind nach BAG-Rechtsprechung einem jüngeren Arbeitnehmer eher zuzumuten als einem älteren (BAG, Urteil vom 12.10.1979, AP KSchG 1969 § 1 Betriebsbedingte Kündigung Nr. 7). Die individuell besseren oder schlechteren Chancen auf dem Arbeitsmarkt muss der Arbeitgeber nicht zusätzlich beachten. Allerdings darf die Möglichkeit, vor Vollendung des 65. Lebensjahrs Altersruhegeld zu beziehen, bei der Sozialauswahl berücksichtigt werden. Wenn Sie zum Beispiel 63 Jahre alt sind, kann der Arbeitgeber mit einbeziehen, dass Sie in Rente gehen könnten. Ein jüngerer Arbeitnehmer, der ansonsten gleiche Sozialdaten hat wie Sie, wäre in diesem Fall schutzwürdiger.

Unterhaltspflichten

Die zu berücksichtigenden Unterhaltspflichten zum Beispiel gegenüber Kindern, Ehegatten oder pflegebedürftigen Angehörigen müssen zum Zeitpunkt, zu dem die Kündigung ausgesprochen wird, bereits bestehen oder fest abzusehen sein. Die Verpflichtungen gegenüber einem Pflegebedürftigen wiegen dabei schwerer als andere. Arbeitet zum Beispiel ein Ehepaar im gleichen Betrieb und wird einem Ehegatten gekündigt, ist das Entstehen der Unterhaltspflicht beim anderen Ehegatten bereits absehbar und deswegen zu berücksichtigen.

Schwerbehinderung

Eine Schwerbehinderung muss bei der Sozialauswahl ebenfalls berücksichtigt werden. Hierbei ist jedoch zu beachten, dass der besondere Kündigungsschutz für Schwerbehinderte seit der Änderung des Sozialgesetzbuchs (SGB) IX vom 1.5.2004 nicht mehr mit der Antragstellung auf Anerkennung der Schwerbehinderung beginnt. Er gilt nur dann, wenn die Schwerbehinderung zum Zeitpunkt der Kündigung bereits durch einen Bescheid des Versorgungsamtes festgestellt wurde (§ 69 SGB IX) oder die Behinderung offensichtlich ist. Bei Kündigung eines Schwerbehinderten muss die Zustimmung des Integrationsamtes vorliegen.

Besonderer Kündigungsschutz

Viele Schwerbehinderte schrecken davor zurück, den Antrag beim Versorgungsamt zu stellen. Sie befürchten, dass sie Nachteile am Arbeitsplatz in Kauf nehmen müssen, wenn ihrem Arbeitgeber ihre Behinderung bekannt wird. Diese Furcht ist in den meisten Fällen unbegründet. Sie müssen dem Arbeitgeber nur dann mitteilen, dass Sie schwerbehindert sind, wenn Sie aufgrund dieser Behinderung Ihrer Tätigkeit nicht mehr nachgehen können.

Herausnahme aus der Sozialauswahl

Der Arbeitgeber hat die Möglichkeit, Arbeitnehmer von der Sozialauswahl auszunehmen (§ 1 III 2 KSchG). Wenn er diese Möglichkeit nutzen will, muss er jedoch beweisen, dass ein berechtigtes betriebliches Interesse an der Weiterbeschäftigung des betreffenden Mitarbeiters besteht. Das ist dann der Fall, wenn eines oder mehrere der folgenden Kriterien auf ihn zutreffen:

- Er hat Fähigkeiten, Spezialkenntnisse und Leistungen, die zur Weiterführung des Betriebs unbedingt erforderlich sind und die andere Arbeitnehmer im Betrieb nicht haben.
- Er verfügt über ausgesprochen gute Kontakte zu Kunden und Lieferanten.

Ausgewogene Personalstruktur

- Eine „ausgewogene Personalstruktur" soll gesichert werden. Dieser Begriff umfasst nicht nur das Alter der im Betrieb Beschäftigten, sondern kann auch durch den Ausbildungsstand der Arbeitnehmer charakterisiert sein.

Dazu kann der Arbeitgeber Altersgruppen bilden (bis 30-Jährige, 30- bis 40-Jährige, 40- bis 50-Jährige usw.) und anteilsmäßig in den jeweiligen Gruppen kündigen (v. Hoyningen-Huene/Linck DB 1997, 43). Allerdings muss die Personalstruktur des Betriebs bereits in der Art aufgebaut sein, wie sie nach der Sozialauswahl erhalten werden soll. Versäumnisse einer verfehlten Personalpolitik kann der Arbeitgeber auf keinen Fall durch Stellenabbau nachholen.

Nimmt der Arbeitgeber 70 Prozent seiner Belegschaft von der Sozialauswahl aus, ist nach BAG-Rechtsprechung davon auszugehen, dass die sozialen Gesichtspunkte nicht ausreichend berücksichtigt wurden.

Weiterbeschäftigung an einem anderen Arbeitsplatz

Eine betriebsbedingte Kündigung ist dann unwirksam, wenn die Weiterbeschäftigung des Mitarbeiters an einem anderen freien Arbeitsplatz im selben Betrieb oder in einem anderen Betrieb des Unternehmens möglich ist (§ 1 II 2 Nr. 2b KSchG). Dies gilt ebenso für den Fall, dass er nach einer zumutbaren Umschulungs- oder Fortbildungsmaßnahme oder unter geänderten Arbeitsbedingungen weiterbeschäftigt werden kann und er sein Einverständnis dazu gegeben hat (§ 1 II 3 KSchG).

Zumutbar für den Arbeitgeber ist eine Umschulungsmaßnahme, wenn der Arbeitnehmer sich in einem Zeitraum von sechs Monaten die Kenntnisse und Fähigkeiten aneignen kann, die zur Erfüllung der Aufgabe notwendig sind. Vor Gericht kann gegebenenfalls der Nachweis durch ein Gutachten erforderlich sein.

Die Weiterbeschäftigungsmöglichkeit bezieht sich nur auf Arbeitsplätze, die zum Zeitpunkt der Kündigung unbesetzt sind, und solche, bei denen zu diesem Zeitpunkt bereits feststeht, dass sie in absehbarer Zeit nach Ablauf der Kündigungsfrist frei werden. Der Arbeitgeber ist nicht verpflichtet, einen freien Platz zu schaffen oder gar einen besetzten „freizukündigen".

Während sich die Sozialauswahl nur auf den Betrieb bezieht, werden für die Weiterbeschäftigung auf einem freien Arbeitsplatz alle Betriebe des Unternehmens herangezogen. Arbeitsplätze in Betrieben, die zwar zum Konzern, nicht aber zu Ihrem Unternehmen gehören, kommen nicht in Betracht. Rechtlich umstritten ist, ob Arbeitsplätze zu berücksichtigen sind, die von Leiharbeitnehmern besetzt sind.

Alle Betriebe des Unternehmens

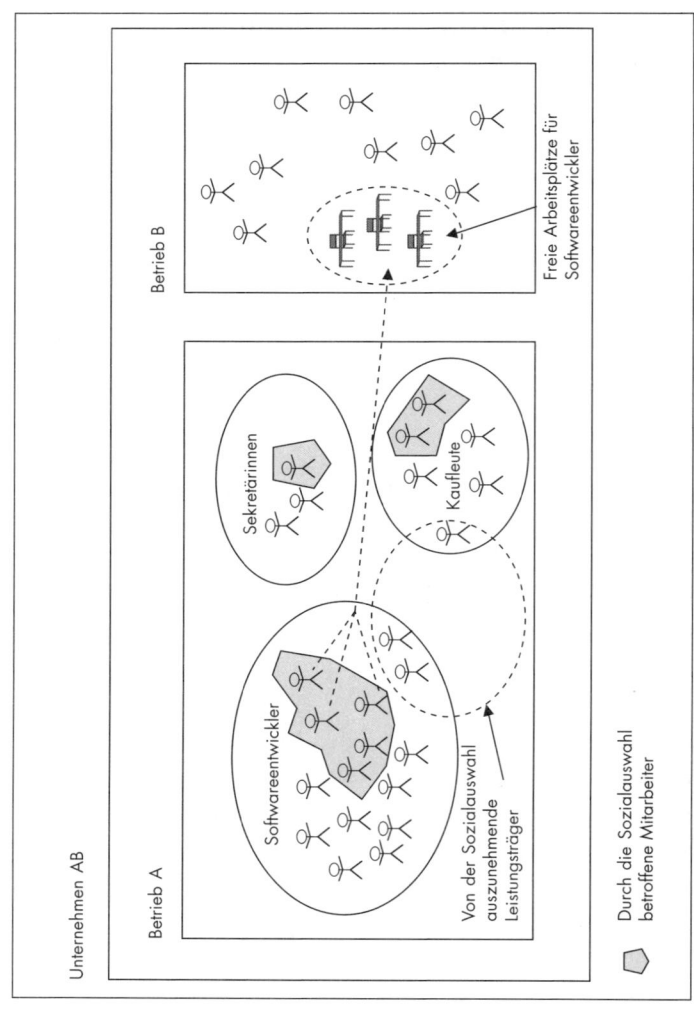

BEISPIEL: Die Abbildung zeigt Unternehmen AB, das im Betrieb A ein Drittel des Personals abbauen will. Zwei der Softwareentwickler und ein Kaufmann müssen aus dringenden betrieblichen Erfordernissen aus der Sozialauswahl herausgenommen werden. Anschließend führt das Unternehmen AB jeweils innerhalb der Gruppe aller anderen Softwareentwickler, Kaufleute und Sekretärinnen des Betriebs A eine Sozialauswahl durch. Im Betrieb B hat das Unternehmen AB drei freie Arbeitsplätze für Softwareentwickler. Bevor der Arbeitgeber nun kündigen kann, muss er versuchen, drei der betroffenen fünf Softwareentwickler auf diese Plätze zu versetzen.

**Sozial-
auswahl**

TIPP

In einer Kündigungsschutzklage müssen Sie beweisen, dass es einen oder mehrere freie Arbeitsplätze gibt, auf denen Sie weiterbeschäftigt werden können. Der Arbeitgeber wird in einem Kündigungsschutzprozess bestreiten, dass Sie für den von Ihnen angegebenen freien Arbeitsplatz qualifiziert sind. Um dies beweisen zu können, müssen Sie auf Zwischenzeugnisse, Aufzeichnungen über Mitarbeitergespräche und Zielvereinbarungen zurückgreifen können. Zielvereinbarungen sollten daher präzise schriftlich formuliert, überprüfbar und vor allem realistisch sein sowie die notwendigen Voraussetzungen für die Zielerreichung enthalten. Dokumentieren Sie außerdem den Projektfortschritt und vor allem die Gründe, die die Zielvereinbarung gefährden. Damit können Sie im Streitfall – notfalls vor Gericht – nachweisen, welche Faktoren zur angeblichen Minderleistung geführt haben.

Bestehen Sie darauf, dass regelmäßig Mitarbeitergespräche stattfinden. Sobald Ihr Arbeitgeber weiß, dass er sich von Ihnen trennen will, ist es zu spät. Denn dann wird die Beurteilung sicherlich deutlich schlechter ausfallen. Vor Gericht Ihre Leistungsfähigkeit nachzuweisen – vor allem im Vergleich zu anderen –, ist ohne diese Nachweise sehr schwierig.

Für wen gilt ein besonderer Kündigungsschutz?

Die Personengruppen, die vom Gesetzgeber als besonders schutzwürdig angesehen werden, haben einen verstärkten Schutz bei betriebsbedingten Kündigungen. Darunter fallen Schwerbehinderte, ältere Arbeitnehmer, Mütter und Betriebsräte. Sie werden im Allgemeinen als unkündbar bezeichnet, aber auch bei ihnen ist in Ausnahmefällen eine betriebsbedingte Kündigung möglich.

**Unkünd-
bare
Personen**

45

Tariflicher Kündigungsschutz

Manteltarif-vertrag

Tarifverträge können besondere Schutzbestimmungen für Arbeitsverhältnisse mit älteren, langjährigen Mitarbeitern vorsehen. So enthält der Manteltarifvertrag für die Angestellten der bayerischen Metall- und Elektroindustrie die Regelung, dass Arbeitsverhältnisse mit Mitarbeitern, die mindestens 50 Jahre alt sind und 15 Jahre bei einer Firma beziehungsweise 55 Jahre alt und mindestens zehn Dienstjahre haben, nicht mehr betriebsbedingt gekündigt werden können.

Schwerbehinderung

Arbeitsverhältnisse mit schwerbehinderten sowie diesen gleichgestellten Menschen dürfen nach § 85 SGB IX vom Arbeitgeber nur unter bestimmten Umständen gekündigt werden, und zwar wenn dafür vorher die Zustimmung des Integrationsamtes eingeholt wurde. Diese Regelung gilt auch für leitende Angestellte.

> **HINWEIS**
>
> Die Zustimmung des Integrationsamtes zur Kündigung ist nur dann erforderlich, wenn der Bescheid des Versorgungsamtes über den GdB bereits vorliegt oder die Schwerbehinderung offensichtlich ist.

50 GdB

Als schwerbehindert werden solche Personen eingestuft, die einen Grad der Behinderung (GdB) von mindestens 50 haben. Diesen gleichgestellt werden bezüglich des Kündigungsschutzes Behinderte, die einen GdB von mindestens 30 haben und die ohne die Gleichstellung mit den Schwerbehinderten einen Arbeitsplatz nicht bekommen oder ihn nicht behalten können. Eine Gleichstellung ist beim zuständigen Arbeitsamt zu beantragen.

Betriebsräte, Betriebsratskandidaten und Wahlvorstände

Sind Sie Betriebsrat oder Mitglied der Jugend- und Auszubildendenvertretung, dann können Sie nach § 15 I KSchG während Ihrer Amtszeit und außerdem ein Jahr ab dem Ausscheiden aus dem Betriebsrat nicht ordentlich gekündigt werden. Als Ersatzmitglied haben Sie Kündigungsschutz für ein Jahr ab dem Tag, an dem Sie ein anderes Betriebsratsmitglied zuletzt ordnungsgemäß vertreten haben und dabei tatsächlich als Betriebsrat tätig geworden sind. Dies trifft zu, wenn Sie zum Beispiel an einer Betriebsratssitzung teilgenommen haben.

Ersatzmitglied

Kandidieren Sie für den Betriebsrat, so können Sie nach § 15 III KSchG von der Aufstellung des Wahlvorschlags an bis sechs Monate nach Bekanntgabe des Wahlergebnisses nicht ordentlich gekündigt werden. Sind Sie Wahlvorstand, gilt Ihr Schutz vor einer ordentlichen Kündigung gemäß § 15 III KSchG ab Ihrer Bestellung zum Wahlvorstand bis ebenfalls sechs Monate nach Bekanntgabe des Wahlergebnisses.

Mutterschutz

Die Kündigung während einer Schwangerschaft und bis zum Ablauf von vier Monaten nach der Entbindung ist unzulässig, wenn dem Arbeitgeber die Schwangerschaft beziehungsweise Entbindung bekannt war oder Sie ihm dies innerhalb von zwei Wochen nach Zugang der Kündigung mitgeteilt haben (§ 9 I Mutterschutzgesetz [MuSchG]).

Aus besonderen Gründen, die jedoch nicht mit der Schwangerschaft und Entbindung zusammenhängen dürfen, kann die oberste Landesbehörde für Arbeitsschutz eine Kündigung ausnahmsweise für zulässig erklären. Dieser Fall tritt

Besondere Gründe

nur dann ein, wenn für einen Arbeitgeber die Aufrechterhaltung des Arbeitsverhältnisses unzumutbar wäre. Betriebsbedingte Gründe kommen lediglich in den Fällen infrage, in denen keinerlei Weiterbeschäftigungsmöglichkeit mehr für Sie besteht (Bundesverwaltungsgericht [BVerwG], Urteil vom 18.8.1977 AP MuSchG 1968 § 9 Nr. 5; KR-Etzel § 9 Rn. 122).

Elternzeit

Eine Kündigung ab dem Zeitpunkt, zu dem Sie Elternzeit verlangt haben, höchstens jedoch acht Wochen vor Beginn der Elternzeit, bis zum Ende der Elternzeit ist unzulässig (§ 18 I Bundeserziehungsgeldgesetz [BErzGG]). Auch hier kann die oberste Landesbehörde für Arbeitsschutz die **Ausnahme** Kündigung ausnahmsweise für zulässig erklären. Das ist beispielsweise bei einer Betriebsstilllegung der Fall, wenn für Sie keine Weiterbeschäftigungsmöglichkeit in einem anderen Betrieb des Unternehmens besteht, der Betrieb verlagert wird oder wenn Sie unter den vorgenannten Umständen ein Weiterbeschäftigungsangebot des Arbeitgebers ablehnen.

Betriebliche Regelungen

Darüber hinaus können betriebliche Regelungen, die unter bestimmten Umständen einen Kündigungsschutz gewähren, in Form einer (Gesamt-)Betriebsvereinbarung abgeschlossen werden. So existiert zum Beispiel bei der Siemens AG ein solcher Kündigungsschutz für **Jubilare**. Das sind Mitarbeiter, die länger als 25 Jahre bei der Firma tätig sind. Sie können nicht ordentlich gekündigt werden, außer sie lehnen bei Wegfall ihres Arbeitsplatzes das Angebot ab, einen anderen zumutbaren und gleichwertigen Arbeitsplatz anzunehmen.

48

Was Sie über Interessenausgleich und Sozialplan wissen sollten

Will der Unternehmer eine Betriebsänderung vornehmen, dann muss er den zuständigen Betriebsrat informieren, die geplanten Änderungen mit ihm beraten und mit ihm in Verhandlung über den Ausgleich entstehender Nachteile für die Mitarbeiter treten. Eine Betriebsänderung liegt zum Beispiel vor, wenn der Arbeitgeber seinen Betrieb schließen, an einen anderen Ort verlegen, zwei Betriebe zusammenlegen, Änderungen in der Betriebsorganisation vornehmen oder neue Arbeitsmethoden einführen will.

Betriebs-änderung

Für Mitarbeiter, die in einem Betrieb ohne Betriebsrat arbeiten, entfallen diese Möglichkeiten des Betriebsverfassungsgesetzes (BetrVG) ersatzlos. In einem solchen Fall können Sie lediglich versuchen, sich mit Ihren Kollegen zusammenzuschließen, und Ihrem Arbeitgeber Vorschläge unterbreiten, die geeignet sind, Ihre Arbeitsplätze zu retten. Darüber hinaus können Sie mit ihm individuell über eine Abfindung verhandeln, wenn Sie erkennen, dass Sie nur geringe Chancen haben, Ihren Arbeitsplatz zu erhalten. Erzwingen können Sie nichts. Der Arbeitgeber muss stets zustimmen.

Minderung und Ausgleich von Nachteilen

Zwischen Arbeitgeber und Betriebsrat können ein Interessenausgleich und ein Sozialplan abgeschlossen werden, um durch diese Betriebsänderung entstehende Nachteile für die Arbeitnehmer auszugleichen oder abzumildern (§§ 111, 112 BetrVG).

Interessen-ausgleich

Der Interessenausgleich enthält betriebliche Maßnahmen, die bestehende Arbeitsplätze erhalten oder mit denen Mitarbeiter auf andere Arbeitsplätze vermittelt werden können. Dazu gehören beispielsweise das Zurückholen von nach außen vergebenen Aufträgen (Insourcing), Arbeitszeitverkürzung, Versetzungen, gegebenenfalls nach Fortbildungsmaßnahmen, Altersteilzeit, Vorruhestandsregelungen, Aufhebungsverträge und die Beschäftigungsgesellschaft.

Finanzierung der Maßnahmen

Der Sozialplan regelt die Finanzierung dieser Maßnahmen und legt einen finanziellen Ausgleich für die Mitarbeiter fest. Darin werden beispielsweise die Höhe der Abfindungen, die finanziellen Regelungen zur Altersteilzeit und zum Vorruhestand sowie die Ausstattung der Beschäftigungsgesellschaften festgeschrieben.

Einigungsstelle

Scheitern die Verhandlungen zwischen Betriebsrat und Arbeitgeber, können beide Parteien eine Einigungsstelle anrufen (§ 112 II BetrVG). Hier führt ein Richter den Vorsitz. In der Einigungsstelle kann nochmals versucht werden, einen Interessenausgleich zu erzielen. Können sich die Parteien wiederum nicht einigen, kommt der Interessenausgleich nicht zustande. Im Gegensatz dazu kann der Betriebsrat den Abschluss eines Sozialplans erzwingen. Scheitern die Verhandlungen über einen Sozialplan, entscheidet der vorsitzende Richter. Dieser Spruch der Einigungsstelle ersetzt im Fall des Sozialplans die Einigung zwischen Betriebsrat und Arbeitgeber (§ 112 IV BetrVG).

Namenslisten und Auswahlkriterien nach § 95 BetrVG

Sozialauswahl ist allein Sache des Arbeitgebers. Ihr Betriebsrat sollte daher in einem Interessenausgleich nie mit dem Arbeitgeber namentlich festlegen, welche Arbeitnehmer zu kündigen sind (Namensliste), oder Auswahlkriterien nach § 95 BetrVG vereinbaren. Tut er dies, dann verschlechtern sich Ihre Chancen, einen Kündigungsschutzprozess zu gewinnen, erheblich.

Das Gericht kann dann die getroffene Auswahl der Mitarbeiter nur noch auf grobe Fehlerhaftigkeit überprüfen (§ 1 V KSchG). Es geht davon aus, dass dringende betriebliche Gründe für die Kündigungen vorlagen, die Sozialauswahl korrekt war und für die Gekündigten keine andere Beschäftigungsmöglichkeit im Unternehmen besteht. Diese Vermutung können Sie als Arbeitnehmer zwar im Kündigungsschutzprozess widerlegen, jedoch liegt die volle Beweislast bei Ihnen, nicht beim Arbeitgeber.

Grobe Fehlerhaftigkeit

Für solche Situationen gilt: Sie müssen nachweisen, dass grobe Fehlerhaftigkeit vorliegt, also dass wesentliche Gesichtspunkte nicht in die Bewertung einbezogen wurden oder die Bewertung jede Ausgewogenheit vermissen lässt (BAG, Urteil vom 21.1.1999, AP KSchG 1969 § 1 Namensliste Nr. 3 zur „Zwischenrechtslage"; Urteil vom 2.12.1999 AP KSchG 1969 § 1 Soziale Auswahl Nr. 45).

Dies wäre der Fall, wenn ein Auswahlkriterium (Betriebszugehörigkeit, Alter, Unterhaltspflichten, Schwerbehinderung) nicht beachtet oder Altersgruppen unsystematisch gebildet wurden. Vereinbart der Betriebsrat beispielsweise mit dem Arbeitgeber die Herausnahme von Gewerkschaftsmitgliedern, dann ist eine darauf beruhende Namensliste grob fehlerhaft.

Wenn Ihr Betriebsrat Namenslisten oder Auswahlkriterien nach § 95 BetrVG mit dem Arbeitgeber vereinbart hat, kann er kaum der Kündigung aus einem der in § 102 III BetrVG aufgezählten Gründe widersprechen. Damit stehen Ihre Aus-

Namenslisten

sichten schlecht, eine Klage auf Weiterbeschäftigung bis zum Prozessende nach § 102 V BetrVG zu gewinnen. Ohne eine solche Weiterbeschäftigung enden Ihre Gehaltszahlungen mit dem Zeitpunkt, zu dem Ihre individuelle Kündigungsfrist abgelaufen ist.

Betriebsratswiderspruch gegen die Kündigung

Möchte der Arbeitgeber kündigen, muss er dazu den Betriebsrat anhören. Hat der Betriebsrat gegen eine ordentliche **Bedenken** Kündigung Bedenken, dann kann er dieser gemäß § 102 II BetrVG innerhalb einer Woche nach der Betriebsratsanhörung widersprechen. Feiertage und Wochenende zählen bei dieser Frist mit!

Widerspricht der Betriebsrat nicht, wird dies vom Gericht als Zustimmung zur Kündigung gewertet. Deswegen sollte ein Betriebsrat, wenn irgendein Grund vorliegt, einer Kündigung widersprechen. Im Fall einer Kündigungsschutzklage kann der Gekündigte aufgrund des Widerspruchs seine Weiterbeschäftigung bis zum Prozessende gerichtlich erwirken (§ 102 V BetrVG). Damit bekommt er bis zum Abschluss des Verfahrens sein Gehalt.

Auch wenn es in Ihrem Betrieb keinen Betriebsrat gibt, sollten Sie eine Kündigungsschutzklage führen, wenn die Chance besteht, Ihren Arbeitsplatz zu erhalten. Dann hängt es vom Ausgang Ihres Kündigungsschutzprozesses in der ersten Gerichtsinstanz ab, ob Sie bis zum Prozessende weiterbeschäftigt werden müssen. Gewinnen Sie hier und hat Ihr **Weiter-** Anwalt für diesen Fall Ihre Weiterbeschäftigung im Betrieb **beschäfti-** bei Gericht beantragt, muss der Arbeitgeber Sie bis zum **gung** rechtskräftigen Urteil weiterbeschäftigen.

Finanziell müssen Sie die Zeit nach Ablauf der Kündigungsfrist bis zum Urteil der ersten Instanz mit Arbeitslosengeld überbrücken. Je nach Auslastung des Gerichts sind dies zwei bis zwölf Monate. Häufig reicht jedoch die Zeit Ihrer Kündigungsfrist aus, um die erste Instanz zu durchlaufen. Während der Kündigungsfrist erhalten Sie Ihr Gehalt weiter. Außerdem muss der Arbeitgeber Ihnen das Gehalt für die Zeit vom Ende Ihrer Kündigungsfrist bis zum Urteil in erster Instanz nachzahlen, vorausgesetzt, Ihr Anwalt hat dies beantragt.

Die folgenden Ausführungen gelten nur für Betriebe, in denen ein Betriebsrat existiert, für alle anderen Arbeitnehmer entfällt dieser Punkt ersatzlos. Hat Ihr Betrieb mindestens fünf wahlberechtigte Arbeitnehmer, von denen drei wählbar sind, dann können Sie einen Betriebsrat wählen (§ 1 BetrVG), wenn Sie die Rechte aus dem BetrVG nutzen wollen. Aufgrund der gesetzlichen Fristen dauert es jedoch etwa zwei bis drei Monate, bis eine Betriebsratswahl durchgeführt ist und der Betriebsrat sich konstituiert hat.

Anhörung des Betriebsrats

Der Arbeitgeber muss nach § 102 I BetrVG den Betriebsrat über seine Kündigungsabsichten informieren und ihm die Gründe für die Kündigung mitteilen, bevor er sie ausspricht. Die Unterrichtung kann mündlich oder schriftlich erfolgen, und der Arbeitgeber ist nicht verpflichtet, Beweismaterial hinzuzufügen.

Gründe für die Kündigung

Anschließend hat der Betriebsrat eine Woche Zeit, der Kündigung in schriftlicher Form zu widersprechen. Eine E-Mail oder ein Telefax genügt nicht, der Widerspruch muss als (Papier-)Dokument von dem zuständigen Betriebsrat unterschrieben werden.

Anhörung des Betriebsrats zur ordentlichen Kündigung gemäß § 102 BetrVG

Es ist beabsichtigt, nachstehendem Betriebsangehörigen zu kündigen.

Name:	Erika Mustermann
Geboren am:	8.8.1960
Wohnhaft:	Hauptstraße 17, 12345 Woauchimmer
Familienstand:	verheiratet
Zahl der Kinder laut LSK:	zwei
Beschäftigt seit:	1.8.1990
Tätigkeit:	Kauffrau
Kündigungsfrist:	sechs Monate zum Monatsende
Kündigungstermin:	ordentlich betriebsbedingt zum 31.7.2007
Gründe:	siehe Anlage

**Unwirk-
same
Kündigung**

Wird der Betriebsrat nicht angehört, ist die Kündigung unwirksam. Die Betriebsratsanhörung und damit die Kündigung sind ebenfalls unwirksam, wenn der Arbeitgeber dem Betriebsrat den Sachverhalt bewusst falsch schildert oder ihm wesentliche Tatsachen verschweigt.

HINWEIS

Die Unwirksamkeit der Kündigung muss aber auch in solchen Fällen durch eine Kündigungsschutzklage festgestellt werden.

Vorbereitung auf den Betriebsratswiderspruch

Durch die vorausgegangenen Sozialplanverhandlungen weiß der Betriebsrat im Vorfeld, ob eine Massenkündigung ansteht oder nicht. Hier ist es eine strategische Herausforderung für Sie als Betriebsrat, alle Widersprüche innerhalb einer Woche ordnungsgemäß zu verfassen und zu beschließen. Daher

Empfehlung

empfehlen wir Ihnen folgendes in der Praxis erprobte Vorgehen: Sie bereiten einen Anhörungsbogen vor, um die erforderlichen Daten der Mitarbeiter schon vor der Betriebsratsanhörung zu erfassen. Diesen händigen Sie dann den Mitarbeitern, die betroffen sein könnten, aus. Noch sinnvoller ist die Bereitstellung des Bogens in elektronischer Form auf der Betriebsrats-Homepage, sodass jeder Mitarbeiter ihn ausdrucken, ausfüllen und anschließend persönlich beim Betriebsrat abgeben kann. Ein solcher Anhörungsbogen muss folgende Daten erheben:

Elektronische Form

- Alter (Geburtsdatum).
- Betriebszugehörigkeit (Jahre, Monate).
- Beschreibung der derzeitigen Tätigkeit.
- Unterhaltsverpflichtungen (Ehegatte, Kinder, Pflegefälle …).
- Besondere Härten aller Art (zum Beispiel Behinderungen, Schulden …).
- Liste von Mitarbeitern, die eine vergleichbare Tätigkeit ausüben, durch eine Kündigung aber sozial weniger hart getroffen wären, die also jünger sind, noch nicht so lange in der Firma arbeiten, weniger Kinder haben. Vielleicht haben die Arbeitnehmer Skrupel, den Namen eines Kollegen zu nennen. Das ist jedoch unnötig, denn diese Daten kennt der Arbeitgeber aus den Personalakten genau. Wenn Vergleichspersonen angegeben werden, heißt das nicht, dass der Arbeitgeber eben diesen Kollegen kündigt. Wenn er dies tun wollte, hätte er sie ausgesucht.
- Qualifizierungsmaßnahmen, die die Übernahme einer anderen freien Arbeitsstelle im Unternehmen ermöglichen würden.
- Belege, dass die eigene Arbeit nicht weggefallen ist, sondern von Leiharbeitern, freien Mitarbeitern (Consultants) oder anderen Kollegen übernommen wurde beziehungsweise werden soll.
- Stellenausschreibungen des Unternehmens, auf die der Mitarbeiter passt.
- Kontaktdaten für schnelle Rückfragen.

Betriebsratswiderspruch erstellen

Mit den Anhörungsbögen, die Sie von den Arbeitnehmern bekommen haben, sind Sie als Betriebsrat bestens vorbereitet, wenn der Arbeitgeber die Unterrichtungsschreiben über die geplanten Kündigungen beim Betriebsratsvorsitzenden einreicht. Sie müssen nun innerhalb einer Woche den beabsichtigten Kündigungen der Arbeitnehmer widersprechen. Dies müssen Sie schriftlich tun (§ 102 II BetrVG), eine E-Mail genügt nicht. Mögliche Widerspruchsgründe sind in § 102 III Nr. 1 bis 5 BetrVG festgelegt. Darunter fallen zum Beispiel eine fehlende oder mangelhafte soziale Auswahl, Weiterbeschäftigungsmöglichkeiten an einem anderen Arbeitsplatz oder unter geänderten Arbeitsbedingungen sowie unternehmerische Entscheidungen, die sich nicht auf den Arbeitsplatz des zu Kündigenden herunterbrechen lassen.

Frist von einer Woche

Im Betriebsratswiderspruch müssen Sie auf die individuelle Situation des Arbeitnehmers eingehen. Ein pauschaler Verweis und die Abschrift des Gesetzestextes genügen nicht. Sie müssen im Widerspruch beispielsweise konkrete Vergleichspersonen nennen oder Stellen, an denen der Arbeitnehmer weiterbeschäftigt werden kann. Diese Daten entnehmen Sie dem Anhörungsbogen. Eine vorbereitete Dokumentenvorlage für den Widerspruch, in die Sie dann die individuellen Daten einsetzen, hilft Ihnen dabei sehr. Bereiten Sie diese im Gremium vor. Im Folgenden finden Sie ein Beispiel. Selbstverständlich führen Sie nur die Punkte auf, die für den betreffenden Mitarbeiter zutreffen, und zwar alle.

Dokumentenvorlage

Stellungnahme des Betriebsrats zur betriebsbedingten Kündigung von Frau Erika Mustermann zum 31. 7. 2007

Der Betriebsrat hat nach Anhörung von Frau Erika Mustermann in der Sitzung vom 9.1.2007 beschlossen, der Kündigung aus folgenden Gründen zu widersprechen.

1. Verstoß gegen den vereinbarten Interessenausgleich

Die Zahl der Mitarbeiter, die aufgrund der Freiwilligkeitsaktion mit einem Aufhebungs-vertrag die Elektro AG verlassen haben, hätte von der Gesamtzahl der 1.100 abzu-bauenden Mitarbeiter abgezogen werden müssen, bevor Kündigungen ausgesprochen werden. Dies ist nicht geschehen.

2. Persönlicher Hintergrund

Frau Mustermann ist 46 Jahre alt und gehört seit dem 1.8.1990 dem Unternehmen an. Frau Mustermann ist verheiratet und hat zwei unterhaltsberechtigte Kinder. Sie ist Dipl.-Kauffrau und in der Abteilung Elektro Bob KF als Industriekauffrau beschäftigt. Der Schwerpunkt liegt dort auf dem Aufgabenbereich Finanz- und Rechnungswesen. Sie wird in der Vertragsgruppe Tarifmitarbeiter geführt. Schulden: Frau Mustermann muss eine Hypothek für ihr Eigenheim tragen. Hier liegt eine besondere Härte vor.

3. Verstoß gegen gesetzlichen Kündigungsschutz

Frau Mustermann hat laut Bescheid des Versorgungsamtes einen Grad der Behinderung von 30 und ist einem Schwerbehinderten gleichgestellt. Sie hat daher Kündigungsschutz nach SGB IX. Der Kündigung von Frau Mustermann wird widersprochen, da nach Schwerbehindertengesetz die Voraussetzung zur Kündigung des Arbeitsverhältnisse eines schwerbehinderten Menschen die vorherige Zustimmung des Integrationsamtes ist. Eine solche Zustimmung liegt jedoch nicht vor.

4. Verstoß gegen soziale Auswahl

Der Kündigung von Frau Mustermann wird widersprochen, da gemäß § 102 III BetrVG soziale Gesichtspunkte nicht bzw. nicht ausreichend berücksichtigt wurden. In Ihrem Schreiben zur Anhörung des Betriebsrats vom 5.1.2007 führen Sie an, dass eine Sozial-auswahl im Betrieb durchgeführt wurde. Aus Ihrer Argumentation geht jedoch hervor, dass Sie die Sozialauswahl dennoch nicht über den gesamten Betrieb erstreckt haben, wozu Sie aber verpflichtet sind. Es fehlt außerdem, welche Abteilungen, Mitarbeiter oder Arbeitsplätze in die Sozialauswahl einbezogen wurden und wieso gerade diese. Trotz dieser fehlenden Informationen ergibt schon eine oberflächliche Stichprobe, dass es bei der Elektro AG am Standort H Kaufleute mit wesentlich kürzerer Beschäftigungs-dauer und niedrigerem Lebensalter gibt, zum Beispiel sind in der Abteilung von Frau Mustermann Mitarbeiter mit vergleichbaren Tätigkeiten beschäftigt, die eine Kündigung sozial nicht so hart treffen würde, Hr. Hans Mickey, Hr. Ludwig Mouse, Hr. John McNa-mara, Fr. Scarlet Hazeltine und in der Abteilung Elektro Bob NW Fr. Carmen Richter und Hr. Klaus von Esch.

5. Verstoß gegen Auswahlrichtlinien

Die Beschäftigungsgesellschaft soll Arbeitnehmern angeboten werden, deren Aussichten auf dem regulären Arbeitsmarkt, eine angemessene Anschlussbeschäftigung zu erhalten, bei objektiver Betrachtung unter Berücksichtigung des Arbeitsmarktes innerhalb der Ver-weildauer in der Beschäftigungsgesellschaft gegeben sind. Unter Punkt 4.4 der Betriebsvereinbarung „[Titel]" für den Standort H ist das Lebensalter 55 Jahre nur beispielhaft aufgeführt. Die Vermittlungschancen auf dem Arbeitsmarkt sind für Frau

Mustermann aufgrund ihres Alters, ihrer persönlichen Situation (Mutter mit zwei schulpflichtigen Kindern) und der Situation auf dem Arbeitsmarkt als schwierig einzuschätzen. Dennoch wurde Frau Mustermann ein Angebot zum Übertritt in die Beschäftigungsgesellschaft unter gleichzeitiger Androhung der betriebsbedingten Kündigung gemacht.

6. Weiterbeschäftigung

Ihre Begründung, die Arbeit der Frau Mustermann würde entfallen, trifft nicht zu. Dem Betriebsrat wurde mitgeteilt, dass die Tätigkeit nach Polen verlagert wird. Frau Mustermann wurde durch ihren Vorgesetzten davon unterrichtet, dass ihre Tätigkeiten entfallen sollen. Gleichzeitig wurde sie gebeten, ihre Aufgaben an Hrn. John McNamara und Fr. Scarlet Hazeltine zu übergeben, die diese zusätzlich zu ihren Aufgaben übernehmen müssen. Dadurch wurde Frau Mustermann an eine Stelle ohne Arbeitsinhalt versetzt. Wir widersprechen der Kündigung von Frau Mustermann nach § 102 III BetrVG, weil die Arbeit entgegen der Behauptung des Arbeitgebers nicht weggefallen ist und weil Frau Mustermann ohne ihre Zustimmung und ohne Zustimmung des Betriebsrats versetzt wurde. Frau Mustermann hat ihrer Versetzung widersprochen.

Der Kündigung von Frau Mustermann wird gemäß § 102 III BetrVG widersprochen, da sie an einem anderen Arbeitsplatz in der Elektro AG weiterbeschäftigt werden könnte. Derzeit sind im firmeninternen elektronischen Arbeitsmarkt innerhalb der Elektro AG mindestens 500 zu besetzende Stellen ausgeschrieben. Darunter auch folgende Stellen, die von Frau Mustermann ebenso besetzt werden können (siehe Anlagen): Industriekaufmann/-frau; Jobnr.: 43050 und Kaufmann/-frau Finanz- und Rechnungswesen; Jobnr.: 43051.

Dem Betriebsrat wurde eine Anweisung des Elektro-Bob-Bereichsvorstands zur Kenntnis gegeben, in der eine Versetzung auf freie Stellen innerhalb des Bereichs untersagt wird. Der Betriebsrat sieht hierin eine Auswahlrichtlinie nach § 95 BetrVG, die mit dem Betriebsrat nicht vereinbart wurde. Durch diesen Vorstandsbeschluss wird Frau Mustermann willkürlich die Weiterbeschäftigung am Standort H verwehrt.

7. Weiterbeschäftigung nach Umschulung/Fortbildung

Der Kündigung von Frau Mustermann wird widersprochen, da gemäß § 102 III BetrVG nach zumutbaren Umschulungs- und Fortbildungsmaßnahmen, zum Beispiel Kursen über Vertriebstheorie und Marketing bzw. nach Umschulung zum Dienststellenleiter, folgende Stellen (siehe Anlage) besetzt werden könnten: 45218, 45214, 44840. Somit ist eine Weiterbeschäftigung in der Elektro AG möglich.

8. Weiterbeschäftigung mit geänderten Vertragsbedingungen

Der Kündigung von Frau Mustermann wird widersprochen, da gemäß § 102 III BetrVG eine Weiterbeschäftigung unter geänderten Vertragsbedingungen möglich wäre, zum Beispiel Teilzeit bis 30 Stunden oder Vollzeit bei Teleworking.

9. Außerdem hat der Betriebsrat folgende Bedenken:

Zwar ist der Unternehmensbereich Elektro Bob wie die gesamte Branche von einer konjunkturellen Krise mit deutlichem Auftragsrückgang betroffen, allerdings kann die Arbeitgeberin, die Elektro AG, im abgelaufenen Geschäftsjahr 2005/2006 mit einem Ge-

winn von 2,6 Milliarden Euro nach Steuern auf das zweitbeste Ergebnis der Firmenge-
schichte verweisen. Vor diesem Hintergrund ist die Notwendigkeit von Kündigungen aus
wirtschaftlichen Gründen mehr als zweifelhaft. Außerdem geht auch die Firmenleitung
davon aus, dass der Bereich Elektro Bob in der gegenwärtigen Situation wieder Markt-
anteile gewinnen kann (siehe Interview der S-Zeitung vom 13.10.2006 mit dem Vor-
standsvorsitzenden der Elektro AG, Otto Gebühr). Dies wird auch vom Leiter der Strate-
giegruppe von Elektro Bob, Herrn Peterson, in einer Mail vom 11.12.2006 bekräftigt:
„Die Zukunft bietet Elektro Bob aus der schwierigen Marktlage und dem teilweise deso-
laten Zustand unserer Wettbewerber heraus viele Chancen."

10. Fazit

Die beabsichtigte Kündigung von Frau Mustermann würde allein schon wegen der fehlenden sozialen Auswahl zu Unrecht erfolgen. Außerdem müssen vor Ausspruch einer
betriebsbedingten Kündigung alle Möglichkeiten einer Vermittlung bzw. Qualifizierung
zur Weiterbeschäftigung von Frau Mustermann innerhalb des Unternehmens ausgeschöpft werden. Dies haben Sie bisher nicht versucht. Der Betriebsrat widerspricht daher
der Kündigung von Frau Erika Mustermann und bittet Sie, von Ihrer Kündigungsabsicht
Abstand zu nehmen.

Bertold Rat   *Brigitte Richard*

Betriebsrat Elektro Bob H

Abstimmung über den Widerspruch

In der Betriebsrats- beziehungsweise der Ausschusssitzung
ist für jeden Einzelfall individuell abzustimmen, ob der Kündigung widersprochen wird oder nicht. Achten Sie auf eine
ordentliche Ladung zu dieser Sitzung. Betriebsratsmitglie-
der, die durch Ersatzmitglieder vertreten werden, dürfen sich
zu diesem Zeitpunkt nicht auf dem Firmengelände befinden.
Protokollieren Sie ordentlich, wer bei dieser Sitzung anwesend ist. Achten Sie auch darauf, dass das Geschlechterver-
hältnis eingehalten wurde. Wenn Sie nicht innerhalb einer
Sitzung über alle Kündigungen abstimmen können, schließen Sie am Abend diese Sitzung nicht, sondern unterbrechen
Sie sie lediglich (Permanentsitzung). So müssen Sie Teilnehmer nicht erneut laden und verlieren keine wertvolle Zeit
wegen der Einhaltung von Ladefristen. Protokollieren Sie
genau, wann Sie die Sitzung unterbrochen und wiederaufge-

**Ordentliche
Ladung**

nommen haben. Bedenken Sie: Formale Fehler, die Sie hier machen, können die Mitarbeiter die Weiterbeschäftigung bis zum Ende des Kündigungsschutzprozesses kosten.

Nachdem die Sitzung eröffnet und die korrekte Zusammensetzung festgestellt wurde – was Sie bitte im Protokoll festhalten –, können Sie mit der Abstimmung über den Widerspruch zur Kündigung beginnen. Eine pauschale Abstimmung „Wir widersprechen allen Kündigungen" ist unzulässig. Der Betriebsratswiderspruch ist dann nicht ordnungsgemäß. Nehmen Sie sich daher jeden Widerspruch einzeln vor, prüfen Sie ihn und stimmen dann darüber ab. Der Widerspruch kann von anderen Betriebsratsmitgliedern, aber nicht von Personen, die dem Betriebsrat nicht angehören, geschrieben werden. Es gibt keine Vorschriften darüber, wie lange eine solche Prüfung dauern muss. Der Betriebsratsvorsitzende und ein weiteres Betriebsratsmitglied müssen dann die Widersprüche unterzeichnen (§ 34 BetrVG). Wenn es einen Betriebsratsausschuss für Personalfragen gibt, der auch Kündigungen zur selbständigen Erledigung übertragen bekommen hat (am besten schriftlich niedergelegt in der Geschäftsordnung des Betriebsrats, sonst in einem Betriebsratsprotokoll), dann genügt die Unterschrift des Ausschussvorsitzenden oder eines weiteren Mitglieds dieses Ausschusses. Für das Sitzungsprotokoll legen Sie am besten eine Liste mit den Namen der zu kündigenden Mitarbeiter an. Tragen Sie ein, ob widersprochen wurde oder nicht, und halten Sie das Abstimmungsergebnis (Anzahl der Ja- und der Nein-Stimmen sowie der Enthaltungen) genau fest. Eine solche Liste könnte so aussehen:

Abstimmung (Randnotiz)

Sitzungsprotokoll (Randnotiz)

Name	Vorname	Abteilung	Widerspruch Ja/Nein	Abstimmungsergebnis Ja	Nein	Enthaltungen
Müller	Hans	Bob PK 7	Ja	11	0	0
Mustermann	Erika	Bob KF 3	Ja	11	0	0
Van Dach	Karlson	Bob KO 27	Ja	10	0	1

Abgabe der Widersprüche beim Arbeitgeber

Die Betriebsratswidersprüche müssen fristgerecht beim Arbeitgeber eingereicht werden. Angenommen, der Arbeitgeber reicht am Freitag, dem 5.1.2007 seine Kündigungsbegehren beim Betriebsrat ein. Die Frist beginnt dann mit dem nächsten Tag, also am Samstag, dem 6.1.2007 zu laufen (§ 187 I Bürgerliches Gesetzbuch [BGB]). Da Sie ab Fristbeginn eine Woche Zeit für die Widersprüche haben, müssen Sie bis spätestens Freitag, den 12.1.2007, 24:00 Uhr, die Widersprüche dem Arbeitgeber übergeben haben (§ 188 II BGB). Denken Sie daran, dass Sie die Widersprüche ausdrucken **Ausdruck** müssen (Papier, Toner, funktionsfähiger Drucker). Eine Übergabe als E-Mail genügt nicht den gesetzlichen Bestimmungen. Versäumen Sie als Betriebsrat diese Frist, dann haben Sie den Kündigungen zugestimmt und alle Arbeit war vergebens.

So bereiten Sie eine Kündigungsschutzklage vor

Klären Sie mit Ihrer Versicherung zunächst die Kostenübernahme. Beratungen im Vorfeld durch einen Rechtsanwalt werden von Rechtsschutzversicherungen häufig nicht übernommen. Bevor Sie dann Ihren Anwalt aufsuchen, bringen Sie Ordnung in Ihre Unterlagen. Außer den im Folgenden genannten Belegen gehören Interessenausgleich, Sozialplan und der Betriebsratswiderspruch zu den Unterlagen, die Sie für Ihre Klage benötigen.

Zwischenzeugnis beantragen

Sobald Sie davon wissen, dass Ihr Arbeitgeber beabsichtigt, im Betrieb Personal abzubauen, sollten Sie umgehend ein

**Externe
Bewerbung**

Zwischenzeugnis beantragen. Ist die Kündigung noch nicht ausgesprochen, fällt es erfahrungsgemäß besser aus. Dieses Zwischenzeugnis brauchen Sie nicht nur für externe Bewerbungen. Vielmehr kann es zusammen mit den Beurteilungsbögen aus Mitarbeitergesprächen untermauern, welche Tätigkeiten Sie ausgeführt haben und über welche Fähigkeiten Sie verfügen. Die Kompetenz des Arbeitnehmers wird vom Arbeitgeber in einer späteren Verhandlung häufig in Zweifel gezogen, wenn es für ihn von Vorteil ist.

Interne Stellenausschreibungen sammeln

Beginnen Sie zu diesem Zeitpunkt auch damit, den internen Stellenmarkt durchzusehen. Drucken Sie Stellenausschreibungen aus, für die Sie nach einer zumutbaren Qualifizierung infrage kommen würden. Notieren Sie auch, welche Zusatzqualifikation Sie eventuell benötigen und in welcher Zeit Sie diese erwerben könnten. Eine Einarbeitungszeit von drei bis sechs Monaten ist für den Arbeitgeber durchaus zumutbar.

Mit solchen Ausdrucken können Sie vor Gericht beweisen, dass freie offene Stellen vorhanden gewesen wären, die Ihnen der Arbeitgeber vor einer Kündigung hätte anbieten müssen. Haben Sie keinen Nachweis zur Hand, kann es passieren, dass die Personalabteilung den entsprechenden Job in ihrer Datenbank nicht mehr findet.

Beachten Sie dabei, dass nur Stellen innerhalb Ihres Unternehmens für eine mögliche Weiterbeschäftigung relevant sind. Auf Stellen in anderen Unternehmen des Konzerns können Sie sich natürlich bewerben, jedoch wird eine konzernweite Weiterbeschäftigung von den Gerichten im Allgemeinen verneint.

Bewerbung auf interne Stellen

Zwar ist es nicht nötig, dass Sie sich intern tatsächlich bewerben, da der Arbeitgeber vor dem Ausspruch der Kündigung verpflichtet wäre, Ihnen eine entsprechende Stelle anzubieten. Trotzdem sollten Sie sich auf mehrere interne Stellenausschreibungen bewerben und den Bewerbungsprozess dokumentieren.

Bekommen Sie ein ablehnendes Standardschreiben zurück, fragen Sie auf jeden Fall nach dem Grund für die Absage. Sie zeigen dem Gericht damit, dass Sie willig waren, auch an einen andersartigen Arbeitsplatz zu wechseln. Zudem beweisen Sie damit Ihre Bereitschaft, etwas Neues dazuzulernen, um sich auf neue Aufgaben vorzubereiten. Das macht insgesamt einen guten Eindruck vor Gericht, vor allem wenn Ihr Arbeitgeber im Prozess versucht, Sie als unflexiblen Mitarbeiter darzustellen. Falls Sie einen schriftlichen Hinweis bekommen, dass Sie einer Versetzungssperre unterliegen, heben Sie diesen ebenfalls gut auf, um ihn als Beweismittel vorlegen zu können.

Grund für Absage

Vergleichskandidaten suchen

Um eine fehlerhafte Sozialauswahl nachweisen zu können, müssen Sie auf Vergleichskandidaten verweisen, die eine ähnliche Tätigkeit ausüben, jedoch jünger sind, noch nicht so lange in der Firma arbeiten oder keine Kinder haben. Die meisten Menschen schrecken davor zurück, die Namen von Kollegen zu nennen. Machen Sie sich aber klar, dass die Firma auch über diese Daten verfügt, doch dem betreffenden Kollegen offensichtlich nicht kündigen will. Es ist durchaus legitim, aus Beweisgründen Vergleichskandidaten vor Gericht anzugeben. Geben Sie keine Vergleichskandidaten an, laufen Sie Gefahr, Ihren Kündigungsschutzprozess zu verlieren.

Namen nennen

Übergabeprotokoll erstellen

**Übergabe-
protokoll**

Spätestens mit der Kündigung wird Ihnen wahrscheinlich die Arbeit entzogen, denn sonst könnte sich der Arbeitgeber ja nicht darauf berufen, dass Ihre Arbeit entfallen ist. Sie sollten auf jeden Fall ein Übergabeprotokoll erstellen, in dem Sie genau festhalten, an welche anderen Mitarbeiter Sie Ihre Arbeit übergeben haben. So können Sie später möglicherweise nachweisen, dass Ihre Arbeit immer noch gemacht wird.

Anhörungsbogen für den Betriebsrat ausfüllen

Zur Vorbereitung für die Betriebsratsanhörung füllen Sie den Anhörungsbogen aus und geben diesen bis spätestens zum Zeitpunkt der Bekanntgabe des Interessenausgleichs/Sozialplans beim Betriebsrat ab. Damit unterstützen Sie den Betriebsrat erheblich darin, Ihnen einen ordentlichen Betriebsratswiderspruch schreiben zu können. Diesen Widerspruch muss Ihnen der Arbeitgeber zusammen mit der Kündigung aushändigen.

Weiterbeschäftigung nach der Kündigung?

Werde ich sofort freigestellt oder eventuell weiterbeschäftigt, wenn eine ordentliche Kündigung ausgesprochen wurde? Auf welche Weise wird denn überhaupt meine Kündigungsfrist berücksichtigt?

Was gilt in der Kündigungsfrist?

Der Arbeitgeber muss Sie im Fall einer ordentlichen Kündigung bis zum Ende der Kündigungsfrist weiterbeschäftigen.

Gerade wenn Sie in einer verantwortlichen Position sind oder Ihr Chef Unruhe im Betrieb befürchtet, möchte er Sie wahrscheinlich sofort freistellen, nachdem er die Kündigung ausgesprochen hat. Dadurch verschlechtern sich möglicherweise Ihre beruflichen Perspektiven, da zum Beispiel Kundenkontakte im Vertrieb wegfallen oder Sie Ihr Fachwissen als Entwickler nicht anwenden können. Selbst wenn am Ende der Arbeitsplatz nicht erhalten werden kann, haben Sie bei Ausstiegsverhandlungen eine deutlich bessere Position, wenn Sie weiterbeschäftigt wurden. Eine einseitige Freistellung durch den Arbeitgeber, das heißt ohne Ihre Zustimmung, ist deshalb nur möglich, wenn dieser ein berechtigtes und nachweisbares Interesse daran hat, Sie sofort freizustellen. Dies ist bei einer ordentlichen Kündigung für gewöhnlich nicht der Fall.

Berufliche Perspektiven

Bei manchen Mitarbeitern ist die Freistellung im Fall einer betriebsbedingten Kündigung im Arbeitsvertrag ausdrücklich vereinbart. Doch uneingeschränkte Freistellungsklauseln umgehen nach einer Entscheidung des Arbeitsgerichts Frankfurt den Beschäftigungsanspruch des Arbeitnehmers. Sie sind daher nach § 307 I und II Nr. 1 BGB von vornherein unwirksam (ArbG Frankfurt, Urteil vom 19.11.2003, Az. 2 Ga 251/03).

Als Tarifmitarbeiter haben Sie keine solche Klausel in Ihrem Arbeitsvertrag. Es ist jedoch möglich, dass Sie mit Ihrem Arbeitgeber eine Freistellung vereinbaren und damit auf Ihren Beschäftigungsanspruch verzichten. Sie können aber auch gegen eine einseitige Freistellung durch den Arbeitgeber klagen. Die Gerichtsprozesse nach den Kündigungswellen im Jahr 2003 am Siemens-Standort München Hofmannstraße zeigen, dass außertarifliche Mitarbeiter mit Freistellungsklauseln in der Regel Freistellungsprozesse verlieren, Tarifmitarbeiter sie für gewöhnlich gewinnen.

Einseitige Freistellung

Weiterbeschäftigung bis zum Prozessende

Der Betriebsrat kann mit seinem Widerspruch nicht verhindern, dass der Arbeitgeber kündigt. Er kann ihm nur seine Bedenken mitteilen und ihn bitten, aus den von ihm genannten Gründen von der Kündigung Abstand zu nehmen. Die Widerspruchsgründe des Betriebsrats sind für einen Arbeitgeber Hinweise, dass der Beschäftigte einen Kündigungsschutzprozess gewinnen könnte.

Verzicht auf Kündigung

In der Praxis verzichten Arbeitgeber durchaus manchmal auf Kündigungen, wenn sie den Betriebsratswiderspruch gelesen haben. So hat Siemens im Jahr 2003 an seinem Standort München Hofmannstraße etwa die Hälfte von 400 geplanten Kündigungen aufgrund der Widersprüche des Betriebsrats nicht ausgesprochen. Spricht der Arbeitgeber dennoch die Kündigung aus – damit sollten Sie rechnen –, dann muss er Ihnen zusammen mit der Kündigung eine Abschrift der Stellungnahme des Betriebsrats zukommen lassen (§ 102 IV BetrVG). Auch wenn er dies versäumt, bleibt die Kündigung wirksam.

Ist der Betriebsratswiderspruch fristgerecht und ordnungsgemäß erfolgt, muss der Arbeitgeber Sie nach § 102 V BetrVG weiterbeschäftigen, solange der Kündigungsschutzprozess läuft. Dieser Anspruch auf Weiterbeschäftigung ist gemeinsam mit der Kündigungsschutzklage vor dem Arbeitsgericht zu erheben.

Der Arbeitgeber kann sich von dieser Weiterbeschäftigungspflicht vom Gericht entbinden lassen, wenn diese für ihn unzumutbar ist. Dies muss er aber vor Gericht belegen. Für ein Unternehmen, das Gewinne macht, ist die Weiterbeschäftigung zumutbar.

Wie läuft der Prozess beim Arbeitsgericht ab?

Die Arbeitsgerichtsbarkeit wird durch die drei Instanzen Arbeitsgericht, Landesarbeitsgericht (LAG) und Bundesarbeitsgericht ausgeübt. In der ersten Instanz am Arbeitsgericht besteht kein Anwaltszwang. Dort könnten Sie Ihren Fall theoretisch selbst vertreten. Da es in einer solchen Situation um viel geht, nämlich um den Erhalt Ihres Arbeitsplatzes und damit Ihrer Existenzgrundlage, ist dies aber nicht zu empfehlen.

Drei Instanzen

Für Sie als Arbeitnehmer besteht die Möglichkeit, sich von einer Gewerkschaft vertreten zu lassen. Arbeitgeber können von Arbeitgeberverbänden vertreten werden.

Für den Fall, dass Sie sich für einen Anwalt entscheiden, achten Sie bitte unbedingt darauf, dass es sich um einen Fachanwalt für Arbeitsrecht handelt. Ein Rechtsanwalt aus Ihrer Bekanntschaft, der eigentlich auf Verkehrs- oder Steuerrecht spezialisiert ist, wird nicht unbedingt optimale Ergebnisse für Sie erzielen. Das Gleiche gilt für einen Anwalt, der für gewöhnlich Arbeitgeber vertritt. Am LAG und am BAG müssen Sie sich von einem Anwalt, einer Gewerkschaft oder als Arbeitgeber von einem Arbeitgeberverband vertreten lassen.

Auswahl des Anwalts

Einreichung der Klage

Kündigt Ihnen der Arbeitgeber und halten Sie diese Kündigung aber für sozial ungerechtfertigt, dann können Sie beim Arbeitsgericht eine Kündigungsschutzklage erheben, um feststellen zu lassen, dass Ihr Arbeitsverhältnis durch die Kündigung nicht aufgelöst ist.

ACHTUNG

Die Kündigungsschutzklage muss nach § 4 I KSchG innerhalb von drei Wochen ab dem Zugang des Kündigungsschreibens erhoben werden. Eine Kündigung gilt als zugestellt, wenn sie Ihnen von einem dafür bevollmächtigten Arbeitgebervertreter überreicht wurde. Die Frist beginnt am Tag nach der Übergabe (§ 187 I BGB). Wird die Kündigung Ihnen zu einer normalen Tageszeit per Post zugestellt oder von einem Boten in den Briefkasten eingeworfen, dann beginnt die Frist mit dem nächsten Tag zu laufen. Wird sie allerdings erst abends eingeworfen, also zu einer Zeit, zu der ein durchschnittlicher Bürger seinen Briefkasten nicht mehr leert, dann beginnt die Frist erst am übernächsten Tag zu laufen. Für den Fristbeginn ist nur entscheidend, dass Sie die Möglichkeit hatten, das Kündigungsschreiben zur Kenntnis zu nehmen. Ob Sie es auch tatsächlich gelesen haben, spielt keine Rolle.

Rechtzeitig Klage einreichen

Wird die Klage nicht rechtzeitig eingereicht, ist die Kündigung gemäß § 7 KSchG rechtswirksam. Nur ausnahmsweise, wenn Sie trotz aller Ihnen zuzumutenden Sorgfalt nicht rechtzeitig Klage einreichen konnten oder wenn Sie von Ihrer Schwangerschaft, die einen besonderen Kündigungsschutz bewirkt, aus einem nicht von Ihnen zu vertretenden Grund erst nach der Dreiwochenfrist erfahren haben, kann nach § 5 KSchG die Klage nachträglich zugelassen werden. Nehmen wir zum Beispiel an, dass Sie bei Zugang der Kündigung in einem längeren Urlaub waren und die Klagefrist überschritten haben, da Sie dort nicht erreichbar waren. Dann können Sie nach § 5 III KSchG innerhalb von zwei Wochen nach Behebung des Hindernisses, in diesem Fall also wenn Sie aus dem Urlaub zurück sind, die Klage verspätet einreichen. Dies gilt aber nur, wenn der Arbeitgeber nicht vorher angekündigt hat, betriebsbedingte Kündigungen auszusprechen, und Sie daher nicht mit einer betriebsbedingten Kündigung rechnen mussten.

GUT ZU WISSEN

Was ist zu tun, wenn im Unternehmen betriebsbedingte Kündigungen bereits angekündigt worden sind, Sie aber trotzdem in den Urlaub fahren wollen? Dann müssen Sie dafür sorgen, dass während Ihrer Abwesenheit regelmäßig Ihr Briefkasten geleert wird und Sie informiert werden, falls die Kündigung eintrifft.

Zustellung der Klageschrift

Haben Sie die Klage fristgerecht eingereicht, dann wird das Arbeitsgericht dem Arbeitgeber die Klageschrift gemäß § 47 I Arbeitsgerichtsgesetz (ArbGG) bis spätestens eine Woche vor dem ersten Termin – das ist die sogenannte Einlassungsfrist – zustellen. Eine Aufforderung an den Beklagten, sich schriftlich zu äußern, erfolgt in der Regel nicht. Mit der Klagezustellung wird das arbeitsgerichtliche Verfahren rechtshängig.

Einlassungsfrist

Güteverfahren

Das Güteverfahren ist dem eigentlichen Rechtsstreit zwar vorgeschaltet, aber bereits Teil der mündlichen Verhandlung (§ 54 I ArbGG). Nach § 61a ArbGG soll es innerhalb von zwei Wochen nach Klageerhebung stattfinden. Den Termin legt der vorsitzende Richter fest. Das Güteverfahren findet vor dem Vorsitzenden ohne ehrenamtliche Richter statt. Es beinhaltet die Erörterung aller Umstände. Ziel des Güteverfahrens ist die gütliche Einigung (Vergleich) beider Parteien. Das Ergebnis, insbesondere der Abschluss eines Vergleichs, ist schriftlich festzuhalten.

Vergleich

In einem Vergleich könnten Sie sich mit dem Arbeitgeber auf eine Abfindung und die Erstellung eines guten Zeugnisses einigen und dann aus dem Arbeitsverhältnis ausscheiden. Ergebnis eines Vergleichs könnte aber auch sein, dass der Arbeitgeber sich bereiterklärt, Sie unter geänderten Vertragsbedingungen weiterzubeschäftigen.

Einigung

> **HINWEIS**
> Ein Vergleich kann zu jedem Zeitpunkt des Verfahrens abgeschlossen werden, also nicht nur im Güteverfahren.

Wenn Sie Ihren Arbeitsplatz zurückgewinnen wollen, dann dürfen Sie zu keinem Zeitpunkt mit dem Gedanken spielen, eine Abfindung anzunehmen. Geben Sie diese Einstellung auch Ihrem Anwalt klar zu verstehen. Sobald ein Richter bemerkt, dass Sie vielleicht doch nicht abgeneigt wären, einer Abfindung zuzustimmen, wird er darauf hinarbeiten, dass sich die beiden Parteien auf eine solche Lösung einigen. Dies ist eine der Aufgaben des Richters, missverstehen Sie sein Verhalten nicht als Zeichen dafür, dass Ihre Prozessaussichten schlecht sind.

Hauptsacheverfahren

Kammer-termin

Wenn Sie sich mit Ihrem Arbeitgeber nicht auf einen Vergleich einigen, setzt der Richter den Termin für das Hauptsacheverfahren (Kammertermin) fest. Dieses kann je nach Auslastung des Gerichts auch erst ein Jahr nach der Klageerhebung stattfinden. Hierbei ist die mündliche Verhandlung zwingend vorgeschrieben (§ 46 II ArbGG). Sie kann nicht durch ein schriftliches Verfahren ersetzt werden. In der Regel erfolgt die Verhandlung vor der Kammer des Arbeitsgerichts (§ 58 I 1 ArbGG). Nur wenn die Beweisaufnahme einen Außentermin erfordert, findet die Verhandlung an einem anderen Ort statt.

Versäumnis-urteil

Der vorsitzende Richter kann jederzeit im Verlauf des Rechtsstreits anordnen, dass die Parteien persönlich erscheinen müssen (§ 51 I ArbGG), was er in der Regel auch tut. Er kann die Zulassung eines Prozessbevollmächtigten ablehnen, wenn eine Partei trotz richterlicher Anordnung unbegründet nicht erscheint (§ 51 II ArbGG). Außerdem kann er ein sogenanntes Versäumnisurteil fällen, das sich meist nachteilig für die fehlende Partei auswirkt, da sie ihre Argumente nicht darlegen konnte. Fehlen Sie also nie unentschuldigt, wenn Sie geladen sind.

Öffentlichkeit des Prozesses

Der Prozess ist nach § 52 ArbGG öffentlich. Sie müssen folglich damit rechnen, dass fremde Personen während der Verhandlung anwesend sind. Bitten Sie Freunde, Verwandte und Kollegen darum, an diesem Termin teilzunehmen. Der moralische Rückhalt durch eine solche Prozessbegleitung ist nicht zu unterschätzen. Sind nicht nur Sie, sondern auch mehrere Kollegen betroffen, können Sie gegenseitig Ihre Prozesse besuchen. Sie erfahren dabei, worauf die Richter im Prozess achten, und gewinnen mehr Sicherheit für das eigene Auftreten vor Gericht.

Moralischer Rückhalt

Beweisführungsfrist

In erster Instanz dürfen Sie Beweise gemäß § 6 KSchG bis zum Ende der mündlichen Verhandlung einreichen. Dabei kann es sich zum Beispiel um Tatsachen handeln, die Ihnen zum Zeitpunkt der Klageeinreichung noch nicht bekannt waren. So könnte es sein, dass Sie erst später erfahren haben, dass Ihr Arbeitsplatz gar nicht weggefallen ist.

Urteil

In der Regel soll das Urteil noch während der Verhandlung verkündet werden. Das Gericht kann aber auch einen gesonderten Termin dafür festsetzen. Das Urteil enthält die Entscheidung des Gerichts und den Wert des Streitgegenstands. Dieser beträgt höchstens das Arbeitsentgelt für drei Monate. Weiter enthält es eine Rechtsmittelbelehrung und die Zulassung für die Berufung am Landesarbeitsgericht. Das Urteil ist vorläufig vollstreckbar. Haben Sie den Prozess in der ersten Instanz gewonnen, muss Ihr Arbeitgeber Sie weiterbeschäftigen und das Ihnen bis dahin entgangene Entgelt nachzahlen, vorausgesetzt, Ihr Anwalt hat beides vorher beantrag. Unterlässt Ihr Arbeitgeber dies, können Sie die Weiterbeschäftigung erzwingen, indem Sie das Urteil vollstrecken lassen.

Berufung zum Landesarbeitsgericht

Zweite Instanz

Gegen ein Urteil des Arbeitsgerichts ist für beide Parteien bei Kündigungen immer die Berufung zum Landesarbeitsgericht zulässig (§ 64 II c ArbGG). Ist die unterlegene Partei mit dem Urteil nicht einverstanden, kann sie dieses in der zweiten Instanz überprüfen lassen. Das Verfahren läuft hier genauso ab wie in der ersten Instanz. Das Urteil des LAG ist im Allgemeinen mit der Zustellung rechtskräftig. Die Revision zum Bundesarbeitsgericht wird nur ausnahmsweise vom Landesarbeitsgericht zugelassen.

Revision zum Bundesarbeitsgericht

Nichtzulassungsbeschwerde

Gegen ein Urteil des Landesarbeitsgerichts ist die Revision zum Bundesarbeitsgericht zulässig, wenn die Rechtssache grundsätzliche Bedeutung hat (§ 72 II Nr. 1 ArbGG). Dies ist zum Beispiel dann der Fall, wenn das Urteil von vorherigen Entscheidungen des BAG abweicht. Die Revision muss vom LAG zugelassen werden. Wird sie abgelehnt, ist eine Nichtzulassungsbeschwerde möglich. Dann entscheidet das BAG über die Zulassung der Klage. Das BAG kann, wenn das Urteil des LAG auf der Verletzung eines Gesetzes beruht, das Urteil der Vorinstanz aufheben und das Verfahren an das LAG zurückverweisen. Eine erneute Beweisaufnahme erfolgt vor dem BAG jedoch nicht.

Nach § 14 III Teilzeit- und Befristungsgesetz (TzBfG) ist der Abschluss befristeter Arbeitsverträge mit Arbeitnehmern über 58 Jahren ohne Einschränkung zulässig. Im Zuge der Hartz-Reformen wurde diese Altersgrenze für Verträge, die bis 31.12.2006 abgeschlossen wurden, auf 52 Jahre gesenkt. Der Europäische Gerichtshof (EuGH) entschied darüber, ob eine solche Befristung für ältere Arbeitnehmer mit europäischem Recht vereinbar ist. Der EuGH gab dem Kläger am 22.11.2005 recht. Er sah eine direkte Ungleichbehandlung aufgrund des Alters für gegeben an (Altersdiskriminierung), Arbeitnehmer über 52 Jahre würden so dauerhaft von unbefristeten Arbeitsverhältnissen ausgeschlossen (EuGH, C-144/04 Mangold).

Beispiel

Auf dieses Urteil des EuGH bezog sich nun ein 53-jähriger Arbeitnehmer, dessen Arbeitsvertrag eine unbegründete Befristung bis zum 31.3.2004 enthielt. Der Arbeitnehmer verlor vor dem LAG seine Klage, mit der er vom Gericht feststellen lassen wollte, dass sein Arbeitsverhältnis nicht mit Ablauf des 31.3.2004 durch Befristung endete. Daraufhin legte er Revision am BAG ein. Das BAG hob mit Hinweis auf die Mangold-Entscheidung des EuGH das Urteil der Vorinstanz auf und verwies die Sache zur Entscheidung zurück an das LAG (Urteil vom 26.4.2006, Az. 7 AZR 500/04). Dieses kann sich in einem neuen Urteil nicht mehr auf § 14 III TzBfG berufen, das heißt, die Befristung war unzulässig und der Arbeitnehmer hat nun eine gute Chance, sein Verfahren zu gewinnen.

Ein weiterer Fall für eine Revision an das BAG könnte folgender Sachverhalt sein: Nach § 1 IV, V KSchG kann das Gericht dann, wenn Namenslisten im Interessenausgleich oder Auswahlkriterien nach § 95 BetrVG mit dem Betriebsrat vereinbart wurden, die getroffene Auswahl der Mitarbeiter nur noch auf grobe Fehlerhaftigkeit überprüfen. Das Gericht muss in diesem Fall davon ausgehen, dass dringende betriebliche Gründe für die Kündigungen vorlagen, die Sozialauswahl korrekt war und für die Gekündigten keine andere Beschäftigungsmöglichkeit im Unternehmen besteht. Der

Gesetzgeber gesteht damit dem Betriebsrat, dessen Mitglieder finanziell abhängig vom Arbeitgeber sind, das gleiche Recht zu wie einem unabhängigen Richter, nämlich zu entscheiden, ob eine Kündigung sozial gerechtfertigt ist. Dies verstößt möglicherweise gegen das Grundrecht, vor Gericht gehört zu werden (Artikel 103 Grundgesetz [GG]), da dieses die Sozialauswahl wegen § 1 IV, V BetrVG nicht voll überprüfen kann. Weiterhin könnte die Einschränkung der Überprüfungsmöglichkeiten des Richters gegen Art. 97 GG verstoßen. Dort wird die Unabhängigkeit der Richter garantiert, die nur dem Gesetz unterworfen sind und nicht den Vorgaben eines Betriebsrats. Um dies vom BAG prüfen lassen zu können, müsste zunächst der Rechtsweg bis zum LAG durch einen betroffenen Arbeitnehmer ausgeschöpft werden. Anschließend könnte er in der Revision am BAG feststellen lassen, dass § 1 IV, V KSchG gegen geltendes Recht verstößt und daher nicht anzuwenden ist. Bekommt er recht, wird das BAG das Urteil der Vorinstanz aufheben und den Fall an das LAG zur Entscheidung zurückverweisen. Dann muss das LAG die Sozialauswahl voll überprüfen.

Unabhängigkeit der Richter

Neues Arbeitsverhältnis

Haben Sie ein neues Arbeitsverhältnis gefunden, während der Prozess noch läuft, können Sie binnen einer Woche nach Rechtskraft des Urteils die Fortsetzung des alten Arbeitsverhältnisses verweigern (§ 12 KSchG). Dazu müssen Sie Ihrem alten Arbeitgeber gegenüber schriftlich erklären, dass Sie trotz Urteil die Fortsetzung Ihres Arbeitsverhältnisses verweigern. Mit dem Zugang der Erklärung erlischt dann das Arbeitsverhältnis. Ihnen steht nur das durch die unwirksame Kündigung entgangene Gehalt zu, das Sie für die Zeit zwischen der Entlassung und dem Zugang der Erklärung bekommen hätten. Arbeitslosengeld und in diesem Zeitraum erzielter Verdienst werden angerechnet.

Entgangenes Gehalt

HINWEIS

Ihre neue Arbeitsstelle können Sie vor Prozessende antreten, das alte Arbeitsverhältnis entweder durch einen gerichtlichen Vergleich oder nach gewonnenem Prozess durch eine schriftliche Erklärung Ihrem alten Arbeitgeber gegenüber beenden. Wenn Sie den Prozess gewonnen haben und lieber bei Ihrem alten Arbeitgeber weiterarbeiten wollen, können Sie auch das neue Arbeitsverhältnis beenden. Dann müssen Sie dort kündigen und dabei die Kündigungsfrist beachten. Diese beträgt während der Probezeit zwei Wochen, danach vier Wochen zum 15. oder zum Monatsende.

Lassen Sie Ihr Verfahren während der Probezeit weiterlaufen. Schöpfen Sie dazu alle gerichtlichen Fristen voll aus, und vergleichen Sie sich erst danach mit Ihrem alten Arbeitgeber. So können Sie sich für den Fall absichern, dass Sie die Probezeit bei Ihrem neuen Arbeitgeber nicht bestehen.

Prozesskosten

Viele Arbeitnehmer scheuen den Gang vors Arbeitsgericht, weil sie nicht einschätzen können, welche Kosten auf sie zukommen. Dies ist insbesondere dann der Fall, wenn sie keine Arbeitsrechtsschutzversicherung haben. Wir empfehlen jedem Arbeitnehmer, eine solche abzuschließen. Eine gerichtliche Auseinandersetzung vor den Arbeitsgerichten ist grundsätzlich mit überschaubaren Kosten verbunden. Die Gerichtskosten richten sich im arbeitsgerichtlichen Verfahren nach dem sogenannten Streitwert. Sie werden gemäß § 9 Gerichtskostengesetz (GKG) grundsätzlich erst nach Beendigung des Verfahrens fällig. In Verfahren vor Gerichten für Arbeitssachen werden nach § 11 GKG keine Vorauszahlungen auf Gerichtskosten erhoben.

Streitwert

Das Honorar für den Rechtsanwalt hängt ebenfalls vom Streitwert ab sowie vom Umfang seiner Tätigkeit. Wichtig ist, dass Sie schon zu Beginn des Mandats mit Ihrem Anwalt die Kostenfrage klären und vorher bei Ihrer Rechtsschutzversicherung nachfragen, ob sie Ihren Fall auch übernimmt. Dies ist nur dann der Fall, wenn Sie realistische Aussichten haben, den Prozess zu gewinnen. Beratungen durch einen Rechtsanwalt werden häufig von Rechtsschutzversicherungen nicht übernommen. Fragen Sie bei Ihrer Versicherung nach.

Für die Wertberechnung des Rechtsstreits bei Kündigungen in erster Instanz ist höchstens das Dreifache Ihres Monatsgehalts maßgebend, eine Abfindung wird nicht hinzugerechnet (§ 42 IV 1 GKG). In der ersten Instanz besteht gemäß § 12 a I 1 ArbGG kein Anspruch der siegenden Partei auf Entschädigung wegen Zeitversäumnis oder auf Erstattung der Kosten für den eigenen Anwalt, das heißt, hier müssen Sie Ihre Anwaltkosten in jedem Fall selbst tragen. Bei den Verfahren am LAG und am BAG, also in zweiter und dritter Instanz, trägt die unterlegene Partei alle Kosten.

Wer trägt die Kosten?

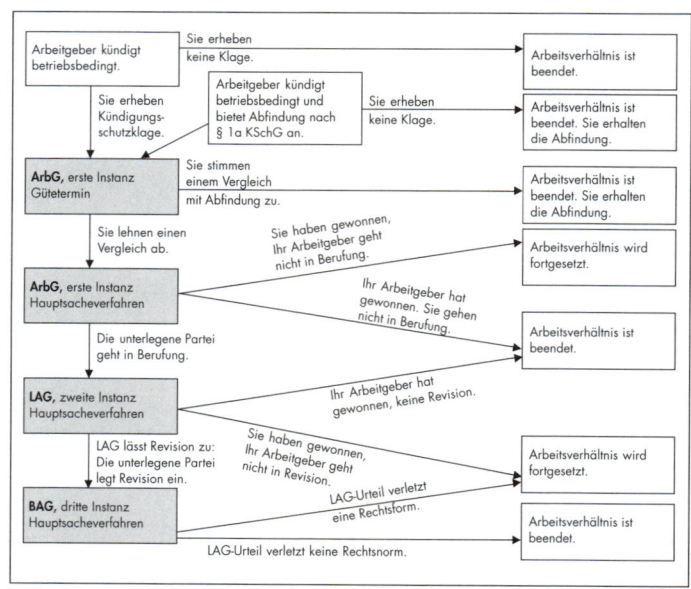

III. Beschäftigungsgesell- schaften – Chancen und Risiken

Beschäftigungsgesellschaften sind heutzutage ein gängiges Instrument, um Personal abzubauen. Zwar gelten sie als sozialverträgliche Maßnahme, doch die Praxis zeigt, dass für viele Betroffene der Weg dennoch in die Arbeitslosigkeit führt.

Gängiges Instrument

Was ist eine Beschäftigungsgesellschaft?

Eine Beschäftigungsgesellschaft, auch „Transfergesellschaft", „Auffanggesellschaft", „Qualifizierungsgesellschaft" oder im Gesetz (§ 216 b SGB III) „betriebsorganisatorisch eigenständige Einheit" (beE) genannt, ist eine von Unternehmen und Gewerkschaften favorisierte Einrichtung zum Stellenabbau. Mit ihrer Hilfe sollen Entlassungen vermieden und die Arbeitnehmer möglichst wieder in den ersten Arbeitsmarkt vermittelt werden.

In der Regel schließen die Mitarbeiter vor Eintritt in die Beschäftigungsgesellschaft einen Aufhebungsvertrag ab, der zeitgleich mit dem Vertrag zum Übertritt in die Beschäftigungsgesellschaft unterzeichnet wird. Es gibt externe und interne Beschäftigungsgesellschaften.

Externe Beschäftigungsgesellschaften gehören nicht mehr zur Firma, sondern sind eigenständig. In diesem Fall haben die Mitarbeiter befristete Verträge mit der Beschäftigungsgesellschaft. Die Arbeitsverhältnisse mit dem bisherigen Arbeitgeber wurden bereits durch eine Kündigung oder

Befristete Verträge

einen Aufhebungsvertrag beendet. Dagegen ist die interne Beschäftigungsgesellschaft innerhalb der Firma eingerichtet. Sie als Mitarbeiter behalten alle firmeninternen Privilegien wie beispielsweise Ihre Dienstzeit oder den „Status des internen Bewerbers". Dies bedeutet, dass Sie als interner Bewerber bei gleicher Qualifikation einem externen vorgezogen werden müssen.

HINWEIS

Auf Folgendes sollte der Betriebsrat achten:

- Die Agenturen für Arbeit beraten auf Verlangen der Betriebsparteien, also des Arbeitgebers und/oder des Betriebsrats, bei den Sozialplanverhandlungen nach § 112 BetrVG über die Fördermöglichkeiten durch Transferkurzarbeitergeld und Transfermaßnahmen nach dem SGB III. Dieses Angebot einer Transferberatung gemäß § 216a IV SGB III sollte der Betriebsrat nutzen.

- Bei einem Interessenausgleich sollten Mitarbeiter, deren Vermittlungschancen auf dem Arbeitsmarkt objektiv als besonders schwierig eingeschätzt werden, von einem Wechsel in die Beschäftigungsgesellschaft ausgenommen werden. Dies gilt insbesondere für ältere Mitarbeiter ab 55 Jahren oder Schwerbehinderte, außer sie wollen das Angebot freiwillig nutzen.

- Der Sozialplan regelt die finanziellen Bedingungen. Er sollte für das Ausscheiden aus der Beschäftigungsgesellschaft eine Abfindung vorsehen. Die Höhe kann nach der Verweildauer in der Beschäftigungsgesellschaft gestaffelt sein. Zudem muss das Gehalt in der Beschäftigungsgesellschaft – das sind üblicherweise 85 Prozent des letzten Nettogehalts – festgelegt werden.

Festes Budget

In der Regel wird vor dem Start der Beschäftigungsgesellschaft ein Budget festgelegt, das die Kosten, die dem Arbeitgeber entstehen, zum Beispiel die Gehälter, Ausgaben für Qualifizierungsmaßnahmen und Abfindungen, deckt. Verlässt ein Arbeitnehmer die Beschäftigungsgesellschaft vor ihrer Beendigung, kann das eingesparte Geld dem Gewinn der Firma zugeschlagen werden. Die Beschäftigungsgesellschaft wirtschaftet also umso günstiger, je schneller die Mitarbeiter diese verlassen. Dies kann dazu führen, dass die Personalabteilung ihre Vermittlungsaktivitäten erhöht. Bei einer schwierigen Lage auf dem Arbeitsmarkt bewirkt dies eher, dass Druck auf schlecht zu vermittelnde Arbeitnehmer ausgeübt wird und sie gedrängt werden, die Beschäftigungsgesellschaft früher – auch ohne neuen Job – zu verlassen. Der Betriebsrat kann jedoch ein davon abweichendes Finanzierungsmodell mit dem Arbeitgeber vereinbaren. Zum Beispiel lässt sich festlegen, dass das Geld, das eingespart wird, wenn Mitarbeiter die Beschäftigungsgesellschaft früher verlassen, dafür verwendet werden darf, dass die übrigen Mitarbeiter länger dort bleiben können.

Vorteile für den Arbeitgeber

Der Arbeitgeber muss für das Übertrittsangebot keine Sozialauswahl treffen. Daher kann er sich genau von den Mitarbeitern trennen, die er nicht behalten will. Durch die einvernehmliche Beendigung des Arbeitsverhältnisses umgeht der Arbeitgeber zudem teure Kündigungsschutzklagen mit unsicherem Ausgang.

Keine Sozialauswahl

Die Beschäftigungsgesellschaft gilt als sozialverträgliche Lösung. Dies bringt für das Unternehmen einen Imagegewinn, da es sich in der Öffentlichkeit als Arbeitgeber darstellen kann, der sich sogar noch bei Entlassungen um seine Mitarbeiter kümmert. Die damit verbundenen Aspekte wie fehlende Sozialauswahl und zeitverzögert einsetzende Arbeitslosigkeit werden nicht weiter diskutiert.

Zur Finanzierung stellt das Unternehmen ein festes – und damit kalkulierbares – Budget bereit. Die Agentur für Arbeit beteiligt sich zu 60 bis 67 Prozent über das Transferkurzarbeitergeld an den Gehältern. Dadurch wird die Entlassung der Mitarbeiter für den Arbeitgeber wesentlich billiger, als wenn er betriebsbedingte Kündigungen ausspricht und dann mit Kündigungsschutzklagen rechnen muss.

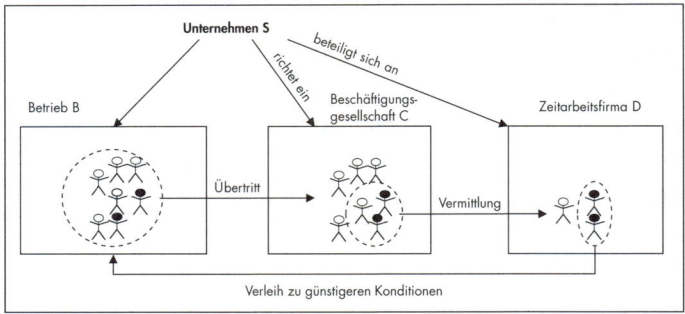

Darüber hinaus kann sich das Unternehmen an Zeitarbeitsfirmen beteiligen, in die die Beschäftigungsgesellschaft die freigesetzten Mitarbeiter vermittelt. Durch den Verleih dieser Arbeitnehmer erwirtschaftet das Unternehmen einen Gewinn. Zum Teil werden Mitarbeiter durch die Zeitarbeitsfirma wieder in ihre alte Firma zurückvermittelt, jedoch zu wesentlich günstigeren Konditionen für das Unternehmen.

Nachteile für den Arbeitgeber

Mit einer Beschäftigungsgesellschaft verbundene Nachteile für den Arbeitgeber sind uns nicht bekannt.

Vorteile für den Arbeitnehmer

Sie haben während der Laufzeit einer Beschäftigungsgesellschaft die Möglichkeit, bei reduziertem Gehalt einen neuen Arbeitsplatz zu suchen, sind also nicht sofort arbeitslos. Dies ist ein Vorteil für jüngere Arbeitnehmer, die durch die Sozialauswahl zu den Gekündigten gehören würden, sowie für diejenigen, die keine Kündigungsschutzklage erheben möchten. In der Beschäftigungsgesellschaft werden Bewerbertrainings oder einfache Qualifizierungsmaßnahmen angeboten, allerdings müssen die Mitarbeiter häufig um die Teilnahme kämpfen.

Vorteil für Jüngere

Ein nur scheinbarer Vorteil ist, dass Sie nach der Unterschrift Ruhe haben vor weiteren Trennungsgesprächen. Dies erweist sich nämlich häufig als Wunschtraum, denn auch in der Beschäftigungsgesellschaft werden Mitarbeiter, die sich nach Meinung der Personalabteilung zu wenig bewerben oder schlecht vermittelbar sind, bedrängt, diese früher zu verlassen. Fakt ist: Kündigungsschutzklagen sind nicht nervenaufreibender, schon gar nicht, wenn Sie sich mit anderen betroffenen Mitarbeitern zusammenschließen und die Prozesse gemeinsam durchstehen. Seine Ruhe haben zu wollen, sollte daher kein Entscheidungsgrund für den Übertritt in die Beschäftigungsgesellschaft sein.

Wunsch-traum

Nachteile für den Arbeitnehmer

Sie erwarten sicherlich von einer Beschäftigungsgesellschaft, dass die Personalabteilung Ihnen konkrete Arbeitsplatzangebote vorlegt, die zu Ihrem Profil passen, und auch Bewerbungsgespräche vermittelt. Dabei gehen Sie vielleicht davon aus, dass die Personalabteilung aktiv auf andere Firmen zugeht, um Sie zu vermitteln. Die Erfahrung zeigt aber, dass die Angebote meist aus Auszügen bestehen, die aus Jobbörsen im Internet oder in Zeitungen stammen. Die Vermittlung läuft in der Regel nicht anders ab als bei der Agentur für Arbeit. Für sehr viele ältere Mitarbeiter bedeutet daher der Übertritt in die Beschäftigungsgesellschaft, dass sich der Eintritt in die Arbeitslosigkeit zeitlich verschiebt. Dies gilt zunehmend auch für Jüngere, da es auf dem Arbeitsmarkt oft keine passenden Arbeitsplätze gibt. Nach einer längeren Verweildauer in der Beschäftigungsgesellschaft wird den Mitarbeitern immer öfter Zeitarbeit angeboten. Damit rückt der Traum, wieder in ein klassisches Arbeitsverhältnis, vielleicht sogar mit einem ähnlichen Gehalt wie zuvor, vermittelt zu werden, immer weiter weg.

Ihre Erwar-tungen

Hinzu kommt, dass das Gehalt der Mitarbeiter in der Beschäftigungsgesellschaft deutlich niedriger ist als das von Mitarbeitern, die Kündigungsschutzklage erheben und bis zum Prozessende nach § 102 BetrVG weiterbeschäftigt bleiben. Die Prozessdauer und die Laufzeit der Beschäftigungsgesellschaft dürften in etwa gleich sein.

Lebenslauf Ein weiterer Nachteil ist, dass Sie in Ihrem Lebenslauf angeben müssen, dass Sie in einer Beschäftigungsgesellschaft sind, damit er keine Lücke aufweist. Nicht zu unterschätzen ist die Schwierigkeit, sich nur noch mit Bewerbungen zu beschäftigen. Wie ein Arbeitsloser haben Sie plötzlich keinen geregelten Tagesablauf mehr, und Sie sind möglicherweise gefährdet, in den Tag hineinzuleben, antriebslos und mutlos zu werden. Dies wird verstärkt durch die zunehmende Isolierung, die dadurch entsteht, dass die Mitarbeiter kommen und gehen, wann sie wollen. Sie treffen Ihre „Kollegen" in der Beschäftigungsgesellschaft nicht regelmäßig.

Mit diesen Konditionen können Sie rechnen

Ihre Hauptaufgabe in der Beschäftigungsgesellschaft besteht darin, sich zu bewerben und beruflich weiter zu qualifizieren. Um dies erfolgreich durchführen zu können, benötigen **Infrastruktur und Angebote** Sie neben der Absicherung Ihres Lebensunterhalts auch eine gute Infrastruktur und zudem Beratungsangebote von der Beschäftigungsgesellschaft.

Gehalt

Die Bundesagentur für Arbeit zahlt, begrenzt auf zwölf Monate, für die Mitarbeiter in einer Beschäftigungsgesellschaft Transferkurzarbeitergeld („Kurzarbeit Null"), das der Höhe

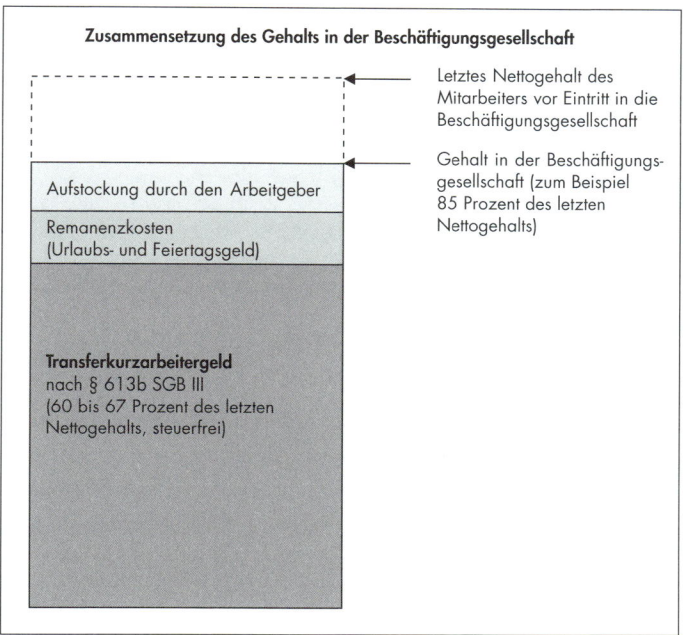

nach dem Arbeitslosengeld entspricht. Es beträgt 67 Prozent Ihres monatlichen Nettogehalts, wenn Kinderfreibeträge auf der Lohnsteuerkarte eingetragen sind, ansonsten 60 Prozent. Üblicherweise stockt der Arbeitgeber das Transferkurzarbeitergeld zum Beispiel auf 85 Prozent Ihres letzten Nettogehalts auf. Der Arbeitgeber übernimmt zusätzlich die sogenannten Remanenzkosten. Darunter fallen die Lohnkosten für Feiertage und Urlaub.

Das Transferkurzarbeitergeld wird nicht vom Mitarbeiter, sondern jeden Monat von der Beschäftigungsgesellschaft beantragt. Ausgezahlt wird das Gehalt jeweils monatlich vom Arbeitgeber. Auf das Transferkurzarbeitergeld wird keine Steuer fällig, es unterliegt jedoch dem sogenannten Progressionsvorbehalt. Das heißt, es wird bei der Ermittlung des Steuersatzes, dem das übrige steuerpflichtige Einkommen

Monatliche Auszahlung

unterliegt, berücksichtigt. Tariferhöhungen wirken sich in einer internen Beschäftigungsgesellschaft auf Ihr Gehalt aus, sofern Sie Tarifmitarbeiter sind.

ACHTUNG

Sowohl der Arbeitgeber als auch das Arbeitsamt können das Transferkurzarbeitergeld oder den Aufstockungsbetrag sperren, wenn die Bewerbungstätigkeit eines Mitarbeiters nicht ausreicht. Dies kommt in der Praxis aber selten vor.

Renten-, Kranken- und Pflegeversicherung

Sozialversicherung

Während der Bezugsdauer von Transferkurzarbeitergeld sind Sie als Mitarbeiter weiterhin sozialversichert. Der Arbeitgeber trägt sowohl die Arbeitnehmer- als auch die Arbeitgeberbeiträge in Höhe von 80 Prozent Ihres ursprünglichen Bruttoentgelts für die Renten-, Kranken- und Pflegeversicherung, allerdings gilt dies höchstens bis zur jeweiligen Beitragsbemessungsgrenze.

Wenn Sie privat krankenversichert sind, müssen Sie während der Zeit, in der Sie Transferkurzarbeitergeld beziehen, in eine gesetzliche Krankenkasse wechseln. In diesem Zeitraum können Sie Ihr Versicherungsverhältnis in der privaten Krankenversicherung ruhen lassen. So vermeiden Sie Nachteile, wenn Sie später wieder in die private Krankenversicherung zurückkehren.

Qualifizierungsmaßnahmen

Vermittlungsaussichten

Zunächst werden in der Beschäftigungsgesellschaft Ihre Vermittlungsaussichten beurteilt. Wir empfehlen Ihnen, diese vor der Entscheidung selbst zu überprüfen (siehe dazu ab Seite 90). Stellt sich heraus, dass Sie Qualifizierungsdefizite haben, dann soll der Arbeitgeber Ihnen geeignete Maßnahmen zur Verbesserung der Aussichten auf Eingliederung an-

bieten (§ 216b VI SGB III). Das kann auch eine zeitlich begrenzte, maximal sechs Monate dauernde Beschäftigung zur
Qualifizierung bei einem anderen Arbeitgeber sein. In der
Regel werden lediglich Weiterbildungen im eigenen Fachbereich genehmigt. Zusatzqualifikationen, zum Beispiel Kurse **Eigener**
in Betriebswirtschaft als Ergänzung für Ingenieure, mit de- **Fachbereich**
nen sich die Bewerbungschancen erhöhen lassen, können da-
mit nicht erworben werden. Umschulungen finden in den
Beschäftigungsgesellschaften grundsätzlich nicht statt. Generell bietet der Arbeitgeber Orientierungsworkshops, Schulungen zur Erstellung von Bewerbungsunterlagen, Trainings
für Vorstellungsgespräche sowie Workshops für Existenzgründer an.

Qualifizierungsmaßnahmen in der Beschäftigungsgesellschaft
werden nach § 216a II SGB III mit 50 Prozent der Kosten,
maximal jedoch mit 2.500 Euro je Arbeitnehmer durch die
Bundesagentur für Arbeit gefördert, wenn sie der Eingliederung in den Arbeitsmarkt dienen. Maßnahmen, die nötig
wären, damit ein Mitarbeiter wieder eine Arbeit im Unternehmen beziehungsweise im Konzern des bisherigen Arbeitgebers aufnehmen könnte, werden jedoch nicht gefördert.

Urlaub und Krankheit

In einer Beschäftigungsgesellschaft übernimmt der persön- **Persön-**
liche Berater die Funktion des Vorgesetzten. Wenn Sie Urlaub **licher**
nehmen wollen, müssen Sie dies mit ihm abstimmen. Übrig- **Berater**
gebliebener Resturlaub kann im Regelfall nicht in das nächste
Kalenderjahr mitgenommen werden. Auch bei Krankheit ist
der persönliche Berater zu unterrichten. Der Anspruch auf
Transferkurzarbeitergeld bleibt bestehen, wenn ein Arbeitnehmer während des Bezugs dieser Leistung arbeitsunfähig
erkrankt – allerdings nur so lange, wie ihm auch die Fortzah-
lung des Arbeitsentgelts im Krankheitsfall zusteht.

Dienstzeit

Die Zeit, die Sie in einer internen Beschäftigungsgesellschaft verbringen, geht in die Betriebszugehörigkeit ein. Damit kann bei langjährigen Mitarbeitern, die während ihrer Verweildauer in der Beschäftigungsgesellschaft ein Dienstjubiläum feiern, Anspruch auf Jubiläumsgeld entstehen. Weiterhin werden diese Dienstzeiten auf die betriebliche Altersvorsorge angerechnet, eventuell entstehen Anwartschaften sogar erst in diesem Zeitraum.

Jubiläums-geld

Was ist bei der Jobsuche zu beachten?

Sie als Mitarbeiter in einer internen Beschäftigungsgesellschaft sind nicht arbeitslos, da Sie mit Ihrem Arbeitgeber noch einen Arbeitsvertrag haben. Da der Beendigungszeitpunkt des Arbeitsverhältnisses jedoch bereits feststeht, müssen Sie sich bei der Agentur für Arbeit arbeitsuchend melden. Im Anschluss daran hat die Arbeitsagentur das Recht, auf Sie zuzugreifen, zum Beispiel kann sie Sie dazu auffordern, sich auf bestimmte Stellenangebote zu bewerben. In der Praxis überlässt die Arbeitsagentur aber die Betreuung ausschließlich der Beschäftigungsgesellschaft.

Zeigen Sie Eigeninitiative

Wer Mitarbeiter einer Beschäftigungsgesellschaft wird, verpflichtet sich für gewöhnlich dazu, aktiv an den Workshops, Einzelberatungen und gegebenenfalls Einzelveranstaltungen teilzunehmen. Zudem muss er bei den Vermittlungsaktivitäten des Jobcenters der Beschäftigungsgesellschaft und der Agentur für Arbeit aktiv mitwirken. Die Termine mit dem persönlichen Berater sind immer wahrzunehmen, der regel-

Aktive Teilnahme

mäßige Kontakt ist Pflicht. Wie viel eigenes Bemühen des Mitarbeiters als ausreichend gesehen wird, das bestimmt die Firma jedoch allein.

Ihre einzige Aufgabe als Mitarbeiter einer Beschäftigungsgesellschaft besteht darin, sich einen neuen Arbeitsplatz zu suchen, nach Möglichkeit extern. Diese Jobsuche wird in der Praxis von den persönlichen Beratern nur sehr bedingt unterstützt. Die Erwartung, dass die Personalabteilung ihre Kontakte zu anderen Firmen aktiv nutzt, erweist sich, von Ausnahmefällen abgesehen, als falsch. Jobbörsen finden hingegen in der Regel tatsächlich statt.

Der Grund für das fehlende Engagement bei der Vermittlung und Jobakquise dürfte sein, dass sich der Arbeitgeber sicher sein kann, dass die Mitarbeiter in der Beschäftigungsgesellschaft in absehbarer Zeit seinen Betrieb ohnehin verlassen. Eigeninitiative ist unter diesen Umständen also genauso wichtig wie bei gekündigten Mitarbeitern, die auf Jobsuche sind. Viele Mitarbeiter, die während der Laufzeit einer Beschäftigungsgesellschaft ihren neuen Arbeitsplatz gefunden haben, berichten, dass dies auch ohne die Beschäftigungsgesellschaft möglich gewesen wäre.

Fehlendes Engagement

Die Infrastruktur

Eine Beschäftigungsgesellschaft stellt den Mitarbeitern Gemeinschaftsarbeitsplätze mit PC und E-Mail-Adresse für die Jobsuche und Bewerbung zur Verfügung. Darüber hinaus gibt es in der Regel Telefon, Faxgerät, Drucker sowie Besprechungszimmer, in denen die Workshops stattfinden. Auch Recherchematerial wie Tageszeitungen und Fachzeitschriften sollten zur Verfügung stehen. Normalerweise können diese Einrichtungen der Beschäftigungsgesellschaft zu den üblichen Bürozeiten genutzt werden.

Nebenbeschäftigung

Sie möchten Ihre Nebenbeschäftigung, die Sie bereits vor Eintritt in die Beschäftigungsgesellschaft ausgeübt haben, weiterführen? Das ist möglich, die Einkünfte daraus werden nicht auf das Transferkurzarbeitergeld angerechnet. Wollen Sie hingegen eine Nebenbeschäftigung erst aufnehmen, dann müssen Sie sich dies von der Beschäftigungsgesellschaft genehmigen lassen. Außerdem rechnet die Bundesagentur für Arbeit Einkünfte aus einer neu aufgenommenen Nebentätigkeit auf das Transferkurzarbeitergeld an.

Was passiert nach dem Ende der Laufzeit?

Üblicherweise ist eine Beschäftigungsgesellschaft auf zwölf bis 24 Monate angelegt. Der Mitarbeiter kann sie zu jedem beliebigen Zeitpunkt verlassen. In der Regel geht er aber, sobald er eine neue Stelle angenommen oder sich selbständig gemacht hat. Findet er keine Arbeit, endet das Arbeitsverhältnis nach Ablauf der Beschäftigungsgesellschaft. Beim Ausscheiden aus der Beschäftigungsgesellschaft wird, wenn dies mit dem Betriebsrat vereinbart wurde, eine Abfindung fällig, deren Höhe von der Verweildauer in dieser Gesellschaft abhängt. Eine Abfindung wird in der Regel nicht gezahlt, wenn der Mitarbeiter anschließend eine Tätigkeit im Unternehmen oder Konzern des bisherigen Arbeitgebers aufnimmt.

**Arbeits-
losengeld**

Verlassen Sie die Beschäftigungsgesellschaft nach Ablauf, ohne eine Stelle gefunden zu haben, können Sie direkt danach Arbeitslosengeld beziehen, in diesem Fall verhängt die Agentur für Arbeit in der Regel keine Sperrzeit. Verbindliche Auskunft darüber kann aber nur die zuständige Agentur für Arbeit an Ihrem Wohnsitz erteilen. Bemessungsgrundlage für

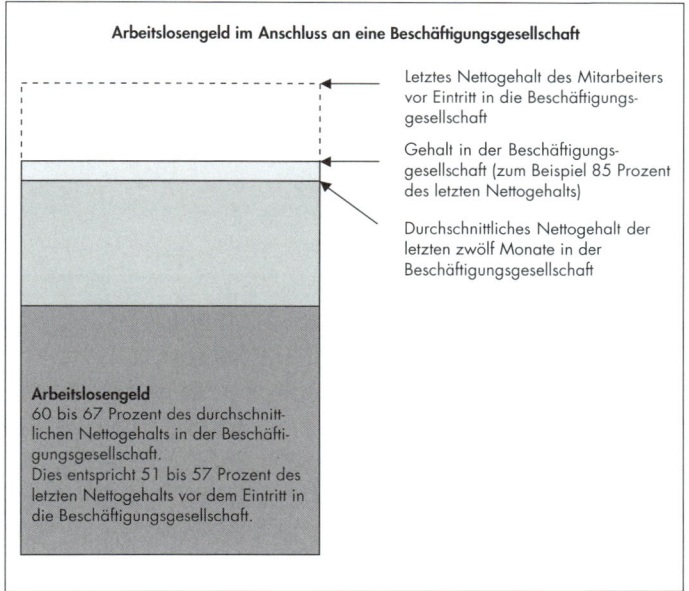

Arbeitslosengeld im Anschluss an eine Beschäftigungsgesellschaft

Letztes Nettogehalt des Mitarbeiters vor Eintritt in die Beschäftigungsgesellschaft

Gehalt in der Beschäftigungsgesellschaft (zum Beispiel 85 Prozent des letzten Nettogehalts)

Durchschnittliches Nettogehalt der letzten zwölf Monate in der Beschäftigungsgesellschaft

Arbeitslosengeld
60 bis 67 Prozent des durchschnittlichen Nettogehalts in der Beschäftigungsgesellschaft.
Dies entspricht 51 bis 57 Prozent des letzten Nettogehalts vor dem Eintritt in die Beschäftigungsgesellschaft.

das Arbeitslosengeld ist Ihr Gehalt, das Sie im Jahr vor Eintritt in die Arbeitslosigkeit bezogen haben, also generell das aus den letzten zwölf Monaten in der Beschäftigungsgesellschaft. Fragen Sie auch hierzu bei der zuständigen Agentur für Arbeit nach, um verbindliche Informationen zu bekommen. Hatte der Arbeitgeber das Gehalt zum Beispiel auf 85 Prozent des letzten Nettoentgelts aufgestockt, beträgt das Arbeitslosengeld maximal 51 oder 57 Prozent des letzten Nettogehalts, das Sie vor Eintritt in die Beschäftigungsgesellschaft erhalten haben.

Fragen Sie nach!

Ist der Eintritt in eine Beschäftigungsgesellschaft das Richtige für mich?

Wer sich dafür entscheidet, in eine Beschäftigungsgesellschaft zu gehen, sollte diesen Schritt als einen Neuanfang betrach-

Eingehende Analyse

ten, der mit nicht unerheblichen Risiken verbunden ist. Wägen Sie daher sorgfältig ab, was dafür und was dagegen spricht. Handeln Sie wie ein Unternehmer, der analysiert, ob er ein neues Unternehmen gründen will. Denn wenn Sie Ihren alten Arbeitsplatz aufgeben, befinden Sie sich in einer ähnlichen Lage.

HINWEIS

Laut einer Mitteilung der Bundesagentur für Arbeit im November 2006 ist die durchschnittliche Länge der Arbeitslosigkeit statistisch auf den Rekordwert von 512 Tagen gestiegen. Vor vier Jahren waren es noch 444 Tage.

Ihre Chancen auf dem Arbeitsmarkt

Analysieren Sie im ersten Schritt den Arbeitsmarkt. Stellen Sie sich dazu die folgenden beiden Fragen:

- Steckt die Branche, in der ich arbeite, in einer echten Krise?
- Werden bei allen Wettbewerbern Arbeitsplätze abgebaut, weil die Unternehmen in einer wirtschaftlich schwierigen Lage sind oder Gewinnmaximierung betreiben?

Wenn Sie hierauf mit Ja antworten müssen, sinkt die Wahrscheinlichkeit, einen Arbeitsplatz zu finden, erheblich, da ein Branchenwechsel extrem schwierig ist. Sind Sie zudem älter als 40 Jahre, verringern sich die Chancen noch einmal stark. Das klingt hart, entspricht jedoch der Realität. Je älter Sie **Altersfaktor** sind, desto stärker wirkt der Altersfaktor. Verfügen Sie hingegen über sehr gefragte Spezialkenntnisse, verbessern sich die Aussichten auf eine neue Arbeitsstelle. Entsprechen Ihre Qualifikationen eher dem Durchschnitt, dann sieht es wieder schlechter aus.

Möglicherweise können Sie auch mithilfe persönlicher Beziehungen einen neuen Job finden. Dies fällt natürlich leichter, wenn Sie bereits ein funktionierendes Netzwerk aufgebaut und die Kontakte regelmäßig gepflegt haben. Hinzu kommt der Faktor Glück, auch er kann eine Rolle spielen. Allein darauf sollten Sie sich aber nicht verlassen, da es hier um eine existenzielle Entscheidung geht.

Im zweiten Schritt befassen Sie sich nun damit, wie es mit Ihrer beruflichen Qualifikation aussieht. Wie schätzen Sie Ihre fachliche Kompetenz und Ihre individuellen Chancen auf dem Arbeitsmarkt ein? Schreiben Sie auf, über welche Kenntnisse und Fertigkeiten Sie verfügen. Vergleichen Sie diese dann mit den Anforderungen in firmeninternen und vor allem externen Stellenausschreibungen. Notieren Sie sich, welche häufig auftauchenden Qualifikationen Ihnen fehlen, und schätzen Sie ab, wie lange Sie brauchen, um diese zu erwerben. Würde dies länger als sechs Monate dauern, legen Sie die betreffende Stellenanzeige zur Seite. Zählen Sie anschließend nach, wie viele Ausschreibungen dann noch übrigbleiben. Wie viele dieser Stellen sind Zeitarbeitsplätze? Wie viele Jobs sind befristet?

Berufliche Qualifikation

Fragen Sie sich, inwiefern Sie sich von den vielleicht 300 anderen Bewerbern abheben. Beurteilen Sie dann ehrlich: Würden Sie sich selbst einstellen, wenn Sie als Personalchef über die Besetzung der Stellen entscheiden müssten? Wenn Sie ein gutes Gefühl haben, dann machen Sie die Probe aufs Exempel. Bewerben Sie sich auf die Arbeitsplätze, die infrage kommen. So können Sie sich einen Eindruck verschaffen, wie gefragt Sie auf dem Arbeitsmarkt tatsächlich sind. Beziehen Sie in Ihre Überlegungen auch ein, dass Sie bei einem Jobwechsel mit einem um 30 Prozent niedrigeren Gehalt und mit einer längeren Arbeitszeit rechnen müssen.

Warum wollen Sie den Wechsel?

Machen Sie sich bewusst, dass Sie über den Wechsel in eine Beschäftigungsgesellschaft frei entscheiden können. Niemand kann Sie zwingen, einen entsprechenden Vertrag zu unterzeichnen. Es hängt allein von Ihnen ab, ob Sie das Angebot annehmen oder nicht. Nehmen Sie sich also ausreichend Zeit für Ihre Überlegungen, was für Sie sinnvoller ist.

Ich habe Angst vor einer Kündigung

Informieren Sie sich

In diesem Fall informieren Sie sich erst einmal darüber, was eine betriebsbedingte Kündigung für Sie bedeuten würde. Lesen Sie das Kapitel „II. Betriebsbedingte Kündigung – Was kann ich tun?", und wenden Sie sich gegebenenfalls an einen Rechtsanwalt, um weitere Fragen zu klären. Am Ende sollten Sie selbst einschätzen können, welche Chancen Sie mit einer Kündigungsschutzklage haben und wie wahrscheinlich es ist, dass der Arbeitsplatz bei Ihrem jetzigen Arbeitgeber erhalten bleibt. Vielleicht besteht für Sie sogar Kündigungsschutz, und Sie wissen das gar nicht. Recherchieren Sie und klären Sie all Ihre Fragen, denn Angst lähmt und ist nie ein guter Ratgeber.

Ich sehe keine Zukunft mehr bei meinem Arbeitgeber

Hier stellt sich sofort die Frage: Sehen Sie außerhalb dieser Firma eine Zukunft? Überlegen Sie ganz objektiv und ehrlich, wie Ihre Aussichten tatsächlich sind. Vielleicht ist es auch Frust, verletzter Stolz oder das Drängen Ihres Vorgesetzten, was zu dem Schluss geführt hat: „Wenn man mich nicht mehr will, dann gehe ich halt!" Diese allzu verständliche Reaktion ist menschlich, kann aber böse Folgen haben. Im ersten Moment sind Sie vielleicht erleichtert, dass der

Entscheidungsdruck von Ihnen abfällt. Doch wenn Sie keine realistischen Perspektiven haben, werden Sie sehr schnell vom Existenzdruck eingeholt.

Diese Belastung ist selbst für den stabilsten Menschen nur schwer auszuhalten. Das gilt umso mehr, wenn auch die Familie in Mitleidenschaft gezogen wird. Unterschätzen Sie die Auswirkungen auf die Psyche nicht, und denken Sie auch an die materiellen Folgen, die ein Übertritt in die Beschäftigungsgesellschaft und eine sich eventuell anschließende Arbeitslosigkeit mit sich bringen. **Schwere Belastung**

Ich hoffe, auf diesem Weg intern eine Stelle zu finden

Machen Sie sich Folgendes klar: Wenn Ihr Arbeitgeber Ihnen den Wechsel in eine Beschäftigungsgesellschaft angeboten hat, dann will er Sie loswerden. Die Gründe dafür können unterschiedlichster Art sein: Vielleicht liegt es an Ihrem Alter, Ihr Profil passt nicht mehr zu den Anforderungen, oder Sie besetzen einen Arbeitsplatz, der wegrationalisiert werden soll. Es kann auch sein, dass Sie durch Ihre lange Firmenzugehörigkeit zu teuer geworden sind und der Arbeitgeber Sie einfach durch eine billigere Arbeitskraft ersetzen möchte, um so seinen Gewinn zu maximieren. Sein Ziel erreicht der Arbeitgeber auf jeden Fall nur, wenn Sie extern vermittelt werden oder die Beschäftigungsgesellschaft am Ende mit einem Aufhebungsvertrag verlassen. **Ziel des Arbeitgebers**

Ob Sie überhaupt Chancen haben, firmenintern eine Stelle zu bekommen, können Sie leicht herausfinden. Ermitteln Sie dazu, wie viele Ausschreibungen es gibt, die für Sie infrage kommen, wie viele Mitarbeiter sich bereits in einer Beschäftigungsgesellschaft befinden und wie viele der ausgeschriebenen Stellen auf Ihr Qualifikationsprofil passen. Diese Zahlen setzen Sie dann in Relation zueinander. Das Ergebnis lässt sich leicht ablesen: Je höher die Zahl der potenziellen Bewerber und je niedriger die Zahl der ausgeschriebenen Stellen, desto unwahrscheinlicher ist es, dass Sie intern einen neuen Arbeitsplatz finden.

Ich kann es mir finanziell leisten aufzuhören

Rechnung prüfen

Wenn Sie dieser Auffassung sind, übereilen Sie Ihren Entschluss bitte trotzdem nicht. Rechnen Sie erst noch einmal genau nach, ob Sie Ihre Situation tatsächlich richtig einschätzen. Im Kapitel „IV. Aufhebungsvertrag und Abfindung – Was Sie bedenken sollten" finden Sie Hinweise dazu. Ziehen Sie gegebenenfalls einen Renten- und einen Steuerberater hinzu. Wenn sich dabei ergibt, dass Ihr Geld reicht, um Ihren Lebensunterhalt bis zur Rente zu decken, dann gehen Sie ganz beruhigt in die Beschäftigungsgesellschaft. Freuen Sie sich über Ihre neu gewonnene Freiheit.

Ich will mich selbständig machen

Kurse für Gründer

Sie haben bereits eine gut durchdachte Geschäftsidee, doch bisher fehlte Ihnen das nötige Knowhow? Dann kann der Wechsel in eine Beschäftigungsgesellschaft für Sie durchaus attraktiv sein. Die Beschäftigungsgesellschaft bietet wie die Arbeitsagentur Kurse für Existenzgründer an. Fragen Sie vor der Unterschrift zur Sicherheit nochmals nach, und lassen Sie sich das schriftlich bestätigen. Zusätzlich können Sie die Zeit in der Beschäftigungsgesellschaft nutzen, um sich das erforderliche Knowhow selbst anzueignen. Informieren Sie Ihren Betreuer über Ihre Absicht, sich selbständig zu machen. Denken Sie jedoch vorher darüber nach, ob Sie wirklich der Typ für diesen Schritt sind.

Machen Sie sich bewusst, dass die Selbständigkeit kein sicheres Einkommen garantiert. Wenn Sie bereit sind, dieses Risiko einzugehen, und auch Ihre Familie ohne Vorbehalt hinter diesem Schritt steht, dann kann der Weg in die Selbständigkeit über die Beschäftigungsgesellschaft der richtige sein. Hinweise zum Thema Selbständigkeit finden Sie auch im Kapitel „IV. Aufhebungsvertrag und Abfindung – Was Sie bedenken sollten".

Sind Sie bereit für einen Neuanfang?

Natürlich hält sich jeder für gut: Die Arbeit im Job geht leicht von der Hand und Sie sind bei den Kollegen anerkannt. Bedenken Sie aber, dass Sie sich hier in einer vertrauten Welt bewegen. Damit besteht die Gefahr, seine Fähigkeiten bezogen auf den freien Arbeitsmarkt zu überschätzen.

Denken Sie einmal über sich selbst nach: Bringen Sie die notwendige Lernfähigkeit mit? Können Sie sich per Selbststudium schnell in ein neues Thema einarbeiten, oder beruht Ihr bisheriger Erfolg auf der langjährigen Erfahrung auf Ihrem Gebiet? Lesen Sie Fachbücher und -zeitschriften, die Sie gekauft oder ausgeliehen haben, oder kommt immer wieder etwas dazwischen, das Sie davon abhält? Das ist immer dann der Fall, wenn ein Thema doch nicht interessant genug ist, die Konzentrationsfähigkeit fehlt oder die Materie zu schwierig ist. Haben Sie Spaß am Lernen oder bedeutet es für Sie nur eine lästige Pflicht?

Lernfähigkeit

Verfügen Sie über die erforderlichen Qualifikationen? Hinterfragen Sie kritisch, ob Sie wirklich der Experte, der geschickte Manager oder der erfolgreiche Vertriebsmitarbeiter sind. Denken Sie auch über Besprechungen nach: Meistern Sie diese souverän oder sind Sie immer erleichtert, wenn ein Kollege sich besser auskennt als Sie und Ihnen aus der Patsche hilft? Läuft das Projekt, das Sie managen, wirklich gut? Haben Sie es im Griff oder sind Sie häufig auf glückliche Zufälle angewiesen? Können Sie sich gegenüber Ihren Kollegen durchsetzen?

Umgang mit anderen

Auch Ihr Umgang mit anderen ist wichtig: Sind Sie offen für neue Menschen? Fällt es Ihnen leicht, mit Fragen auf fremde Kollegen zuzugehen? Fragen Sie tatsächlich, wenn Sie etwas nicht wissen, oder neigen Sie eher dazu, Ihr Nichtwissen zu verbergen?

Wenn Sie anhand Ihrer Überlegungen erkennen, dass Sie Angst oder starke Bedenken wegen des Neuanfangs haben und die damit verbundene Unsicherheit nicht ertragen können, überlegen Sie es sich gut, ob Sie freiwillig in die Beschäftigungsgesellschaft wechseln. Dieser Schritt ist nur sinnvoll, wenn Sie ihn als Chance sehen, die eine echte Zukunftsperspektive bietet.

Zwei Beispiele: Vermittlungsstatistiken

Damit Sie eine Vorstellung davon bekommen, wie die Chancen in einer Beschäftigungsgesellschaft stehen, berichten wir an dieser Stelle über zwei Beispiele.

20-monatige Beschäftigungsgesellschaft

Nach der ersten Abbauwelle am Siemens-Standort München Hofmannstraße startete im Januar 2003 eine 20-monatige Beschäftigungsgesellschaft (ICN-beE) mit 418 Mitarbeitern. Am Ende der Laufzeit, am 1.9.2004, wurden 130 Mitarbeiter arbeitslos. Das entspricht einer Quote von etwa 31 Prozent. 63 Prozent der Vermittlungen fanden in den ersten acht Monaten der Laufzeit statt.

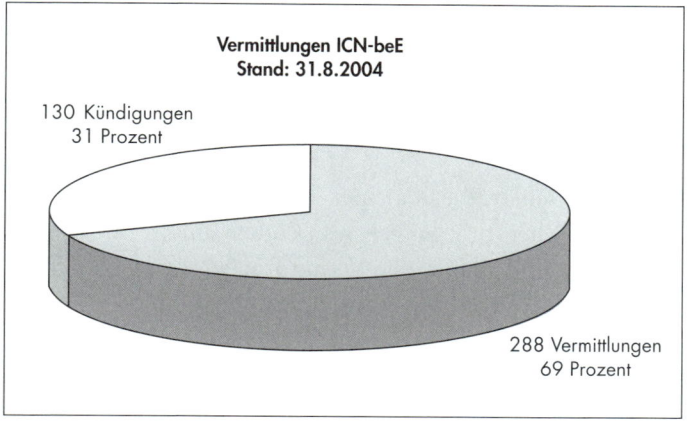

Vermittlungen ICN-beE
Stand: 31.8.2004

130 Kündigungen
31 Prozent

288 Vermittlungen
69 Prozent

Die Auswahl der Mitarbeiter für diese Beschäftigungsgesellschaft hatte nach umgekehrten Sozialauswahlkriterien stattgefunden, sodass überdurchschnittlich viele ältere Mitarbeiter mit schlechten Vermittlungschancen in die Beschäftigungsgesellschaft wechselten.

In den ersten acht Monaten konnten 57 Prozent der 19- bis 29-Jährigen, 44 Prozent der 30- bis 39-Jährigen, 32 Prozent der 40- bis 49-Jährigen und 32 Prozent der über 50-Jährigen vermittelt werden. Darin enthalten sind allerdings auch Mitarbeiter, die mit 53 oder 54 Jahren und einem bereits unterzeichneten Vorruhestandsvertrag in die Beschäftigungsgesellschaft wechselten und diese vor dem Ende der Laufzeit verlassen haben. So konnten sie die Zeit bis zum Vorruhestand überbrücken, eventuelle Kündigungsprozesse ließen sich vermeiden.

Vermittlung

Außerdem wurden Mitarbeiter mitgezählt, die die Beschäftigungsgesellschaft mit einem Aufhebungsvertrag verließen, obwohl sie keinen neuen Job gefunden hatten. Einige wurden intern im Siemens-Konzern vermittelt, was auch durch eine einfache Versetzung hätte erreicht werden können.

14-monatige Beschäftigungsgesellschaft

Eine 14-monatige Beschäftigungsgesellschaft für den Siemens-Standort München Hofmannstraße, die ICM-beE, startete am 1.11.2003 mit 86 Mitarbeitern. Diese Beschäftigungsgesellschaft, die aus einer korrekt durchgeführten Sozialauswahl hervorgegangen war, endete am 31.12.2004 mit 46 externen und 39 internen Vermittlungen sowie einer Kündigung. Die Vermittlung auf interne Arbeitsplätze hätte ebenso über Versetzungen realisiert werden können. Der Umweg über eine Beschäftigungsgesellschaft wäre nicht nötig gewesen.

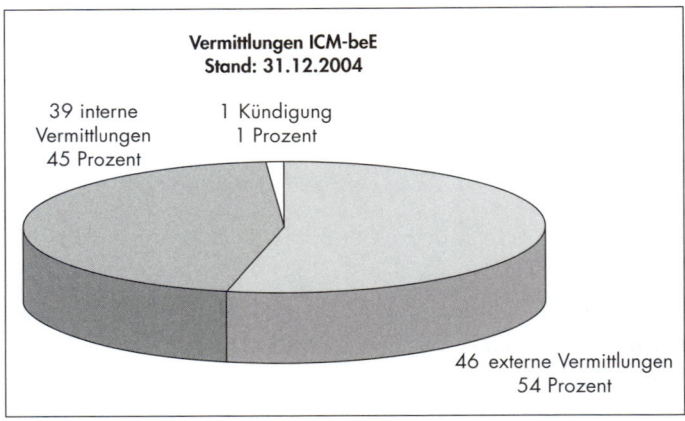

Vermittlungen ICM-beE
Stand: 31.12.2004

39 interne Vermittlungen 45 Prozent

1 Kündigung 1 Prozent

46 externe Vermittlungen 54 Prozent

Erfahrungswerte: Betroffene berichten

Auszüge

Lesen Sie nun Auszüge aus persönlichen Erfahrungsberichten. Sie stammen von Mitarbeitern, die eine Beschäftigungsgesellschaft (beE) durchlaufen haben. Den Wortlaut haben wir unverändert gelassen, damit Sie einen authentischen Eindruck bekommen. Lediglich die Firmen- und Abteilungsnamen sind anonymisiert.

Diese Erfahrung werde ich nie vergessen

(…) Ihr habt um Meinungen und Erfahrungsberichte zur beE gebeten. Ich möchte gerne etwas dazu beitragen, auch wenn ich wieder einen Job [intern bei meiner alten Firma Xyz] habe (was mich natürlich sehr glücklich macht). Also, generell möchte ich sagen, dass die beE, wenn man sie als Alternative zur Arbeitslosigkeit sieht, sicher die weitaus bessere Lösung ist, wenn auch begrenzt. Ich hatte vor [Xyz] schon zweimal das Vergnügen, mir aufgrund von Arbeitsplatzabbau durch Fusion etc. einen neuen Job suchen zu dürfen, und da es sich um kleinere Firmen handelte, gab's keine beE.

Ich habe also auf dem Gebiet Erfahrungen und erlaube mir daher einen Kommentar: [Xyz] hat sich durch die beE (bzw. Abfindungsangebote etc.) wohl sozusagen selbst ein reines Gewissen gemacht und war wohl der Meinung, dadurch z. B. auf Menschlichkeit verzichten zu können. So cool, wie diese Aktion durchgezogen wurde, sogar wenn Kollegen betroffen waren, denen es wirklich an die Existenz ging, hatte ich es vorher nie erlebt. Diese Erfahrung werde ich niemals vergessen.

Nach anfänglichem Stress mit dem persönlichen Betreuer, den wohl ziemlich viele hatten, war der Kontakt und die Beratung in der beE ganz prima. Die Pflichtkurse fand ich mäßig hilfreich, ich hätte mir mehr Fachkurse gewünscht, die sicher das Selbstbewusstsein in den Bewerbungsgesprächen mehr gestärkt hätten. Ist immer gut, wenn man sagen kann: Ich kann dies und jenes und lerne gerade auch was. Natürlich ist es auch gut, zum Thema Bewerben was zu lernen, aber die Situationen sind alle so verschieden, das ist schwierig. Mit der persönlichen Betreuung war ich, wie gesagt, zufrieden.

Pflichtkurse

99

Ich wurde auch nicht gedrängelt, irgendein Angebot anzunehmen, im Gegenteil, ich hatte eins, das lag ziemlich unter der Schmerzgrenze, da hat mir mein Coach dann abgeraten.

Vermittlungsquote

Es gab Hilfestellung beim Unterlagen-Tuning, ich musste mir das aber selber erarbeiten, es gab nur Tipps. Ist aber okay. Die Vermittlungsquote ist natürlich so eine Sache; alle, die ich kenne, die wieder einen Job haben, haben ihn sich selber gesucht. Auf der anderen Seite sind die Betreuer sehr eifrig dabei, Jobs zu akquirieren, und dann gibt es ja die Jobbörsen. Leider ist das Angebot an freien Stellen mehr als dürftig, deshalb hält sich der Erfolg in Grenzen. Hoffentlich gibt es bald mal wieder mehr Jobs.

Warum nicht versucht wurde, die Leute durch Versetzungen im Konzern unterzubringen, verstehe ich auch nicht. Ich denke auch, man hätte durch Altersteilzeit, Job-Sharing-Modelle o. Ä. viele Arbeitsplätze retten können, da hat meiner Meinung nach der gute Wille gefehlt. Aber die Personalpolitik bei [Xyz] war immer schwer zu durchschauen. Also, ich fand die beE keine schlechte Lösung. Es ist natürlich für jeden sehr schwer, sich auf einem leergefegten Arbeitsmarkt einen Job suchen zu müssen (…) Psychologische Unterstützung ist sehr wichtig. Ich habe auch die Erfahrung gemacht, dass man als Ex-[Xyz-Mitarbeiter] bei kleineren Firmen manchmal skeptisch betrachtet wird.

Gehaltseinbußen

Bzgl. Gehaltseinbußen: Jetzt bekomme ich wieder meine frühere Gehaltsgruppe, das ist super. Bei externen Firmen hätte ich mich zwischen 20 und 30 Prozent verschlechtert (wenn die mich überhaupt genommen hätten), ohne Berücksichtigung der Wochenarbeitszeit, die gar nicht selten bei 40 Stunden liegt. Zeitarbeit wäre für mich nach einem halben Jahr beE schon ein Thema gewesen, ich hatte langsam Entzugserscheinungen (…)

In der beE geht es gar nicht und außerhalb nur gesundheitlich gut!

(…) Mittlerweile bin ich, seit Sonntag, bei Bewerbung 82 angelangt. Die Anzahl der Absagen beläuft sich auf 75! (Jubiläum!)

Von meiner mir zugeteilten Beraterin kommt rein gar nichts außer ihrer persönlichen Meinung, dass ich mich in ihren Augen vielleicht nicht ernsthaft genug bewerbe und ihr die Kleidung nicht gefällt, mit der ich zu ihr in die Beratungsgespräche und zur Jobbörse komme. Ich gehe halt immer ganz normal gekleidet hin und trage dazu keinen Anzug mit Krawatte. Bei einem richtigen Vorstellungsgespräch bin ich selbstverständlich anders gekleidet. Aber warum soll ich mich in Schale schmeißen, wenn dies nichts bringt? Die Beraterin hatte noch nie auch nur einen passenden Job anzubieten, und auf den Mussveranstaltungen (Jobbörse) war dies auch noch nie anders. Es ging sogar so weit, das mir meine Beraterin gesagt hat, wenn ich die beE bis Ende durchlaufen wolle, dann müsse ich ihr das nur sagen, dann lässt sie mich in Ruhe. Nachdem ich ungefähr alle zwei Monate zur „Bewerbungskontrolle" mit meinem Ordner bei ihr bin, fühle ich mich so auch nicht gerade belästigt. Deshalb bin ich unbedingt für einen Beraterwechsel!

Passende Jobs?

Mit den Vorstellungsgesprächen ist das auch so eine Sache. Wenn man welche hat, dann sind diese meist für relativ zweifelhafte Jobs (ansehen und -hören schadet trotzdem nicht!). So könnte ich eine Agentur übernehmen. Der Haken dabei ist, es steht noch nicht fest, welche dies sein würde, und man ist sechs Tage die Woche im Job und hat abends ab 17:00 Uhr bis ? Kundentermine. Will man das? Meine Frau ist nicht gerade begeistert von der Aussicht, dass ich abends nur noch selten zuhause sein würde.

Diese Woche werde ich mir noch zwei Jobs ansehen; der eine ist, Kunden abzuwerben und pro Abschluss Provision zu erhalten. Die Verdienstmöglichkeiten sollen bis zu 25.000 Euro monatlich reichen!? Ich bin immer sehr vorsichtig angesichts solcher Zahlen! Auf Provisionsbasis fehlt mir auch die mit Familie dringend benötigte Sicherheit, falls es dann doch nicht so läuft oder es in zwei bis drei Jahren vielleicht kaum noch Kunden abzuwerben gibt, weil der Markt gesättigt ist. Auch da könnte ich vielleicht sogar eine eigene Niederlassung in meiner Region bekommen. Der zweite Job ist, [Xxx] zu verkaufen. Dabei sitzt man im Auftragszentrum der Firma und bekommt seine Kundentermine zugeteilt. Auch sehr unsicher, und das tatsächliche Einkommen ist schwer zu durchschauen.

Provisions-basis

Andererseits plagt mich auch langsam der Endtermin der beE, nicht einmal mehr neun Monate (wenn keine Verlängerung mehr kommt) – und was dann? Vielleicht beiße ich mich dann in den Hintern, dass ich keinen dieser Jobs wenigstens versucht habe. Wie man es macht, kann es falsch sein! Man weiß einfach nie, wie man es richtig macht, und ist halt leider durch die Familie und laufende Abzahlungen in der Risikofreudigkeit eingeschränkt (…)

Beraterwechsel brachte Zufriedenheit

Mein mir im Februar von der beE zugeteilter Berater hat auch unter allen Umständen verlangt, dass ich mich permanent bewerbe, ob die Stellenausschreibung zu meinem Profil passte oder nicht. Ich habe aber damit drei Probleme: Erstens habe ich kein abgeschlossenes Studium, zweitens bin ich mittlerweile 45 Jahre alt, und drittens habe ich mir viele Kenntnisse selbst angeeignet und dafür logischerweise keine Bestätigungen oder Kurszertifikate. Von einer anderen beE-Kollegin habe ich dann einen Hinweis bekommen, welche

Kurse angeboten werden. Auf Nachfrage bei meinem Berater sagte dieser, dass ich mir diesbezüglich keine zu großen Hoffnungen machen sollte.

Es folgte eine Reihe fruchtloser Telefonate und Beratertermine. Als ich ihn dann speziell auf einen bestimmten Kurs ansprach, meinte er, dass er keine Notwendigkeit für diesen Kurs gesehen hat. Begründung: Er ordnet mich in die Hardware-Entwicklung ein! Und das, obwohl ich noch nie etwas mit Hardware-Entwicklung zu tun hatte und dieses auch aus meinem Lebenslauf nicht hervorgehen kann. (Hat er meinen Lebenslauf einmal genau gelesen oder interessiert ihn das überhaupt?) Zu diesem Zeitpunkt hatte ich zwei Vermutungen; zum einen, dass uns die beE zwar positiv formuliert, aber doch möglichst kostengünstig entsorgen will, zum anderen, dass dieser Berater vielleicht auf seinem Gebiet gut sein kann, aber mit der Zuordnung in der EDV Probleme hat. Den Kurs hat er mir nach längerer Diskussion dann doch genehmigt, nachdem er gemerkt hat, dass er im Irrtum war. Anscheinend wurden die Berater Anfang des Jahres wahllos zugeordnet, ob sie Kenntnisse auf dem Fachgebiet der betroffenen beE-ler hatten oder nicht.

Nach mehreren im Streit ausgetragenen Telefonaten (…) beantragte ich einen Wechsel des Beraters wegen unüberbrückbarer Differenzen mit gleichzeitiger Nennung eines Wunschkandidaten. Diesen habe ich dann auch bekommen und bin sehr zufrieden mit ihm. Dieser Berater bewegt sich auf dem Boden der Tatsachen.

Das eigene Schicksal kann und muss man auf alle Fälle selbst in die Hand nehmen, der Berater kann und soll da auch nur unterstützend hilfreich sein. Denn letztlich ist jeder für sich selbst verantwortlich. Es ist schlimm genug, dass wir in diese Situation gekommen sind.

Eigenverantwortung

beE = bitte eigenes Engagement!

Bei der internen Arbeitsplatzsuche ist mir Folgendes passiert: Kurz vor dem Entscheidungstermin [für die Beschäftigungsgesellschaft] hätte ich im Bereich Z einen anderen Job gehabt (…) und wäre auch tatsächlich von dieser Abteilung genommen worden, da ich diese Tätigkeit bereits jahrelang gemacht hatte. Ich durfte diesen Job aber nicht annehmen, da der Bereichsvorstand ein paar Tage vorher auf Drängen von Herrn X (PA) entschieden hat, dass alle Personen, die den Brief erhalten haben, innerhalb des Bereichs Z nicht mehr versetzt werden dürfen!

Jobbörse

beE = bitte eigenes Engagement! Genauso kann man es sagen, denn außer der Hilfestellung, wie man seinen Lebenslauf vorwärts oder rückwärts erstellen kann, kommt von dort nicht viel. Man wird zur Jobbörse genötigt, auch wenn man schon im Vorfeld feststellen konnte, dass von den teilnehmenden Firmen keine für einen persönlich interessant ist oder einen interessanten Job anbieten kann. Dann wird man noch von seinem Berater angeschnauzt, weil man nicht bewerbungsmäßig angezogen ist und es bei der Einstellung kein Wunder ist, wenn man keinen Job findet! Dass man zu einem Vorstellungsgespräch bewerbungsmäßig gekleidet ist, versteht sich von selbst, aber doch nicht, wenn ich nur wohin gehen muss, um da gewesen zu sein! Gesagt wird einem auch noch, dass man sich in der jetzigen schlechten Arbeitsmarktlage darauf einstellen müsse, eben für ? Jahre an einem anderen Standort als Wochenendheimfahrer zu arbeiten und dabei auch noch weniger Verdienst in Kauf zu nehmen (…)

Auf meine derzeit 55 Bewerbungen (intern und extern) habe ich bis jetzt 50 Absagen erhalten! Fast vorwurfsvoll bekommt man vom Berater manchmal eine Stellenausschreibung gezeigt, ob man diese gesehen habe und warum man sich noch nicht darauf beworben hätte. Selbst hat man den angebotenen Job schon gesehen und sich nicht beworben, da man entweder nicht die richtigen Voraussetzungen dafür mitbringt oder der Arbeitsplatz einfach zu weit weg ist. Wenn man sich darauf bewirbt, bekommt man eine Absage, die oft damit begründet ist, dass man nicht die passenden Voraussetzungen mitbringt oder die Entfernung als Problem gesehen wird. Kommende Woche habe ich wieder einen Termin mit meinem Berater, von dem ich mir inzwischen nichts mehr erwarte. Am besten, man lässt uns in Ruhe, wenn man uns beE-lern schon nichts zu bieten hat!

Die Berater sollten doch eigentlich dazu da sein, uns einen angemessenen Job im Vergleich zum verlorenen Arbeitsplatz zu besorgen; ich selbst habe jedenfalls nur noch den Eindruck, man will jeden von uns als „Metzgermeisters Aushilfsgesellen" vermitteln, nur um dann irgendeine ausgehandelte Vermittlungsprämie zu kassieren!

Angemessener Job

Eindrücke von Betroffenen in Kürze

Einige Personen haben erzählt,

- ihr Betreuer verlangt, dass sie jeden Tag eine Bewerbung abschicken, mindestens fünf Stück pro Woche. Angesichts der Situation auf dem Arbeitsmarkt ist so eine Forderung ausgemachter Blödsinn, aber sie wird (mit entsprechendem Druck) verlangt.
- ihre Berater verlangen von ihnen wöchentlich eine Aufstellung der vorgenommenen Bewerbungen in Form einer Excel-Tabelle, mit den Feldern: „Von wann stammt die Ausschreibung?", „Wann wurde sie entdeckt?", „Wann wurde Telefonkontakt aufgenommen?", „Wann wurde die Bewerbung abgeschickt?", „Wann kam die Eingangsbestätigung?" …

- dass sie gerade mal zwei Wochen lang an Kursen teilnehmen durften. Weitere Kurswünsche wurden vom Berater abgeblockt: „Wie viel wollen Sie denn noch?"
- ihnen wurde bei Vorstellungsgesprächen ein Gehalt angeboten, das nicht mal die Hälfte ihres bisherigen ausmachte. Ihre Betreuer haben sie gedrängt, diese Stellen anzunehmen, begleitet von Bemerkungen wie „Sie müssen nehmen, was Sie bekommen", „In Ihrer Lage sollten Sie nicht wählerisch sein", „Stellen Sie sich doch nicht so an" oder „In Ihrem Alter sollten Sie froh sein, überhaupt etwas zu kriegen".

IV. Aufhebungsvertrag und Abfindung – Was Sie bedenken sollten

„Dann habe ich endlich meine Ruhe", so lautet einer der häufigsten Gründe, warum ein Aufhebungsvertrag unterschrieben wird. Dem nachzugeben ist riskant, denn spätestens wenn die Abfindung aufgebraucht, aber kein neuer Job gefunden wurde, holt Sie die Panik höchstwahrscheinlich ein. Dann lässt sich das Gefühl, dass die eigene Existenzgrundlage bedroht ist, ganz sicher nicht mehr verleugnen. Unterschreiben Sie Aufhebungsverträge deshalb nur nach reiflicher Überlegung und wenn Sie alle Alternativen gründlich geprüft haben.

Bedrohliches Gefühl

Folgen und Form des Aufhebungsvertrags

Mit einem Aufhebungsvertrag beenden Arbeitgeber und Arbeitnehmer das zwischen ihnen bestehende Arbeitsverhältnis. Wenn Sie einen Aufhebungsvertrag unterschreiben, geben Sie unwiderruflich Ihre Anstellung bei Ihrer Firma auf. Sie endet zum vereinbarten Zeitpunkt. Damit zählen Aufhebungsverträge zu den sogenannten einvernehmlichen Beendigungen eines Arbeitsverhältnisses, da beide Vertragsparteien einverstanden sind.

> **ACHTUNG**
>
> Sobald der Aufhebungsvertrag unterschrieben ist, wird er auch wirksam. Es gibt kein gesetzliches Widerrufsrecht. Prüfen Sie daher vorher alle Fakten, lassen Sie sich dabei die Zeit, die Sie brauchen.

Juristisch gesehen, ist ein Aufhebungsvertrag ein privatrechtlicher Vertrag über die Beendigung des Arbeitsverhältnisses.

Nach § 623 BGB bedarf er der Schriftform, das heißt, er muss als Papierdokument vorliegen. Zudem muss dieser Vertrag von Arbeitgeber und Arbeitnehmer eigenhändig unterschrieben sein, eine gefaxte Kopie zum Beispiel genügt den gesetzlichen Vorgaben nicht. Die elektronische Form, also E-Mail, ist ebenfalls ausgeschlossen. Ein Aufhebungsvertrag, der nicht der Schriftform genügt, ist unwirksam (§ 125 Satz 1 BGB).

Hinweis-
pflichten

Zu beachten ist, dass für den Arbeitgeber gewisse Hinweispflichten bestehen. Insbesondere muss er Sie darüber aufklären, ob Ihnen Versorgungsanwartschaften verlorengehen. Angenommen, Sie würden nach zwölf Jahren Betriebszugehörigkeit in Ihrer Firma einen Anspruch auf Betriebsrente erwerben. Wenn Sie nun nach elf Jahren mit einem Aufhebungsvertrag ausscheiden, muss der Arbeitgeber Sie darüber informieren, dass Sie später keine Betriebsrente beziehen können. Weiterhin muss er Ihnen mitteilen, dass die Agentur für Arbeit beim Arbeitslosengeld eine Sperrfrist verhängen kann.

> **HINWEIS**
>
> Anders als bei einer Kündigung muss der Arbeitgeber den Betriebsrat nicht über einen Aufhebungsvertrag informieren. Ein Aufhebungsvertrag kann zwischen Arbeitgeber und Arbeitnehmer völlig ohne Beteiligung des Betriebsrats abgeschlossen werden.

Analysieren Sie Ihre finanzielle Situation

Bevor Sie sich entscheiden, einen Aufhebungsvertrag zu unterschreiben, sollten Sie sich mit Ihrer finanziellen Situation auseinandersetzen. Wissen Sie, was monatlich, vierteljährlich, halbjährlich und jährlich von Ihrem Konto abgebucht wird? Nehmen Sie sich am besten Ihre Kontoauszüge aus dem letzten Jahr, und machen Sie mithilfe der folgenden Checkliste eine genaue Aufstellung.

Erst wenn Sie genau über Ihre finanziellen Verhältnisse Bescheid wissen, lässt sich einschätzen, ob Sie es sich leisten können, Ihren Arbeitsplatz freiwillig mit einem Aufhebungsvertrag zu beenden. Tragen Sie daher Ihre monatlichen Ausgaben in untenstehende Tabelle ein und berechnen Sie, wie viel Geld Sie in einem Jahr verbrauchen. Auf dieser Basis können Sie erkennen, wie lange Sie von Arbeitslosengeld, Abfindung und gegebenenfalls dem Gehalt in einer Beschäftigungsgesellschaft leben können.

Jahresbedarf

Posten	Kosten in Euro
Mietwohnung Miete, einschließlich Nebenkosten, Strom, Schönheitsreparaturen	
Eigentumswohnung Abzahlungsraten, Hausgeld, Reparaturen, Grundsteuer, Strom	
Haus Abzahlungsraten, Strom, Wasser, Heizöl, Müllgebühren, Kaminkehrer, Wartung, Reparaturen, Garten, Grundsteuer, Hausversicherungen	
Täglicher Bedarf Lebensmittel, Putz- und Waschmittel, Hygienemittel, Geschenke für Geburtstage, Weihnachten usw., Kleidung, Neuanschaffungen *Tipp: Kaufen Sie Lebensmittel und sonstigen Haushaltsbedarf ein und heben Sie ausnahmsweise den Kassenbon auf. Überlegen Sie, wie oft Sie in der Woche einkaufen. Rechnen Sie dann hoch, wie viel Geld Sie monatlich für den täglichen Bedarf brauchen.*	
Kinder Taschengeld, Schulgeld, Fahrtkosten, Schulbücher, Schulbedarf, Schulausflüge, Kleidung, Hobbys der Kinder, Freizeitgestaltung	
Tiere Futter, Pflege, Tierarzt, Urlaubsunterkunft	

Posten	Kosten in Euro
Freizeitgestaltung Urlaub, Sport, Hobby, Ausgehen, Kino oder Theater	
Auto Verbrauch, Wartung, Reparatur, TÜV, Kfz-Versicherung, Neuanschaffungs- rücklage, Stellplatz-/Garagenmiete	
Infrastruktur Festnetztelefon, Mobiltelefone, Internetanschluss, Rundfunk- und Fernseh- gebühren	
Anschaffungs- und Reparaturkosten Waschmaschine, Wäschetrockner, Spülmaschine, Kühlschrank, Gefrier- schrank, Herd, Mikrowelle, kleinere Elektrogeräte, Möbel, Fernseher, Radio, DVD-Recorder, PC	
Versicherungen Krankenversicherung (Achtung: Hier müssen Sie Arbeitnehmer- und Arbeit- geberanteil zahlen!), Privathaftpflicht, Hausrat, Rentenversicherungen, Lebensversicherungen, Risikoversicherungen *Tipp: Überprüfen Sie, welche Versicherungen Sie wirklich brauchen.*	
Rente Haben Sie an Ihre Rente gedacht? Sie vermindert sich, wenn Sie nicht wei- ter einzahlen. Zudem müssen Sie mit einem deutlichen Rentenabschlag rechnen, wenn Sie vor dem regulären Renteneinstiegsalter in Rente gehen. Überprüfen Sie auch Ihre private Vorsorge.	
Teuerungsrate Kalkulieren Sie die Teuerungsrate ein. Nach Angaben des Statistischen Bun- desamtes lag der Verbraucherpreisindex für Deutschland für das Jahr 2004 bei 1,6 Prozent, für 2005 bei zwei Prozent, für 2006 (Januar bis Septem- ber) durchschnittlich bei 1,5 Prozent. Dabei sind die Preise für Nahrungs- mittel um 3,1 Prozent gegenüber dem Vorjahr gestiegen, die für Wohnung, Wasser und Strom um 2,3 Prozent. Die Ausgaben im Bildungswesen stiegen um 3,5 Prozent. Gerade bei den Dingen des täglichen Bedarfs werden die höchsten Teuerungsraten erreicht.	
Summe der monatlichen Ausgaben	
Summe der jährlichen Ausgaben	

110

Abfindungen: das Grundwissen

Ein Aufhebungsvertrag kann, muss aber nicht mit einer Abfindung durch den Arbeitgeber einhergehen. Ein gesetzlicher Anspruch darauf besteht grundsätzlich nicht. Abfindungen müssen ausgehandelt werden.

Individuelle Abfindungsverhandlungen

Arbeitnehmer und Arbeitgeber können zu jedem beliebigen Zeitpunkt Abfindungen aushandeln. Das wird Ihr Arbeitgeber nur dann tun, wenn er Personal abbauen möchte. Das heißt, er wird Ihnen eine Abfindung anbieten, wenn er der Meinung ist, dass Sie einen Kündigungsschutzprozess gewinnen könnten. Die Abfindung soll für Sie ein Anreiz sein, das Unternehmen zu verlassen. Machen Sie sich also bewusst, dass Ihr Arbeitgeber etwas von Ihnen will, er ist der Bittsteller. Damit sind Sie in der besseren Position. Arbeitgeber, die Abfindungen aus rein sozialen Gründen zahlen, sind extrem selten.

Abfindung als Anreiz

Wenn Sie eine gute Abfindung aushandeln wollen, müssen Sie dafür sorgen, dass das Interesse des Arbeitgebers nicht nachlässt. Er darf auf keinen Fall das Gefühl bekommen, dass Sie ihm schnell zustimmen oder entgegenkommen. Für Sie als Arbeitnehmer sind derartige Verhandlungen, sofern Sie nicht im Vertrieb tätig sind, sicherlich schwierig zu führen, da Ihnen die Erfahrung mit solchen Situationen fehlt. Machen Sie sich also bewusst, dass es bei dieser Verhandlung um rein geschäftliche Belange geht. Dabei sollten Sie nicht alle Beweggründe und Argumente sofort auf den Tisch legen.

Geschäftliche Belange

Daher gilt als erste Grundregel: Halten Sie sich zunächst zurück und erzählen Sie nicht zu viel. Signalisieren Sie nie, dass Sie die Firma unter allen Umständen verlassen wollen.

111

Teilen Sie Ihrem Arbeitgeber nie mit, dass Sie bereits einen anderen Arbeitsplatz fest zugesagt bekommen haben. Er darf keinesfalls erfahren, dass Sie bei einer betriebsbedingten Kündigung nicht klagen werden. Sprechen Sie auch nie darüber, dass Sie die Kosten eines Kündigungsschutzprozesses scheuen, keine Arbeitsrechtschutzversicherung haben und sich den ganzen Stress sowieso nicht antun wollen.

Sobald Ihr Arbeitgeber derartige Details weiß, wird er mit Ihnen erst gar nicht verhandeln. Wenn er beispielsweise ziemlich sicher sein kann, dass Sie gegen die Kündigung nicht klagen, warum sollte er Ihnen dann eine Abfindung zahlen? Sie erhalten dann entweder gar keine Abfindung oder sie fällt wesentlich niedriger aus, als Sie es sich erhofft hatten. Sie haben ja signalisiert, dass Sie so oder so gehen werden.

Schlechte Position

Wer darüber nachdenkt, wird schnell verstehen, dass er sich mit seiner Offenheit in eine schlechtere Position bringt. Warum treten solche Fehler in der Praxis dennoch häufig auf? Dies liegt unter anderem daran, dass die meisten Menschen in solchen Situationen unter großem Druck stehen. Da fällt es nicht leicht, einen klaren Kopf zu behalten. Eine weitere Ursache kann das Vertrauensverhältnis zwischen Mitarbeiter und Vorgesetztem sein. Wer jahrelang gut mit seinem Chef zusammengearbeitet, Konflikte durch Diskussionen gelöst hat und vielleicht mit ihm sogar per du ist, wird auch in diesen Verhandlungen ehrlich und offen sein wollen. Bereiten Sie sich daher auf derartige Gespräche gut vor. Halten Sie Distanz und versuchen Sie in diesen Verhandlungen Ihre Emotionen auszuschalten, auch wenn es Ihnen schwerfällt. Vertreten Sie allein Ihre Interessen. Versuchen Sie nicht, es Ihrem Vorgesetzten recht zu machen, auch wenn Sie ihn persönlich mögen. Er ist in diesem Fall Ihr Verhandlungsgegner.

Die zweite Grundregel lautet: Loten Sie Ihre Chancen in einem Kündigungsschutzprozess aus, bevor Sie in Abfindungsverhandlungen treten. Denn je besser die Aussichten für Sie sind, desto größer ist das Interesse des Arbeitgebers, sich auf andere Weise als durch Kündigung von Ihnen zu trennen. Damit haben Sie eine gute Ausgangsbasis, um eine höhere Abfindung zu erhalten.

Gute Ausgangsbasis

Generell müssen Sie damit rechnen, bei Abfindungsverhandlungen gefragt zu werden, wie Ihre Vorstellungen bezüglich der Abfindungshöhe aussehen. Die Frage kommt meist überraschend. Wenn Sie jetzt eine Summe nennen, ist sie vermutlich viel zu niedrig. Die beste Reaktion darauf ist: „Ich möchte eigentlich keine Abfindung, sondern meinen Arbeitsplatz behalten." Wenn Sie doch an einer Abfindung interessiert sind, weil Sie vielleicht kurz vor der Rente stehen, fragen Sie zurück: „Wie viel bieten Sie denn?" Nennt der Arbeitgeber eine Summe, beenden Sie das Gespräch mit den Worten: „Ich denke darüber nach." Dann nehmen Sie sich Zeit und Ruhe, um sein Angebot gründlich zu prüfen. Sagt es Ihnen nicht zu, lehnen Sie ab.

> **TIPP**
>
> Lassen Sie sich auf gar keinen Fall unter Druck setzen. Arbeitgeber sagen häufig: „Mein Angebot gilt aber nur bis heute Nachmittag." Damit will er Ihnen die Möglichkeit nehmen, das Angebot eingehend zu prüfen, und Sie zu einer schnellen Entscheidung zwingen. Lassen Sie sich davon nicht beeindrucken: Die Erfahrung zeigt, dass der Arbeitgeber solche Angebote erneuert und dann häufig sogar nachbessert.

Gespräche über eine Abfindung laufen im Prinzip nicht anders ab als die Preisverhandlungen auf einem Bazar oder Flohmarkt. Probieren Sie sich daher erst einmal auf einer dieser Spielwiesen aus, auf der Fehler nur ein paar Euro kosten. Auf einem Flohmarkt können Sie viel darüber lernen, in wel-

Preisverhandlungen

chen Spannen Sie sich bewegen können, wie sich Interesse und Desinteresse auf den Verhandlungserfolg auswirken oder welche Methoden andere Menschen benutzen. Wenn Sie durch diese Versuche bemerken, dass Sie sich sehr unsicher fühlen oder einfach nicht selbst mit Ihrem Chef verhandeln wollen, können Sie auch einen Anwalt beauftragen.

Holen Sie sich Hilfe!

Natürlich können Sie auch ganz direkt auf den Arbeitgeber zugehen und ihn fragen, ob er Ihnen eine Abfindung zahlt, wenn Sie die Firma verlassen. Ob der Arbeitgeber darauf eingeht, hängt von der Situation ab. Möchte er die Belegschaft der Firma beispielsweise verjüngen, könnte es sein, dass er bereit ist, mit älteren Arbeitnehmern zu verhandeln. Auch wenn für Sie ein besonderer Kündigungsschutz gilt, könnte der Arbeitgeber an schnellen und klaren Verhandlungen interessiert sein.

Abfindungen aus einem Sozialplan

Stehen in einem Unternehmen mit Betriebsrat viele Entlassungen an, können Arbeitgeber und Betriebsrat einen Sozialplan aushandeln. Dieser enthält normalerweise Abfindungsregelungen, eine gesetzliche Verpflichtung besteht dafür allerdings nicht. Ist dies der Fall, haben alle Mitarbeiter, für die der Sozialplan gilt, einen einklagbaren Anspruch auf die vereinbarte Abfindung. Das heißt, der Arbeitgeber muss sie ausbezahlen.

Abfindungen bei Verzicht auf eine Kündigungsschutzklage

Höhe frei verhandelbar

Obwohl Abfindungen und deren Höhe stets frei verhandelt werden können, hat der Gesetzgeber im Jahr 2004 in § 1a KSchG eine Abfindungsregelung getroffen. Damit ein Anspruch auf Abfindung entsteht, müssen die folgenden drei Bedingungen erfüllt sein: .

- Der Arbeitgeber kündigt aus betrieblichen Gründen.
- Der Arbeitgeber muss im Kündigungsschreiben erklären, dass es sich um eine betriebsbedingte Kündigung handelt und der Arbeitnehmer Anspruch auf eine Abfindung nach § 1a KSchG hat, wenn er auf eine Kündigungsschutzklage verzichtet.
- Der Arbeitnehmer verzichtet auf eine Kündigungsschutzklage. Dies muss er nicht ausdrücklich erklären. Es genügt, wenn er die dreiwöchige Frist zur Einreichung der Klage verstreichen lässt.

Sind alle drei Voraussetzungen gegeben, hat der Arbeitnehmer nach Ablauf seiner Kündigungsfrist einen notfalls gerichtlich durchsetzbaren Anspruch auf die Abfindung. Er erhält ein halbes Monatsgehalt für jedes Jahr, das er im Betrieb beschäftigt war. Die Kündigungsfrist wird dabei mitgezählt. Ein Zeitraum von mehr als sechs Monaten ist auf ein volles Jahr aufzurunden (§ 1a II KSchG). Als Monatsverdienst gilt, was dem Arbeitnehmer bei der für ihn maßgebenden regelmäßigen Arbeitszeit in dem Monat, in dem das Arbeitsverhältnis endet, an Geld und Sachbezügen zusteht (§ 10 III KSchG).

Drei Voraussetzungen

BEISPIEL: Der Arbeitgeber in Betrieb B hat erklärt, dass er Anton H. und Christa L. betriebsbedingt kündigt und dass beide einen Anspruch auf eine Abfindung gemäß § 1a KSchG haben.

Anton H. verdient 2.000 Euro brutto im Monat und erhielt in diesem Jahr zweimal eine Prämie wegen guter Arbeitsleistung in Höhe von 500 Euro. Die Abfindung für Anton H. berechnet sich wie folgt: Das halbe Monatsgehalt beträgt 1.000 Euro brutto. Die Prämien für gute Arbeitsleistungen waren Einmalzahlungen und werden nicht berücksichtigt. Anton H. war drei Jahre und sieben Monate im Betrieb. Die sieben Monate werden auf ein Jahr aufgerundet. Damit erhält Anton H. an Abfindung: 4 × 1.000 Euro brutto = 4.000 Euro brutto.

Gehalts-erhöhung

Christa L. verdient ebenfalls 2.000 Euro brutto. Der Arbeitgeber hatte ihr aber eine Gehaltserhöhung von 200 Euro pro Monat verbindlich zugesagt. Diese wird im vorletzten Monat ihrer Kündigungsfrist fällig. Die Abfindung für Christa L. berechnet sich so: Der Monatsverdienst von Christa L. beträgt während des letzten Monats ihres Arbeitsverhältnisses 2.200 Euro brutto, die Hälfte davon sind 1.100 Euro brutto. Christa L. war drei Jahre und sechs Monate im Betrieb. Die sechs Monate hier werden nicht berücksichtigt. Christa L. erhält also eine Abfindung von 3 × 1.100 Euro brutto = 3.300 Euro brutto.

Die im Gesetz festgeschriebene Höhe der Abfindung ist für freie Verhandlungen nicht bindend. Frei verhandelte Abfindungsbeträge können darüber- oder darunterliegen.

> **HINWEIS**
>
> Bedenken Sie, dass Ihr Arbeitgeber Ihnen wahrscheinlich nur dann ein Abfindungsangebot macht, wenn er nicht sicher ist, ob er einen eventuellen Kündigungsschutzprozess gewinnen kann. Damit könnte eine Chance bestehen, dass Sie Ihren Arbeitsplatz nicht verlieren müssen. Prüfen Sie die Alternative Kündigungsschutzklage sorgfältig, wenn Sie auf Ihren Arbeitsplatz angewiesen sind.

Abfindungen aus einem gerichtlichen Vergleich

Führen Sie als Arbeitnehmer eine Kündigungsschutzklage, besteht grundsätzlich die Möglichkeit, vor Gericht einen Vergleich auszuhandeln, der mit einer Abfindung verbunden ist. Erzwingen lässt sich eine Abfindung auch vor Gericht nicht.

Einen Vergleich vor Gericht abzuschließen, bedeutet, dass beide Parteien sich unter dem Vorsitz des Richters einigen. Richter sind gesetzlich verpflichtet (zum Beispiel § 54 I ArbGG), auf eine gütliche Einigung der Parteien hinzuwirken. Werten Sie das entsprechende Bemühen des Richters daher nicht als Zeichen, dass Ihre Aussichten für den Prozess schlecht sind. Weist der Richter Sie aber deutlich darauf hin, dass die Chancen nicht gut stehen, sollten Sie zusammen mit Ihrem Anwalt überlegen, ob Sie einem Vergleich zustimmen wollen.

Bemühen des Richters

Seien Sie jedoch vorsichtig: Arbeitgeber überraschen häufig damit, dass sie dem Arbeitnehmer vor Gericht eine für seine Verhältnisse hohe Abfindung anbieten, um ihn zum Vergleich zu bewegen. Dabei drängen sie darauf, dass ihr Vorschlag sehr schnell angenommen wird. Schon so mancher Arbeitnehmer hat sich mit einer derartigen Vorgehensweise überfahren lassen und dem Vergleich zugestimmt. Erst später wurde ihm klar, dass er damit seinen Arbeitsplatz endgültig verloren hat. Auch hier führt die Stresssituation vor Gericht dazu, dass es zu einer solchen übereilten Fehlentscheidung kommt.

Wie können Sie sich davor schützen? Vereinbaren Sie ein Widerrufsrecht von einer Woche oder 14 Tagen als Bestandteil des Vergleichs. Wenn Sie dieses Recht in Anspruch nehmen, wird die Vereinbarung hinfällig und der Prozess geht weiter. Ohne einen Widerruf gelten die Vereinbarungen im Vergleich nach Ablauf der Frist. Sie bekommen die Abfindung dann zum vereinbarten Zeitpunkt ausbezahlt.

Widerrufsrecht

Abfindungen über einen gerichtlichen Vergleich haben den Vorteil, dass Sie das Urteil per Gerichtsvollzieher vollstrecken lassen können, falls der Arbeitgeber die Abfindung nicht ausbezahlt.

TIPP

Entscheiden Sie sich bereits vor Prozessbeginn, ob Sie Ihren Arbeitsplatz erhalten oder eine Abfindung im Rahmen eines Vergleichs erwirken wollen. Im ersten Fall müssen Sie konsequent Vergleichsangebote ablehnen. Betonen Sie klar und deutlich, dass Sie ausschließlich an Ihrem Arbeitsplatz interessiert sind.

Was bedeutet „Abkauf der Kündigungsfrist"?

Ablauf der Frist

Im Normalfall muss Ihr Arbeitgeber bei einer Kündigung die Kündigungsfrist einhalten. Diese hängt von der Dauer der Betriebszugehörigkeit ab und kann bis zu sieben Monate betragen. Erst wenn sie abgelaufen ist, endet das Arbeitsverhältnis. Durch einen Aufhebungsvertrag kann das Arbeitsverhältnis sofort mit der Unterschrift unter den Vertrag beendet werden, wodurch Ihnen die Gehaltszahlungen für die Monate der Kündigungsfrist entgehen. Lassen Sie sich daher vom Arbeitgeber zusätzlich zur Abfindung dieses Geld auszahlen. Ein solches Vorgehen wird „Abkauf der Kündigungsfrist" genannt.

BEISPIEL: Unternehmer U bietet seinem Arbeitnehmer Klaus F. am 17.10.2006 eine Abfindung von 10.000 Euro an, wenn er zum Ende des Monats, also am 31.10.2006, die Firma per Aufhebungsvertrag verlässt. Ansonsten wird er kündigen.

Klaus F. ist seit 21 Jahren im Betrieb. Er verdient 4.000 Euro brutto. Der Arbeitgeber kann das Arbeitsverhältnis mit ihm mit einer Frist von sieben Monaten zum Monatsende kündigen (§ 622 II BGB), also erst zum 31.5.2007. Klaus F. würde daher sein Gehalt noch von November 2006 bis einschließlich Mai 2007 erhalten, das sind 28.000 Euro. Nimmt er den Aufhebungsvertrag zum 31.10.2006 an, würde er 18.000 Euro weniger bekommen als bei einer Kündigung.

Klaus F. sollte sich auf jeden Fall kündigen lassen und eventuell eine Kündigungsschutzklage erheben, um entweder seinen Arbeitsplatz zu erhalten oder eine angemessene Abfindung zu bekommen. Der Arbeitgeber wollte ihn über den Tisch ziehen. Daher ist nicht davon auszugehen, dass er ohne gerichtliches Verfahren ein vernünftiges Angebot unterbreiten wird.

Auszahlungszeitpunkt der Abfindung

Grundsätzlich können Arbeitnehmer und Arbeitgeber selbst bestimmen, wann die Abfindung ausbezahlt wird. So kann es für den Arbeitnehmer steuerlich von Vorteil sein, das Geld erst im nächsten Jahr zu erhalten. Vereinbaren Sie eine spätere Auszahlung aber nur, wenn Sie sicher sind, dass das Unternehmen nicht vorher in Insolvenz geht. Im Sommer 2006 unterschrieben etliche Mitarbeiter bei BenQ Mobile GmbH & Co. OHG im Rahmen eines Stellenabbaus einen Aufhebungsvertrag mit Abfindung. Ende September meldete die Firma Insolvenz an. Die noch ausstehenden Abfindungen der Mitarbeiter wurden nicht ausbezahlt, die Arbeitsverhältnisse endeten dennoch zum vereinbarten Zeitpunkt.

Im Finanzrecht gilt prinzipiell, dass Einnahmen in dem Jahr zu versteuern sind, in dem sie eingenommen wurden. Es gibt jedoch von dieser Regel eine – etwas seltsam begründete – Ausnahme, und zwar wenn Arbeitgeber und Betriebsrat in einer Betriebsvereinbarung (Sozialplan) den Auszahlungszeitpunkt für Abfindungen vereinbart haben. Meist heißt es dann: Die Abfindung wird zum Zeitpunkt des Ausscheidens fällig.

Ausnahme

Vereinbart nun der Arbeitnehmer mit dem Arbeitgeber, sich diese Abfindung aus steuerlichen Gründen erst im Januar des nächsten Jahres auszahlen zu lassen, nimmt das Finanzamt an, dass der Auszahlungszeitpunkt vom Arbeitnehmer willkürlich hinausgeschoben wurde. Es hätte die Möglichkeit bestanden, sich die Abfindung früher auszahlen zu lassen. Daher gilt die Abfindung steuerrechtlich im Monat des in der Betriebsvereinbarung vorgesehenen Auszahlungstermins als zugeflossen (Urteil des Finanzgerichts vom 19.2.2004, Az. 6K403/99). Der Arbeitnehmer muss in diesem Fall die Abfindung in dem Jahr versteuern, in dem er aus dem Betrieb ausgeschieden ist, und nicht erst im nächsten Jahr, wenn er sie tatsächlich bekommt. Diese Regelung kann dazu führen, dass dem Arbeitnehmer mehrere tausend Euro weniger zur Sicherung seines Lebensunterhalts zur Verfügung stehen, als er eingeplant hat.

HINWEIS

Betriebsrat und Arbeitgeber sollten im Rahmen eines Sozialplans nicht festlegen, wann eine Abfindung ausgezahlt wird. Dies regeln Arbeitgeber und Arbeitnehmer am besten miteinander.

Wie werden Abfindungen versteuert?

Die emotionale Situation in Verhandlungen oder beim Prozess verleitet dazu, dass sich Arbeitnehmer von relativ hohen Bruttosummen, die als Abfindung angeboten werden, blenden lassen. Dieses Geld ist jedoch zu versteuern. Berechnen Sie daher auf jeden Fall, was netto übrigbleibt, bevor Sie einen Aufhebungsvertrag unterschreiben. Im Internet finden Sie unter dem Suchwort „Abfindungsrechner" Programme, mit denen Sie den Nettobetrag berechnen können. Konsultieren Sie gegebenenfalls einen Steuerberater, wenn Sie unsicher sind oder es lieber doch ganz genau für Ihren Einzelfall wissen wollen.

Berechnen Sie den Nettobetrag

Kein Steuerfreibetrag

Der Steuerfreibetrag für Abfindungen ist mit dem 1.1.2006 entfallen. Wer bis zum 31.12.2005 eine Vereinbarung über eine Abfindung abgeschlossen oder Klage vor Gericht eingereicht hat, kann den Abfindungsfreibetrag noch in Anspruch nehmen. Allerdings muss die Zahlung dann noch vor dem 1.1.2008 erfolgen.

Steuerbegünstigung

Eine Abfindung ist nach § 24 Nr. 1 a, § 34 I, II Einkommensteuergesetz (EStG) steuerbegünstigt (außerordentliche Einkünfte), wenn sie als Entschädigung für den Arbeitsplatzverlust gezahlt wird. Das bedeutet: In einem Aufhebungsvertrag darf nicht stehen, dass die Abfindung besonders gute Leistungen honoriert. Nur Abfindungen, die „als Ersatz für entgangene Einnahmen" gezahlt werden, sind nach § 24 Nr. 1 a EStG steuerbegünstigt.

Entschädigung

Fünftelregelung

Durch die sogenannte Fünftelregelung (§ 34 EStG) können Sie die Steuerlast für Abfindungen reduzieren. Sie wirkt aber nur, wenn Sie die Steuerprogression ausnutzen können. Die Steuerprogression führt dazu, dass der Steuersatz, also der Prozentwert, mit dem das Einkommen (abzüglich eines Freibetrags von 7.664 Euro) versteuert wird, mit der Höhe des Einkommens steigt. So muss beispielsweise ein Geringverdiener mit 8.000 Euro brutto 15 Prozent (Eingangssteuersatz) seines Einkommens abführen, ein Vielverdiener mit 80.000 Euro brutto dagegen 42 Prozent (Spitzensteuersatz). Bis zu einem zu versteuernden Einkommen von 12.739 Euro liegt der Steuersatz bei 24 Prozent, ab 12.740 Euro steigt er dann je 1.000 Euro um rund 0,61 Prozentpunkte.

Steuerprogression

Niedrigerer Steuersatz

Erhalten Sie eine Abfindung, steigt Ihr Jahreseinkommen im betreffenden Jahr deutlich an und mit ihm der Steuersatz, mit dem dieses Einkommen zu versteuern ist. Bei der Fünftel-regelung wird rechnerisch die Steuerlast auf fünf Jahre verteilt, also so getan, als würden Sie fünf Jahre lang jedes Jahr ein Fünftel Ihrer Abfindung bekommen. Auf dieser Basis wird der Steuersatz ermittelt. Dadurch ergibt sich ein niedrigerer Steuersatz, als wenn der volle Abfindungsbetrag zugrunde gelegt wird. Mit diesem (niedrigeren) Steuersatz wird dann Ihre gesamte Abfindung versteuert. Die Steuer für die Abfindung wird sofort fällig. Unten finden Sie eine Beispiel-rechnung, die Ihnen die Wirkung der Fünftelregelung im Vergleich zur Vollbesteuerung zeigt.

Müssen Sozialabgaben gezahlt werden?

Da Abfindungen kein beitragspflichtiges Arbeitsentgelt sind, sondern als Entschädigung für den Verdienstausfall nach einem Arbeitsplatzverlust gezahlt werden, fallen keine Sozial-abgaben an. Von einer Abfindung gehen also keine Beiträge zur Renten-, Kranken-, Pflege- und Arbeitslosenversicherung ab.

Teil I:
Beispielrechnung für Hans K.

Hans K. aus Bayern, alleinstehend ohne Kinder, erhält von seinem Arbeitgeber ein Abfindungsangebot über 60.000 Euro brutto. Sein Bruttoeinkommen beträgt 4.000 Euro im Monat, er bekommt ein zusätzliches 13. Monatsgehalt und muss Kirchensteuer zahlen. Hans K. soll entweder zum 30.6.2006 oder zum 31.12.2006 aus der Firma ausscheiden. Die Abfindung wird gezahlt, wenn er die Firma verlässt. Nun möchte Hans K. wissen, wie hoch die Nettoabfindung ist. Hier seine Daten:

Geburtsdatum   2.4.1968
Eintrittsdatum   1.8.1988
Jahreslohnsteuerfreibetrag   0
Abfindungsfreibetrag   0
Bruttoabfindungsbetrag   60.000 Euro

Berechnung Nettogehalt	Austritt am 30.6.2006	Austritt am 31.12.2006
Jahresarbeitslohn brutto	*24.000,00 Euro*	*52.000,00 Euro*
Lohnsteuer	− 3.998,00 Euro	− 13.925,00 Euro
Kirchensteuer	− 319,84 Euro	− 1.114,00 Euro
8 Prozent von Lohnsteuer		
Solidaritätszuschlag	− 219,89 Euro	− 765,88 Euro
5,5 Prozent von Lohnsteuer		
Sozialabgaben, Arbeitnehmeranteil	− 5.004,00 Euro	− 10.842,00 Euro
20,85 Prozent vom Bruttoeinkommen		
Jahresarbeitslohn netto	*14.458,27 Euro*	*25.353,12 Euro*

Berechnung Nettoabfindung bei Vollversteuerung	Austritt am 30.6.2006	Austritt am 31.12.2006
Bruttoabfindungsbetrag	*60.000,00 Euro*	*60.000,00 Euro*
Gesamtlohnsteuer auf Abfindungsbetrag	− 22.594,00 Euro	− 25.058,00 Euro
Kirchensteuer	− 1.807,52 Euro	− 2.004,64 Euro
Solidaritätszuschlag	− 1.242,67 Euro	− 1.378,19 Euro
Sozialabgaben 0 Prozent	0,00 Euro	0,00 Euro
Nettoabfindungsbetrag	*34.355,81 Euro*	*31.559,17 Euro*
Abfindung (netto) + Gehalt (netto)	*48.814,08 Euro*	*56.912,29 Euro*

Berechnung Nettoabfindung bei Fünftelregelung	Austritt am 30.6.2006	Austritt am 31.12.2006
Bruttoabfindungsbetrag	*60.000,00 Euro*	*60.000,00 Euro*
Gesamtlohnsteuer auf Abfindungsbetrag	− 17.825,00 Euro	− 24.490,00 Euro
Kirchensteuer	− 1.426,00 Euro	− 1.959,20 Euro
Solidaritätszuschlag	− 980,38 Euro	− 1.346,95 Euro
Sozialabgaben 0 Prozent	0,00 Euro	0,00 Euro
Nettoabfindungsbetrag	*39.768,62 Euro*	*32.203,85 Euro*
Abfindung + Gehalt (netto)	*54.226,89 Euro*	*57.556,97 Euro*

Hans K. wird seine Abfindung auf jeden Fall mit der Fünftelregelung versteuern.

Abfindung und Arbeitslosengeld

Abfindungen können Auswirkungen auf die Höhe Ihres Arbeitslosengeldes und die Dauer der Auszahlung haben. Dies müssen Sie berücksichtigen, wenn Sie berechnen, wie lange Sie mit einer Abfindung, dem Gehalt von einer Beschäftigungsgesellschaft oder dem Arbeitslosengeld Ihre Existenzgrundlage sichern können.

Sperrzeit beim Arbeitslosengeld

Wird das Arbeitsverhältnis durch einen Aufhebungsvertrag aufgelöst, geht die Agentur für Arbeit grundsätzlich davon aus, dass der Arbeitnehmer seinen Arbeitsplatz freiwillig aufgegeben hat. Dabei spielt es keine Rolle, wie sehr der Arbeitgeber Sie vielleicht bedrängt hat, den Aufhebungsvertrag zu unterschreiben. Das Arbeitsamt verhängt eine Sperrzeit von maximal zwölf Wochen (§ 128 I Nr. 4 SGB III). In diesem Zeitraum wird kein Arbeitslosengeld gezahlt.

Zwölf Wochen

Dies führt zur Kürzung der Anspruchsdauer, auch „Bezugsdauer" genannt, um ein Viertel. Das heißt: Wenn die Agentur für Arbeit eine Sperrzeit von zwölf Wochen verhängt, dann erhalten Sie statt einem Jahr nur ein Dreivierteljahr Arbeitslosengeld. Auf die Höhe des Arbeitslosengeldes hat die Sperrzeit keine Auswirkungen.

Bezugsdauer ohne Sperre	Kürzung wegen Abfindung	Tatsächliche Bezugsdauer
12 Monate	12 : 4 = 3 Monate	9 Monate
18 Monate	18 : 4 = 4,5 Monate	13,5 Monate

Wird der Aufhebungsvertrag abgeschlossen, um eine betriebsbedingte Kündigung zu vermeiden, und ist dies im Aufhebungsvertrag vermerkt, verzichtet die Agentur für Arbeit in der Regel auf eine Sperrfrist. Sollte sie trotzdem eine Sperre verhängen, sprechen Sie nochmals mit Ihrem zuständigen Betreuer.

In dem Fall, dass die Chancen eines Arbeitnehmers, seinen Kündigungsschutzprozess zu gewinnen, sehr gut stehen, könnte es durchaus sein, dass die Agentur für Arbeit trotz dieses Vermerks im Aufhebungsvertrag eine Sperrfrist verhängt. Dies wäre bei Arbeitnehmern, die nur schwer kündbar sind, möglich.

> **HINWEIS**
>
> Im Aufhebungsvertrag sollte folgender Passus enthalten sein: „Der Aufhebungsvertrag wurde zwischen den Vertragspartnern abgeschlossen, um eine betriebsbedingte Kündigung zu vermeiden."

Ruhezeit beim Arbeitslosengeld

Ihr Anspruch auf Arbeitslosengeld ruht, wenn Ihr Arbeitsverhältnis ohne Einhaltung der Kündigungsfrist beendet wird und Sie eine Abfindung erhalten (§ 143 a SGB III). Das bedeutet, dass der Bezugsbeginn des Arbeitslosengeldes nach hinten verschoben wird. Im Gegensatz zur Sperrzeit verkürzt sich dadurch die Anspruchsdauer für das Arbeitslosengeld nicht. Aus der Höhe Ihrer Abfindung wird unter Berücksichtigung Ihres Jahreseinkommens, Ihres Lebensalters und Ihrer Firmenzugehörigkeit ein Wert berechnet. Dieser wird mit Ihrer Kündigungsfrist verglichen. Der höhere Wert bestimmt, wie lange die Ruhezeit beim Arbeitslosengeld dauert. Sie beträgt längstens ein Jahr. Eine zusätzlich

Verschobener Bezugsbeginn

verhängte Sperrzeit verlängert die Dauer der Ruhezeit nicht (§ 144 SGB III).

BEISPIEL: Arbeitnehmer Karl Z. hat sein Arbeitsverhältnis mit Aufhebungsvertrag und Zahlung einer Abfindung beendet, ohne dass dabei die Kündigungsfrist von sechs Monaten eingehalten wurde. Karl Z. hat ein Jahr lang Anspruch auf Arbeitslosengeld. Die Berechnung der Ruhezeit aus der Abfindung ergibt vier Monate. Da seine Kündigungsfrist länger ist, dauert die Ruhezeit sechs Monate. Erst danach erhält Karl Z. Arbeitslosengeld.

Verkürzte Bezugsdauer

Die Agentur für Arbeit hat für Karl Z. zusätzlich eine Sperrzeit von drei Monaten verhängt. Dadurch verkürzt sich die Bezugsdauer auf einen Zeitraum von neun Monaten. Karl Z. bekommt also nach sechs Monaten neun Monate lang Arbeitslosengeld ausgezahlt.

Teil II:
Beispielrechnung für Hans K.

Hans K. aus unserem Beispiel auf Seite 122 geht zur Agentur für Arbeit, um sich zu erkundigen, wie viel Arbeitslosengeld er bekommen würde und ob die Abfindung sich auf sein Arbeitslosengeld auswirkt. Dort erfährt er, dass er 1.445,83 Euro Arbeitslosengeld (60 Prozent seines Nettogehalts) erhalten wird. Zusätzlich teilt ihm sein Betreuer mit, dass das Arbeitsamt aller Voraussicht nach eine dreimonatige Sperrfrist verhängen wird, wodurch sich die Bezugsdauer des Arbeitslosengeldes auf neun Monate verkürzt.

Hans K. zieht das durch die Sperrzeit entgangene Arbeitslosengeld von seiner Nettoabfindung ab und stellt durch seine Rechnung fest, dass ungefähr die Hälfte der 60.000 Euro brutto übrigbleibt:

Bei Fünftelregelung	Austritt am 30.6.2006	Austritt am 31.12.2006
Nettoabfindungsbetrag	39.768,62 Euro	32.203,85 Euro
Entgangenes Arbeitslosengeld	– 4.337,49 Euro	– 4.337,49 Euro
Abfindung	*35.431,13 Euro*	*27.866,36 Euro*
Abfindung (netto) + Gehalt (netto)	54.226,89 Euro	57.556,97 Euro
Entgangenes Arbeitslosengeld	– 4.337,49 Euro	– 4.337,49 Euro
Abfindung + Gehalt	*49.889,40 Euro*	*53.219,48 Euro*

Hans K. rechnet nun aus, wie lange er mit Arbeitslosengeld und Abfindung überleben kann, wenn er wie bisher im Monat 2.400 Euro für seinen Lebensunterhalt ausgibt:

Bei Fünftelregelung	Austritt am 30.6.2006	Austritt am 31.12.2006
Nettoabfindungsbetrag	*39.768,62 Euro*	*32.203,85 Euro*
Neun Monate ALG à 1.445,83	13.012,47 Euro	13.012,47 Euro
Summe	52.781,09 Euro	45.216,32 Euro
Monate zum Überleben	22 Monate	19 Monate
Hans K. kann sich finanzieren bis:	31.4.2008	30.7.2008
Abfindung (netto) + Gehalt (netto)	*49.889,40 Euro*	*53.219,48 Euro*
Neun Monate ALG à 1.445,83	13.012,47 Euro	13.012,47 Euro
Summe	62.901,87 Euro	66.231,95 Euro
Monate zum Überleben	26 Monate	27 Monate
Hans K. kann sich finanzieren bis:	30.8.2008	31.3.2008

Hans K. findet, dass es mit seinen 38 Jahren und der noch abzuzahlenden Eigentumswohnung ein hohes finanzielles Risiko darstellen würde, den angebotenen Aufhebungsvertrag zu unterschreiben. Er beschließt daher, sich auf jeden Fall mit seinen Chancen in einem Kündigungsschutzprozess näher zu beschäftigen.

Hohes Risiko

127

V. Betriebsübergang – Was gilt bei einem Verkauf?

Gerade Großkonzerne gehen immer mehr dazu über, ganze Betriebe oder Betriebsteile zu verkaufen. Hierbei handelt es sich um einen Betriebsübergang, bei dem ein Betrieb oder Betriebsteil durch ein Rechtsgeschäft auf einen anderen Inhaber übergeht. Dabei kann es sich um einen Kauf-, Pacht- oder Mietvertrag, um eine Schenkung oder einen Gesellschaftsvertrag handeln. Darüber hinaus kommen die Fusion zweier Betriebe sowie das Einbringen eines Betriebs in ein Joint Venture infrage.

Fusion

Kein Betriebsübergang liegt vor, wenn der Betrieb aufgrund eines Gesetzes übergeht wie zum Beispiel bei der Erbfolge oder wenn es sich lediglich um den Kauf von Anteilen (zum Beispiel Aktien) an einer Kapitalgesellschaft handelt (sogenannter Share Deal).

Nach Rechtsprechung des Europäischen Gerichtshofs und des BAG ist für einen Betriebsübergang entscheidend, dass die Identität des übergehenden Betriebs gewahrt bleibt. Das bedeutet unter anderem, dass alle Arbeitnehmer gleichermaßen mit übergehen. In solchen Fällen ist es für den Arbeitgeber nicht möglich, einzelne Arbeitnehmer von einem Betriebsübergang auszunehmen.

Beispiel in Grafik

Ein Beispiel für einen Betriebsübergang ist in der folgenden Grafik dargestellt. Unternehmen A bringt seinen Teilbetrieb A1 und Unternehmen B seine Betriebe B2 und B3 in ein Joint Venture ein, an dem A und B zu je 50 Prozent beteiligt sind. Für die betroffenen Mitarbeiter einschließlich der leitenden Angestellten ist dieser Vorgang ein Betriebsübergang nach § 613 a BGB. Der neue Arbeitgeber ist das Unternehmen AB.

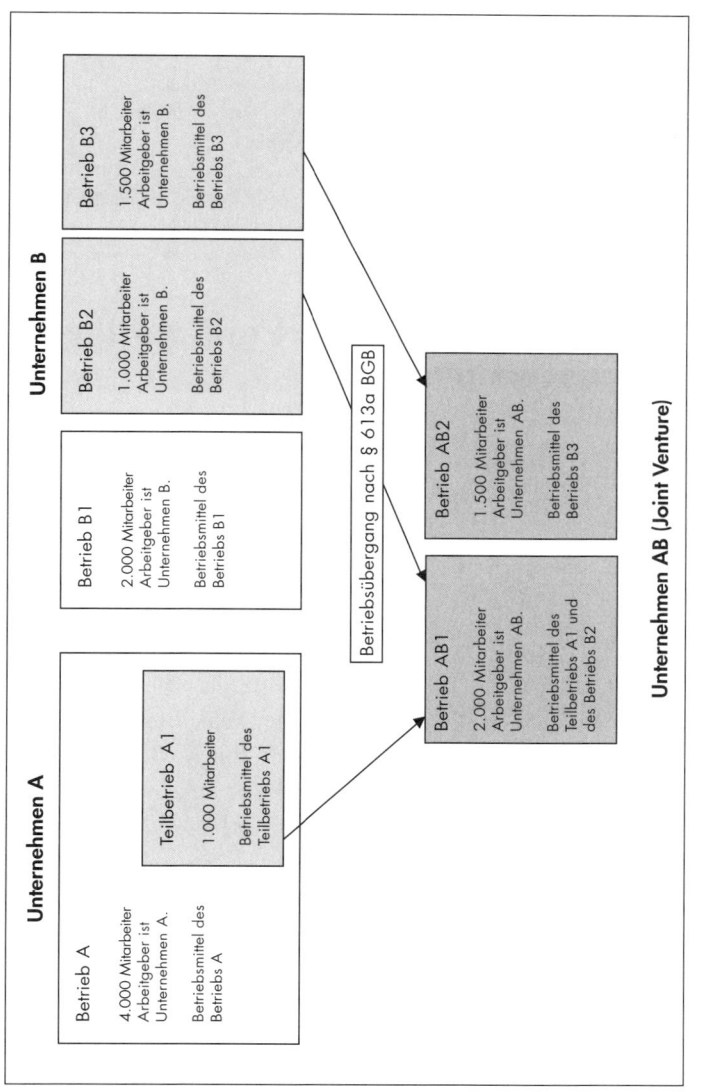

GUT ZU WISSEN

Welche Indizien sprechen für einen Betriebsübergang?

- Weiterführung der bisherigen wirtschaftlichen Tätigkeit des Betriebs. (Wenn der Betrieb zum Beispiel vor dem Verkauf Handys entwickelt hat, dann muss er dies nach dem Übergang weiterhin tun.)
- Übergang der materiellen Betriebsmittel wie Gebäude und bewegliche Güter, zum Beispiel PCs, Schreibtische, Produktionsmaschinen.
- Übergang immaterieller Aktiva, zum Beispiel Patent- und Gebrauchsmusterrechte, Schutzrechte, Lizenzen und Marken.
- Übernahme der Belegschaft.
- Übernahme der Kundschaft, zum Beispiel durch Übergabe der Kundendatei oder der Vertriebsberechtigung in einem bestimmten Gebiet.

Wie wirkt sich der Verkauf auf Ihr Arbeitsverhältnis aus?

Gefährliche Lücke

Bis zum Inkrafttreten des § 613a BGB im Jahr 1972 konnten die mit dem früheren Betriebsinhaber bestehenden Arbeitsverhältnisse nur übergehen, wenn der neue Inhaber dem zustimmte. Dadurch entstand eine gefährliche Lücke beim Kündigungsschutz. Lehnte der neue Inhaber es ab, die Arbeitnehmer zu übernehmen, dann konnte der bisherige Betriebsinhaber mit Erfolg betriebsbedingt kündigen. Er selbst hatte ja für die betreffenden Mitarbeiter keine Beschäftigungsmöglichkeit mehr. Diese Lücke wird mit § 613a BGB geschlossen. Damit sollen die Arbeitnehmer bei einem Betriebsübergang vor dem Verlust ihres Arbeitsplatzes und vor einer Verschlechterung ihrer kollektivrechtlich geregelten Arbeitsbedingungen (Tarifvertrag, Betriebsvereinbarungen) geschützt werden. Weiterhin stellt dieses Gesetz die Kontinuität des Betriebsrats sicher und gewährleistet die Haftung für Ansprüche der Arbeitnehmer gegen den bisherigen und den neuen Inhaber. Darüber hinaus haben die Mitarbeiter das Recht, dem Betriebsübergang zu widersprechen (§ 613a VI BGB).

Unterrichtungspflicht des Arbeitgebers

Der Arbeitgeber ist nach § 613a V BGB verpflichtet, die betroffenen Arbeitnehmer über den Betriebsübergang, dessen Zeitpunkt, den Grund dafür sowie die rechtlichen, wirtschaftlichen und sozialen Folgen für sie zu unterrichten. Darüber hinaus muss er die Mitarbeiter darüber informieren, welche Maßnahmen für sie geplant sind. Ist dem Arbeitgeber beispielsweise bekannt, dass der neue Arbeitgeber Stellen abbauen oder größere Umorganisationen durchführen will, muss er dies mitteilen. Weiter muss er den Namen des neuen Unternehmens, seine genaue Anschrift sowie Vorstand beziehungsweise Geschäftsführer nennen. Entscheidend dabei ist nach BAG: „Der Arbeitgeber hat den Arbeitnehmer im Rahmen des § 613a Abs. 5 BGB so zu informieren, dass jener sich über die Person des Übernehmers und über die in § 613a Abs. 5 BGB genannten Umstände ein Bild machen kann. Er soll durch die Unterrichtung eine ausreichende Wissensgrundlage für die Ausübung oder Nichtausübung seines Widerspruchsrechts erhalten" (BAG, Urteil vom 13.7.2006, Az. 8 AZR 305/05).

Folgen für die Mitarbeiter

Normalerweise erfüllt der bisherige Arbeitgeber diese Pflicht, sie kann aber auch vom neuen Betriebsinhaber übernommen werden. Die Unterrichtung muss in Textform erfolgen, das heißt, eine E-Mail würde genügen, eine mündliche Mitteilung auf einer Betriebsversammlung hingegen nicht.

Was passiert mit den Arbeitsverträgen?

Generell wird zwischen Arbeitsplatz und Arbeitsverhältnis unterschieden. Das Arbeitsverhältnis ist der Vertrag, den Sie mit dem Arbeitgeber haben, während „Arbeitsplatz" Ihre Arbeit, die Sie gerade tun, die Abteilung, der Sie zugeordnet sind, und die Stelle im Betrieb bezeichnet, an der Sie Ihrer

Arbeitsplatz und Arbeitsverhältnis

Individuelle Vereinbarungen

Tätigkeit nachgehen. Sowohl der Arbeitsplatz als auch das Arbeitsverhältnis gehen unverändert mit allen Rechten und Pflichten auf den neuen Inhaber über. Alle individuellen Vereinbarungen, die Sie mit Ihrem bisherigen Arbeitgeber getroffen haben, gelten beim neuen weiter. Hierzu zählen zum Beispiel Teilzeit, Elternzeit, außertarifliche Vergütung, Ausbildungsverträge und Altersteilzeit. Bei einem Betriebsübergang bleibt Ihnen auch die für einen Kündigungsschutzprozess wichtige Dauer der Betriebszugehörigkeit erhalten. Sie bekommen also keinen neuen Arbeitsvertrag, sondern der alte gilt weiter.

Allerdings fallen die individuellen Vereinbarungen Ihres Arbeitsvertrags nicht unter die Schutzklausel des § 613 a I 2 BGB. Daher kann der neue Arbeitgeber diese sofort nach dem Betriebsübergang ändern, jedoch nur in beiderseitigem Einvernehmen, also durch einen Änderungsvertrag oder eine Änderungskündigung. Prüfen Sie einen Änderungsvertrag genau, bevor Sie ihn unterschreiben, da davon auszugehen ist, dass er schlechtere Konditionen enthält als Ihr bisheriger Vertrag. Im Zweifelsfall können Sie die Vertragsänderung durch ein einfaches Nein ablehnen. In diesem Fall gelten die bisherigen Konditionen einfach weiter.

Änderungskündigung

Wählt der neue Arbeitgeber den Weg über eine Änderungskündigung, muss er – wie bei einer betriebsbedingten Kündigung – den Betriebsrat anhören und eine soziale Auswahl im Betrieb vornehmen. Der Betriebsrat kann auch hier nach § 102 BetrVG widersprechen. Eine Änderungskündigung beinhaltet das Angebot Ihres Arbeitgebers, das Arbeitsverhältnis unter geänderten Bedingungen fortzusetzen. Sind Sie mit den Vertragsbedingungen nicht einverstanden, erklären Sie in einem Schreiben an Ihren Arbeitgeber, dass Sie das Angebot unter dem Vorbehalt annehmen, dass „die Änderungen nicht sozial ungerechtfertigt sind" (§ 2 KSchG). Anschließend erheben Sie gegen die Änderungskündigung innerhalb von drei Wochen Klage. Gewinnen Sie den Prozess, dann bleibt es bei Ihren alten Vertragsbedingungen, verlieren Sie ihn, gelten die neuen. Wenn Sie die Klagefrist verstreichen lassen, haben Sie die veränderten Vertragsbedingungen angenommen. Indem Sie die Änderung unter Vorbehalt annehmen, gefährden Sie Ihren Arbeitsplatz nicht.

> **HINWEIS**
>
> Lehnen Sie eine Änderungskündigung nie ab. Damit wäre Ihr Arbeitsverhältnis gekündigt. Nehmen Sie diese unter dem Vorbehalt an, dass die Änderungen nicht sozial ungerechtfertigt sind.

Gelten Regelungen aus Tarifverträgen und Betriebsvereinbarungen weiter?

Regelungen aus Tarifverträgen und Betriebsvereinbarungen werden durch § 613a I 2 BGB geschützt. Ist Ihr neuer Arbeitgeber im gleichen Arbeitgeberverband wie Ihr alter, dann gilt der Tarifvertrag für Ihr Arbeitsverhältnis unverändert weiter. Falls er einem anderen Arbeitgeberverband angehört, verdrängt ein bei ihm bestehender, auch schlechterer Lohntarifvertrag günstigere Regelungen, die bei Ihrem früheren Arbeitgeber gegolten haben. Der alte Tarifvertrag wird dann für Sie ungültig.

Schutz durch BGB

Gehört Ihr neuer Arbeitgeber keinem Arbeitgeberverband an, dann gehen die Regelungen aus dem Tarifvertrag mit dem Inhalt, den Sie im Zeitpunkt des Betriebsübergangs hatten, in Ihren Arbeitsvertrag ein. Vor Ablauf eines Jahres nach dem Betriebsübergang ist eine Veränderung solcher Regelungen zu Ihrem Nachteil weder im Wege einer Änderungskündigung noch durch Änderungsvertrag möglich (Schutzklausel gemäß § 613a I BGB). Tarifvertragliche Regelungen, die in

Ihren Arbeitsvertrag übergegangen sind, können jedoch nach BAG-Rechtsprechung mit den Kündigungsfristen gekündigt werden, die für den Tarifvertrag gelten.

Gesamtbetriebsvereinbarungen und Betriebsvereinbarungen, die bei Ihrem bisherigen Arbeitgeber gegolten haben, gehen nach BAG-Rechtsprechung (Beschluss vom 18.9.2002, Az. 1 ABR 54/01) auf den neuen Arbeitgeber über. Wird Ihr Betrieb in einen bestehenden Betrieb integriert, gehen die Bestimmungen dieser Betriebsvereinbarungen als individuelle Vereinbarungen in den Arbeitsvertrag über, sie gelten also **Frist von** ebenfalls weiter. Auch hier gilt, dass sie frühestens nach ei- **einem Jahr** nem Jahr zu Ihrem Nachteil verändert werden dürfen, außer die Vereinbarung läuft sowieso vorher aus. Nach Ablauf des Jahres kann der neue Inhaber diese Betriebsvereinbarungen mit einer Kündigungsfrist von drei Monaten kündigen (§ 77 V BetrVG).

Besteht im aufnehmenden Betrieb bereits ein Betriebsrat und gibt es entsprechende Betriebsvereinbarungen, verdrängen diese jedoch die früheren Regelungen. Dabei spielt es keine Rolle, ob sie günstiger oder ungünstiger sind.

Wann darf der neue Arbeitgeber kündigen?

Dieser Bestandsschutz für Ihr Arbeitsverhältnis wird zusätz- **Verbot** lich durch ein Verbot der Kündigung wegen des Betriebsübergangs (§ 613a IV 1 BGB) gesichert. Dies gilt auch, wenn das Arbeitsverhältnis noch nicht länger als sechs Monate besteht. Ebenso dürfen anlässlich des Betriebsübergangs auch keine Aufhebungsverträge abgeschlossen werden.

Kündigungen im Rahmen eines Rationalisierungskonzepts, das vom bisherigen Betriebsinhaber im Vorfeld eines Betriebsübergangs umgesetzt oder vom neuen Inhaber fortgesetzt wird, sind hingegen zulässig. Das gilt auch, wenn der neue Inhaber ein eigenes neues Rationalisierungskonzept entwickelt und realisiert.

> **HINWEIS**
>
> Die sogenannte Schutzklausel des § 613a BGB darf nicht als einjährige Nicht-kündigungsgarantie verstanden werden, eine solche existiert nicht. Der neue Arbeitgeber kann sofort kündigen, darf aber als Grund für die Kündigung nicht den Betriebsübergang angeben. Wenn es beim neuen Betriebsinhaber zu betriebsbedingten Kündigungen kommt, muss er dabei das Kündigungsschutz-gesetz beachten.

Haftungsrechtliche Folgen

Der bisherige und der neue Betriebsinhaber haften nach § 613a II BGB gemeinsam für Verpflichtungen, die vor dem Betriebsübergang entstanden sind und die innerhalb eines Jahres nach dem Betriebsübergang fällig werden. Angenommen, Sie haben vor dem Betriebsübergang einen Aufhebungsvertrag mit Abfindung mit Ihrem alten Arbeitgeber abgeschlossen. Darin haben Sie vereinbart, dass Ihr Arbeitsverhältnis drei Monate nach dem Betriebsübergang enden soll. Ihre Abfindung erhalten Sie ebenfalls erst zu diesem Zeitpunkt. Wenn Ihr neuer Arbeitgeber die Abfindung nicht mehr zahlen kann, weil er inzwischen Insolvenz angemeldet hat, muss Ihr bisheriger Arbeitgeber die Abfindung an Sie zahlen, da sie innerhalb eines Jahres nach dem Betriebsübergang fällig wurde.

Gemeinsame Haftung

Ihr Recht auf Widerspruch

Der Gesetzgeber geht davon aus, dass es nicht mit der Menschenwürde, dem Recht auf freie Entfaltung der Persönlichkeit und dem Recht auf freie Wahl des Arbeitsplatzes zu ver-

**Recht auf
Wider-
spruch**

einbaren ist, wenn ein Arbeitnehmer für einen Arbeitgeber arbeiten soll, den er nicht frei gewählt hat (BAG, Urteil vom 25.1.2001, NZA 2001, 840, 842). Daher besteht für Sie das Recht, dem Übergang Ihres Arbeitsverhältnisses zu widersprechen (§ 613a VI BGB). Das können Sie innerhalb eines Monats tun, nachdem Ihr Arbeitgeber Sie über den Betriebsübergang unterrichtet hat.

Form und Inhalt

Ein Widerspruch muss schriftlich mit Unterschrift oder mittels einer signierten E-Mail versendet werden, eine einfache E-Mail oder ein Fax genügt nicht. Ihren Widerspruch müssen Sie nicht begründen. Es muss lediglich erkennbar sein, dass Sie nicht möchten, dass Ihr Arbeitsverhältnis übergeht. Allerdings entfällt im Fall einer Kündigung die Sozialauswahl, wenn Sie keinen anerkennenswerten Grund in Ihrem Widerspruch angeben können. Von den Gerichten werden folgende Umstände anerkannt: Der neue Arbeitgeber ist als unzuverlässig bekannt oder verfügt nicht über die nötige Bonität, um das Geschäft weiterzuführen. Auch der Verlust des Kündigungsschutzes oder wenn beim neuen Inhaber offensichtlich ein baldiger Verlust des Arbeitsplatzes droht, sind

**Gültige
Gründe**

gültige Gründe. Umstritten ist, ob ein weiterer Anfahrtsweg einen Widerspruch sachlich begründen kann. Nicht anerkannt wird es, wenn beim neuen Inhaber ein schlechterer Tarifvertrag gilt.

Sie können Ihren Widerspruch nicht mit einer Bedingung verknüpfen. Zum Beispiel können Sie nicht festlegen, dass er nicht gelten soll, wenn der frühere Inhaber betriebsbedingt kündigen will. Den Widerspruch können Sie sowohl an Ihren bisherigen als auch an den neuen Betriebsinhaber senden. Die beiden müssen sich gegenseitig über eingehende Widersprüche informieren.

HINWEIS

Ein Widerspruch kann nur mit einem dreiseitigen Vertrag und mit Einverständnis Ihres alten und neuen Arbeitgebers zurückgenommen werden. Überlegen Sie sich diesen Schritt also gut.

Wie ein Widerspruch aussehen könnte, zeigt das folgende Beispiel.

Beispiel

Erika Mustermann
Hauptstraße 17
12345 Woauchimmer

An die
Alter Arbeitgeber AG
Nebenstraße 5
54321 Ebendort

Woauchimmer, 11.5.2006

Widerspruch gegen den Betriebsübergang

Sehr geehrte Damen und Herren,

hiermit widerspreche ich dem Übergang meines Arbeitsverhältnisses in die XYZ GmbH & Co. KG gemäß § 613a V BGB aus nachstehenden Gründen:
Die XYZ GmbH & Co. KG verfügt nicht über die nötige Bonität, um den übergehenden Betrieb mit seinen 7.000 Mitarbeitern zu finanzieren. Sie ist hochverschuldet und kann daher nicht die Absicht haben, den übergehenden Betrieb zu sanieren und weiterzuführen, da ihr schlichtweg die finanziellen Mittel dazu fehlen.
Die XYZ GmbH & Co. KG hat bereits angekündigt, dass sie aufgrund von Portfolioüberschneidungen etwa 50 % der übergehenden Mitarbeiter abbauen wird. Die Aufgaben der kaufmännischen Abteilung, in der ich tätig bin, sollen nach Polen verlagert werden. Mein Arbeitsplatz ist daher bei der XYZ GmbH & Co. KG vom Abbau bedroht.

Mit freundlichen Grüßen
Erika Mustermann

Die Widerspruchsfrist

Die einmonatige Frist beginnt, sobald Ihnen die Unterrichtung formgerecht und vollständig zugegangen ist, unabhängig davon, wann der Betriebsübergang tatsächlich stattfindet. Wenn die Angaben unvollständig sind, dann setzt die Widerspruchsfrist nicht ein. Dies ist beispielsweise der Fall, wenn der Arbeitgeber – obwohl er davon Kenntnis hat – Ihnen die Information vorenthält, dass der neue Inhaber nicht über die notwendige Bonität verfügt, um die Geschäfte weiterzuführen. Geht dann der neue Inhaber nach kurzer Zeit in Insolvenz, könnten Sie dem Betriebsübergang auch noch nachträglich widersprechen.

Was ist nach dem Widerspruch zu tun?

Wenn Sie Widerspruch eingelegt haben, geht zwar Ihr Arbeitsplatz, also Ihre Tätigkeit, Ihr PC usw., zum neuen Betriebsinhaber über, Ihr Vertragsverhältnis zum bisherigen Arbeitgeber bleibt aber bestehen. Daher müssen Sie Ihrem bisherigen Arbeitgeber Ihre Arbeitsleistung anbieten, sobald Sie dem Übergang widersprochen haben – aus Beweisgründen am besten schriftlich. Nimmt er Ihr Angebot nicht an, **Annahme-** dann gerät er in Annahmeverzug (§ 615 BGB). Das heißt, Ihr **verzug** Arbeitgeber muss das Gehalt weiter zahlen. Sofern es Ihnen zumutbar ist, kann Ihr Arbeitgeber jedoch verlangen, dass Sie zunächst beim neuen Inhaber arbeiten. Lehnen Sie das ab, dann kann der Arbeitgeber das Arbeitsentgelt, das Sie dort bekommen hätten, von der Gehaltszahlung abziehen. Da Sie beim neuen Arbeitgeber das Gleiche verdient hätten wie bei Ihrem alten, heißt das, dass Sie kein Gehalt mehr ausbezahlt bekommen, wenn Sie es ablehnen, beim neuen Inhaber zu arbeiten. Nur wenn bei diesem ein anderer Tarifvertrag mit niedrigerem Grundgehalt gilt, erhalten Sie vom alten Arbeitgeber die Differenz zwischen Ihrem alten und neuen Gehalt.

Zudem kann Ihnen der bisherige Betriebsinhaber nach einem Widerspruch betriebsbedingt kündigen, da er ja dann zu viele Arbeitskräfte hat. Der Grund für diese Kündigung ist dann nicht der Betriebsübergang, dies wäre nach § 613 a BGB verboten, sondern Ihre Weigerung, in den neuen Betrieb überzugehen.

Auf die betriebsbedingte Kündigung sind die Regelungen des Kündigungsschutzgesetzes anzuwenden. Der Arbeitgeber muss nur dann eine Sozialauswahl durchführen, wenn Sie sachlich anerkannte Gründe für Ihren Widerspruch angegeben haben. Da eine Sozialauswahl nicht unternehmens-, sondern betriebsweit durchgeführt werden muss, ist diese lediglich bei einem Teilbetriebsübergang möglich, denn nur dann verbleibt ein Teil des ursprünglichen Betriebs beim alten Arbeitgeber. In jedem Fall muss Ihr Arbeitgeber aber prüfen, ob er Sie anderweitig im Unternehmen beschäftigen kann, gegebenenfalls nachdem Sie an einer ihm zumutbaren Weiterbildungsmaßnahme teilgenommen haben. Nutzen Sie die folgende Checkliste, wenn Sie sich auf einen Widerspruch oder eine Kündigungsschutzklage vorbereiten.

Regelungen des KSchG

Betriebsübergang	Erledigt
Zwischenzeugnis beantragen • Wo? Beim Vorgesetzten/bei der Personalabteilung • Wann? Umgehend	
Einen Rechtsanwalt aufsuchen, wenn Sie widersprechen wollen *Widerspruch einreichen* • Wo? Beim bisherigen oder neuen Arbeitgeber • Frist? Innerhalb von vier Wochen, nachdem das Unterrichtungsschreiben zugegangen ist • Wie? Schriftlich mit Unterschrift oder mit signierter E-Mail, also nicht per unsignierter E-Mail oder Fax	
Vorbereitung auf eine Kündigungsschutzklage • Wann? Sobald Sie sich zum Widerspruch entschlossen haben • Wie? Freie passende interne Stellenangebote suchen, ausdrucken und sich darauf bewerben Vergleichspersonen suchen, wenn nicht der gesamte Betrieb übergegangen ist und Ihr Widerspruch begründet war	

Achtung: So nicht!

BEISPIEL: Die Firma a&o systems + services GmbH aus Neuss übernahm im März 2005 Sinitec, eine Tochter der Siemens Business Services (SBS). Das Unterrichtungsschreiben über den Betriebsübergang bestand lediglich in einer einseitigen Notiz, die den Anforderungen des § 613a BGB nicht standhielt. Kurz nach der Übernahme beschloss die a&o, den Betrieb Sinitec Mitte/Südwest – wie bereits bei der SBS beschlossen – zu schließen. Sie beauftragte eine Anwaltskanzlei damit, die Kündigungen gegen die Mitarbeiter auszusprechen. Der Betriebsrat wurde zu den Kündigungen gehört, widersprach ihnen aber nicht.

Urlaubsreise

Ein langjähriger Mitarbeiter, nennen wir ihn Heinrich P., erhielt ebenfalls eine Kündigung. Darin wurde ihm der Übertritt in eine Beschäftigungsgesellschaft angeboten. Das Erste, was Heinrich P. daraufhin tat, war, einen zweiwöchigen Urlaub anzutreten, da er ihn bereits geplant hatte. Heinrich P. hatte aufgrund seiner langjährigen Betriebszugehörigkeit Kündigungsschutz. Die a&o hätte ihm in einem anderen Betrieb des Unternehmens einen Arbeitsplatz anbieten müssen. Als Heinrich P. aus dem Urlaub zurückkam, ging er zum Anwalt des Arbeitgebers, der ihm gekündigt hatte, und wies ihn auf seinen Kündigungsschutz hin mit der Bitte, deswegen doch die Abfindung zu erhöhen. Er wolle, wie er dem gegnerischen Anwalt sagte, keine Kündigungsschutzklage führen. Natürlich bekam Heinrich P. keinen Cent mehr als die Standardabfindung.

Damit Ihnen nicht das Gleiche passiert wie Heinrich P., beachten Sie bitte die folgenden Hinweise:

• Fahren Sie niemals in Urlaub, wenn eine Frist zu laufen beginnt. Im Fall von Heinrich P. war es die dreiwöchige Frist zur Einreichung der Kündigungsschutzklage.

- Geben Sie niemals das einzige Druckmittel aus der Hand, das Sie haben, indem Sie der Gegenseite erklären, dass Sie keine Kündigungsschutzklage führen wollen. Dies gilt insbesondere, wenn der Gegenspieler ein Anwalt ist. Heinrich P. hätte im Güteverfahren eine höhere Abfindung aushandeln können, da er aufgrund seines Kündigungsschutzes gute Aussichten hatte, diesen Prozess zu gewinnen.
- Prüfen Sie, ob die Unterrichtung über den Betriebsübergang vollständig ist. Heinrich P. hat übersehen, dass sie in seinem Fall nicht genügt hat und daher ein nachträglicher Widerspruch möglich gewesen wäre.

Was kann der Betriebsrat tun?

Der Betriebsrat kann eine freiwillige Betriebsvereinbarung zur Überleitung der Beschäftigungsbedingungen verhandeln. Sie ist nicht erzwingbar. Ein solcher Vertrag muss mit dem bisherigen und dem neuen Inhaber abgeschlossen werden und sollte nur die Regelungen enthalten, die beide über die gesetzlichen Vorgaben hinaus zusagen wollen. Die Betriebsvereinbarung könnte zum Beispiel festlegen,

Freiwillige Betriebsvereinbarung

- dass eine Ausgleichszahlung für zukünftig entfallende Nutzungsmöglichkeiten sozialer Einrichtungen beim bisherigen Arbeitgeber erfolgt.
- wie lange und unter welchen Bedingungen Mietverträge über Firmenwohnungen des bisherigen Arbeitgebers weitergeführt werden können.
- dass die bisherigen Angebote zur betrieblichen Altersvorsorge vom neuen Inhaber übernommen werden.
- dass übergehende Mitarbeiter in den ersten drei Jahren beim bisherigen Inhaber behandelt werden wie interne Bewerber.

- dass in einem gewissen Zeitraum nach dem Betriebsübergang vom neuen Arbeitgeber keine betriebsbedingten Kündigungen ausgesprochen werden.
- dass im Fall von betriebsbedingten Kündigungen in einem festgelegten Zeitraum ab dem Übergang Abfindungen in einer bestimmten Höhe gezahlt werden, für die auch der bisherige Arbeitgeber haftet.
- dass der neue Arbeitgeber in den Arbeitgeberverband eintritt, um auf diese Weise sicherzustellen, dass die Tarifverträge weitergelten.
- dass der neue Betriebsinhaber in einem bestimmten Zeitraum keine Verschlechterung der Arbeitsverträge durchführen wird.

Abfindung
- dass allen Mitarbeitern, die dem Betriebsübergang widersprechen, eine Abfindung in einer ganz bestimmten Höhe oder der Eintritt in eine Beschäftigungsgesellschaft angeboten wird.

VI. Betriebsschließung – Ist mein Arbeitsplatz zu retten?

Betriebsschließungen sind für Arbeitnehmer das schlimmste Szenario bei einem Stellenabbau. Hier geht es meist nur noch um die Höhe der Abfindungen. Doch falls Ihr Unternehmen aus mehreren Betrieben besteht, haben Sie auch hier noch eine Chance, Ihren Arbeitsplatz zu erhalten. In diesem Fall haben Sie Anspruch auf Weiterbeschäftigung an einem passenden freien Arbeitsplatz in einem anderen Betrieb. Dies ist bei größeren Gesellschaften häufig der Fall.

Ihr Anspruch

Auf diese Anzeichen sollten Sie achten

Eine Betriebsschließung kündigt sich meistens schon lange vorher an. Das zeigt Ihnen das folgende Beispiel:

BEISPIEL: 145 Jahre nach ihrer Gründung wird die MD-Papierfabrik in Dachau Ende Juli 2007 schließen. Bald nach der Übernahme im Jahr 2001 durch den finnischen Konzern Myllykoski wurden von ursprünglich 1.100 Arbeitsplätzen zunächst 600 abgebaut. Anschließend mussten im Jahr 2005 in einer Frühpensionierungswelle weitere 150 Arbeitnehmer gehen. Die verbliebenen 350 Mitarbeiter werden nun bei der Schließung des Betriebs ihren Arbeitsplatz verlieren.

Während die Abbauwellen immer wieder den Dachauer Betrieb trafen und die Anlagen veralteten, beobachteten die Mitarbeiter, dass in die 135 Kilometer entfernte Plattlinger Papierfabrik investiert wurde. Die Infrastruktur in Plattling stimmte. Die dort eingesetzten neuen Maschinen arbeiten doppelt so schnell. Die Produktion soll nun ganz dorthin verlagert werden. Noch Anfang des Monats habe die Geschäftsführung versichert, „solange in Dachau noch Geld verdient wird und die neue Papiermaschine in Tschechien noch nicht gebaut ist, bleibt Dachau erhalten", sagte Betriebsratschef Werner Popfinger.

Führen Sie eine Statistik

Auch hier war, wie so oft, bereits im Vorfeld für die Mitarbeiter erkennbar, dass in näherer Zukunft eine Betriebsschließung zu erwarten ist. Wenn Sie in Ihrem Unternehmen wiederholten Personalabbau beobachten, der sich über mehrere Jahre verteilt, dann fangen Sie an, eine Statistik zu führen.

Erstellen Sie dazu eine Tabelle, die zum Beispiel die Anzahl der Wahlberechtigten bei den letzten Betriebsratswahlen sowie die bekanntgegebenen Zahlen zum Personalabbau enthält. Ermitteln Sie dann, wie viele Mitarbeiter im Durchschnitt pro Jahr den Betrieb verlassen. Wenn Sie das wissen, können Sie bereits gut abschätzen, ob der Betrieb bald eine kritische Grenze bezüglich der Mitarbeiter erreicht haben könnte, unterhalb deren er nicht mehr lebensfähig ist.

Typisches Verhalten

Investiert das Unternehmen zudem nicht mehr in Ihren, sondern in einen anderen Betrieb, um dort eine vergleichbare Tätigkeit mit modernerer Ausrüstung durchzuführen, ist eine baldige Betriebsschließung sehr wahrscheinlich. Vertrauen Sie auf Ihre eigenen Augen und Ohren, glauben Sie nicht den Beteuerungen des Managements, dass keine solche Maßnahme zu befürchten ist. Es ist typisch, dass die Verantwortlichen bis kurz vor Schluss alles dementieren und eine gute Zukunft voraussagen – das hat auch das Beispiel der MD-Papierfabrik gezeigt.

Kündigung bei einer (Teil-)Betriebsschließung

Bei einer Betriebsschließung liegt grundsätzlich „ein betriebliches Erfordernis" gemäß § 1 II KSchG für betriebsbedingte Kündigungen vor, denn der Arbeitgeber kann den Betrieb nur schließen, wenn er die Arbeitsverhältnisse löst. Der Arbeitgeber muss dabei aber die Regelungen des Kündigungsschutzgesetzes beachten. Dies bedeutet insbesondere, dass er vorhandene Weiterbeschäftigungsmöglichkeiten in anderen Betrieben des Unternehmens anbieten und die gesetzlichen (§ 622 BGB) und tarifvertraglich vereinbarten Kündigungsfristen einhalten muss. Informieren Sie sich im Detail in Kapitel „II. Betriebsbedingte Kündigung – Was kann ich tun?".

Regelungen des KSchG

Sozialauswahl und freie Stellen

Soll nur ein Betriebsteil geschlossen werden, ist bei einer Kündigung eine soziale Auswahl über den gesamten Betrieb, also einschließlich des verbleibenden Betriebsteils (Restbetrieb), durchzuführen. Wird ein Betrieb ganz geschlossen, kann keine soziale Auswahl über den Betrieb stattfinden, da ja alle Mitarbeiter gekündigt werden. Damit entfällt ein wichtiger Faktor, der in einem Kündigungsschutzprozess zum Erfolg führen könnte.

Allerdings können Sie sich in beiden Fällen im Kündigungsschutzprozess auf freie Arbeitsplätze im restlichen Unternehmen berufen. Sie müssen jedoch die neuen Aufgaben – gegebenenfalls nach einer zumutbaren Weiterbildungsmaßnahme – erfüllen können. Sammeln Sie für Ihre Prozessvorbereitung also Nachweise, dass es solche freien Stellen im Unternehmen gibt, zum Beispiel, indem Sie Anzeigen aus dem internen Stellenmarkt ausdrucken.

Konzern-versetzungs-klausel

Manche Arbeitsverträge enthalten eine Konzernversetzungs-klausel, die besagt, dass der betreffende Mitarbeiter konzern-weit versetzt werden kann, wenn der Arbeitgeber dies für notwendig hält. Findet sich eine solche Klausel in Ihrem Ar-beitsvertrag, dann sind auch passende freie Arbeitsplätze in anderen Unternehmen des Konzerns prinzipiell relevant.

> **HINWEIS**
>
> In der Rechtsprechung ist umstritten, ob der Arbeitgeber in einem solchen Fall konzernweit freie Arbeitsplätze zur Verfügung stellen muss, bevor er kündigt. Daher sollten Sie nicht allein auf freie Arbeitsplätze in anderen Konzernunter-nehmen achten, sondern auch einige im eigenen Unternehmen suchen. Bedenken Sie auch Folgendes: Sollten Sie Ihre Klage aufgrund eines freien Arbeits-platzes gewinnen, müssen Sie selbstverständlich bereit sein, diesen auch anzunehmen.

Tariflicher Kündigungsschutz

Ein tariflicher Kündigungsschutz, zum Beispiel nach dem Manteltarifvertrag für die Angestellten in der bayerischen Metall- und Elektroindustrie, verliert bei (Teil-)Betriebs-schließungen die Gültigkeit. Eine Kündigung ist nach diesem **Endgültige Stilllegung** Tarifvertrag zum Zeitpunkt der endgültigen Stilllegung im Zusammenhang mit einem Sozialplan zulässig. In einem sol-chen Fall haben Sie also zumindest Anspruch auf eine Abfin-dung nach einem mit dem Betriebsrat abgeschlossenen Sozialplan. Lesen Sie in Ihrem Tarifvertrag nach, ob er eine entsprechende Klausel enthält. Sie können den Tarifvertrag beim Arbeitgeber einsehen, wenn er Bestandteil Ihres Ar-beitsvertrags ist.

Schwerbehinderte Mitarbeiter

Wer schwerbehindert oder einem Schwerbehinderten gleich-gestellt ist, darf nach § 85 SGB IX vom Arbeitgeber nur dann

146

gekündigt werden, wenn dafür vorher die Zustimmung des
Integrationsamtes eingeholt wurde. Das Integrationsamt
wird die Zustimmung jedoch erteilen, wenn zwischen dem
Tag der Kündigung und dem Ende der Gehaltszahlung mindestens drei Monate liegen. Außerdem darf es keine Weiterbeschäftigungsmöglichkeit für Sie in einem anderen Betrieb
des Unternehmens oder, bei einer Teilbetriebsschließung, in
einer anderen Dienststelle des Betriebs geben.

**Integra-
tionsamt**

Stimmt das Integrationsamt Ihrer Kündigung zu, muss der
Arbeitgeber Ihnen während Ihrer Kündigungsfrist, mindestens jedoch noch drei Monate lang, Ihr Gehalt zahlen. Diese
Regelungen gelten für eine Teil- und Gesamtbetriebsschlie-
ßung gleichermaßen.

Betriebsräte und Wahlvorstände

Sind Sie Betriebsrat, Mitglied der Jugend- und Auszubildendenvertretung, Betriebsratskandidat oder Wahlvorstand,
können Sie nach § 15 IV KSchG bei einer Betriebsschließung
frühestens zum Zeitpunkt der Stilllegung gekündigt werden.
Ist Ihre Abteilung von einer Teilbetriebsschließung betroffen, muss der Arbeitgeber Sie nach § 15 V KSchG in eine
Abteilung des Restbetriebs übernehmen. Wenn jedoch ein
zwingendes betriebliches Erfordernis vorliegt, können Sie
auch vor der endgültigen Stilllegung des Betriebs gekündigt
werden. Dies ist zum Beispiel dann der Fall, wenn der Arbeitgeber eine kleine Gruppe Arbeitnehmer für eine kurze
Zeit (maximal drei Monate) weiterbeschäftigt, um ausschließlich Aufräum- und Abwicklungsarbeiten im Betrieb
durchzuführen. Die durch § 15 KSchG geschützten Personen haben keinen Anspruch darauf, zu dieser Personengrup-
pe zu gehören (BAG, Urteil vom 14.10.1982, AP KSchG
1969 § 1 Nr. 1; BAG, Urteil vom 26.10.1967, KSchG § 13
Nr. 17).

**Geschützte
Personen**

147

Mitarbeiterinnen im Mutterschutz

Haben Sie Kündigungsschutz nach dem Mutterschutzgesetz (§ 9 I MuSchG), muss Ihr Arbeitgeber vor einer Kündigung die Zustimmung der obersten Landesbehörde für Arbeitsschutz einholen. Diese wird die Kündigung ausnahmsweise für zulässig erklären, wenn für den Arbeitgeber die Aufrechterhaltung des Arbeitsverhältnisses unzumutbar wäre. Dies ist bei einer (Teil-)Betriebsschließung der Fall, wenn keinerlei Weiterbeschäftigungsmöglichkeit mehr für Sie im Betrieb oder in einem anderen Betrieb des Unternehmens besteht.

Mitarbeiter in Elternzeit

Auch wenn Sie sich in Elternzeit befinden, kann die oberste Landesbehörde für Arbeitsschutz die Kündigung ausnahmsweise für zulässig erklären (§ 18 I BErzGG). Ein solcher besonderer Fall liegt bei einer (Teil-)Betriebsstilllegung vor, wenn für Sie keine Weiterbeschäftigungsmöglichkeit im Betrieb oder in einem anderen Betrieb des Unternehmens besteht.

So bereiten Sie sich vor

Bereiten Sie sich wie im Kapitel „II. Betriebsbedingte Kündigung – Was kann ich tun?" beschrieben auf den Kündigungsschutzprozess vor. Nimmt der Arbeitgeber eine Betriebsschließung vor, entfällt die Sozialauswahl. Hier sind daher allein die passenden freien Stellen im Rest-Unternehmen maßgeblich, auf diese muss sich auch der Betriebsratswiderspruch beziehen. Bei einer Teilbetriebsschließung unterscheidet sich die Vorgehensweise nicht von der bei einer betriebsbedingten Kündigung. Prüfen Sie auch die Sozialplanangebote, die Arbeitgeber und Betriebsrat vereinbart haben, zum Beispiel Abfindungen, Beschäftigungsgesellschaft, Vorruhestandsregelungen. Für Ihre Vorbereitungen können Sie folgende Checkliste verwenden.

Betriebsübergang	Erledigt
Zwischenzeugnis beantragen • Wo? Beim Vorgesetzten/bei der Personalabteilung • Wann? Umgehend	
Versetzungen, die der Arbeitgeber anbietet, *annehmen* *Weiterbeschäftigungsmöglichkeiten* in anderen Betrieben des Unternehmens suchen	
Unbedingt einen *Rechtsanwalt aufsuchen*	
Sozialplanangebote prüfen • Beschäftigungsgesellschaft • Abfindungen • Vorruhestandsregelungen	
Kündigungsschutzklage einreichen, falls die Aussicht besteht, den Kündigungsschutzprozess zu gewinnen oder durch einen Vergleich eine höhere Abfindung auszuhandeln. • Wo? Arbeitsgericht • Frist? Innerhalb von drei Wochen ab Zugang der Kündigung	

Was kann der Betriebsrat tun?

Um die bei einer (Teil-)Betriebsschließung entstehenden wesentlichen Nachteile für die Belegschaft abzufangen, muss der Betriebsrat versuchen, einen Interessenausgleich (§ 111 BetrVG) und Sozialplan (§ 112 BetrVG) mit dem Arbeitgeber auszuhandeln. Diese könnten zum Beispiel Vereinbarungen über die Versetzung betroffener Mitarbeiter auf freie Stellen im Unternehmen, Aufhebungsverträge mit Abfindungen, Vorruhestandsregelungen oder eine Beschäftigungsgesellschaft beinhalten. Der Sozialplan ist im Gegensatz zum Interessenausgleich erzwingbar (§ 112 a BetrVG).

Interessen-ausgleich und Sozial-plan

HINWEIS

Auf jeden Fall sollte der Betriebsrat bei einer (Teil-)Betriebsschließung Widersprüche gegen die Kündigungen schreiben. Wie schon beschrieben, ist dabei zu beachten, dass bei einer kompletten Betriebsschließung nicht wegen fehlender Sozialauswahl widersprochen werden kann.

Geht es um eine Teilbetriebsschließung, unterscheidet sich die Vorgehensweise nicht von der bei einer betriebsbedingten Kündigung. In beiden Fällen kann der Betriebsrat die Betriebsratsanhörung so vorbereiten, wie im Kapitel „II. Betriebsbedingte Kündigung – Was kann ich tun?" beschrieben.

VII. Insolvenz des Arbeit-
gebers – Was steht mir
zu?

Die Insolvenz eines Arbeitgebers bedeutet für die Mitarbeiter eine echte Bedrohung ihrer Lebensgrundlage. Da insbesondere Großkonzerne immer mehr dazu übergehen, ganze Betriebe zu verkaufen, fragen sich viele Mitarbeiter, wie solide die neue Firma eigentlich ist und was passiert, wenn das neue Unternehmen später in Insolvenz geht. Das Statistische Bundesamt berichtete, dass im Jahr 2005 bundesweit 36.843 Unternehmensinsolvenzen gemeldet wurden. Zum Zeitpunkt des Insolvenzantrags waren dort 168.219 Mitarbeiter beschäftigt, und die Forderungen der Gläubiger betrugen etwa 23 Milliarden Euro. 2004 waren etwa 200.000 Arbeitnehmer von der Insolvenz ihres Arbeitgebers betroffen. Allerdings liegen bei etwa 15 Prozent der insolventen Unternehmen keine Angaben darüber vor, wie viele Beschäftigte betroffen sind. Sie erfahren nun, was die Insolvenz des Arbeitgebers für Sie und Ihr Arbeitsverhältnis bedeutet und was Sie sinnvollerweise noch tun können, um zu retten, was zu retten ist.

Verkauf ganzer Betriebe

Was bedeutet der Begriff „Insolvenz"?

Ist ein Unternehmen nicht mehr in der Lage, bereits fälligen Zahlungsverpflichtungen nachzukommen, oder droht die Zahlungsunfähigkeit, dann ist es insolvent. Das Unternehmen oder dessen Gläubiger können dann die Eröffnung eines Insolvenzverfahrens beim Amtsgericht beantragen. Ziel dieses Verfahrens ist es, die Forderungen der Gläubiger zu erfüllen, soweit dies noch möglich ist.

Verfahren beim Amtsgericht

151

Würden alle Gläubiger einzeln vorgehen, dann könnte derjenige, der zuerst kommt, einen Vermögensgegenstand pfänden lassen und verwerten. Die Gläubiger, die über die Vermögensverhältnisse des betreffenden Unternehmens besser unterrichtet sind, könnten ihre gesamten Forderungen durchsetzen, während andere leer ausgehen. Um dies zu verhindern, hat der Gesetzgeber ein einheitliches Insolvenzverfahren geschaffen. So besteht die Möglichkeit, alle Gläubiger anteilig zu befriedigen.

Einheitliches Vorgehen

Ein Insolvenzverfahren kann auf zwei Arten abgewickelt werden: Entweder wird das gesamte Vermögen des Schuldners einzeln oder in größeren Teilen verkauft und die Gläubiger bekommen aus diesem Erlös ihre Forderungen anteilig ersetzt, oder das Unternehmen wird saniert und die Gläubiger erhalten ihre Forderungen aus den Erträgen des fortgeführten Unternehmens.

Die endgültige Entscheidung darüber, in welcher Weise das Unternehmen verwertet oder ob eine Sanierung versucht wird, liegt bei der Gläubigerversammlung, die aus allen Insolvenzgläubigern einschließlich der Arbeitnehmer besteht.

Was passiert mit Ihrem Arbeitsverhältnis?

Gehälter aus Insolvenzmasse

Ihr Arbeitsverhältnis bleibt weiter bestehen, wenn der Arbeitgeber Insolvenz anmeldet. Der Insolvenzverwalter zahlt dann die Gehälter aus der Insolvenzmasse weiter. Insbesondere ist die Eröffnung des Insolvenzverfahrens kein Grund für eine fristlose Kündigung. Das bedeutet für Sie, dass Sie Ihren arbeitsvertraglichen Verpflichtungen weiterhin nachkommen müssen.

Rückständiges Gehalt

Ist Ihr Arbeitgeber bereits mit den Gehaltszahlungen im Rückstand, dann sind Sie in Hinblick darauf lediglich Insolvenzgläubiger. Folglich erhalten Sie Ersatz nur in Höhe der relativ niedrigen Insolvenzquote. Diese schwankte von 1983 bis 1993 zwischen 3,1 und 7,5 Prozent. Haben Sie zum Beispiel noch Ansprüche auf zwei Monatsgehälter in Höhe von insgesamt 8.000 Euro und beträgt die Insolvenzquote fünf Prozent, dann erhalten Sie nur 400 Euro. Derartige Ansprüche müssen Sie beim Insolvenzverwalter nach der Eröffnung des Insolvenzverfahrens in der von ihm angegebenen Frist schriftlich anmelden.

Ersatz bei Rückstand

Insolvenzgeld

Nachdem der Arbeitgeber die Insolvenz angemeldet hat, muss sich der Insolvenzverwalter erst einen Überblick verschaffen. Er entscheidet dann, ob die vorhandenen Mittel ausreichen, um das Insolvenzverfahren zu eröffnen. Sobald das Insolvenzverfahren eröffnet ist, können Sie bei der Bundesagentur für Arbeit Insolvenzgeld beantragen. Der Insolvenzverwalter stellt Ihnen dazu eine Insolvenzgeldbescheinigung aus (§ 314 SGB III).

Antrag

Wurde das Insolvenzverfahren mangels Masse nicht eröffnet, muss der Arbeitgeber Ihnen diese Bescheinigung ausstellen, damit Sie das Insolvenzgeld erhalten können. Antragsformulare finden Sie auf der Internetseite der Agentur für Arbeit unter www.arbeitsagentur.de. Wählen Sie dort nacheinander die Menüpunkte „Informationen für Arbeitnehmer", „Geldleistungen" und „Insolvenzgeld". Der Antrag ist innerhalb einer Frist von zwei Monaten ab Eröffnung des Insolvenzverfahrens beziehungsweise der Bekanntgabe der Nichteröffnung zu stellen.

Das Insolvenzgeld beträgt drei Nettomonatsgehälter. Liegt Ihr Bruttomonatseinkommen jedoch über der Beitragsbemessungsgrenze in der Rentenversicherung – diese lag 2006 bei 5.250 Euro in den alten Bundesländern und bei 4.400 Euro in den neuen Bundesländern –, wird das Insolvenzgeld nicht in voller Höhe des Nettoeinkommens gewährt. In diesen Fällen wird es auf Grundlage dieser Bemessungsgrenze bestimmt.

Aufhebungsverträge

Aufhebungsverträge, die vor der Eröffnung des Insolvenzverfahrens abgeschlossen wurden, bleiben wirksam. Ist das bei Ihnen der Fall, endet Ihr Arbeitsverhältnis zum vereinbarten Zeitpunkt. Bezüglich der Abfindung sind Sie lediglich Insolvenzgläubiger. Haben Sie beispielsweise eine Abfindung von 60.000 Euro vereinbart und liegt die Insolvenzquote bei fünf Prozent, dann erhalten Sie an Abfindung nur 3.000 Euro. Sie müssen diese Forderung beim Insolvenzverwalter nach der Eröffnung des Insolvenzverfahrens in der von ihm angegebenen Frist schriftlich anmelden.

Insolvenz-quote

Betriebsrente

Die Ansprüche oder die Anwartschaft auf eine Betriebsrente sind durch den Pensionssicherungsverein (PSVaG) insolvenzgeschützt. Dieser ist gemäß § 14 des Gesetzes zur Verbesserung der betrieblichen Altersversorgung (BetrAVG) der Träger der gesetzlichen Insolvenzsicherung. Er gewährleistet die Betriebsrente, wenn der Arbeitgeber insolvent ist. Geschützt sind gemäß § 7 BetrAVG gesetzlich unverfallbare Anwartschaften, Direktzusagen, Direktversicherungs-, Pensionsfond- und Unterstützungskassenzusagen. Für alle Arbeitgeber, die Leistungen der betrieblichen Altersversorgung unmittelbar oder eine betriebliche Altersversorgung über Direktversicherung, Pensionsfonds usw. zugesagt haben, besteht eine Beitragspflicht zum Pensionssicherungsverein (§ 10 BetrAVG). Arbeitgeber, die eine betriebliche Altersversorgung durchführen, müssen aus diesem Grund dem PSVaG beitreten.

Was heißt das konkret? Sollte der Arbeitgeber nicht mehr in der Lage sein, die Betriebsrenten zu bezahlen, dann haben der Versorgungsempfänger oder seine Hinterbliebenen einen Anspruch auf die Betriebsrente in voller Höhe gegen den Träger der Insolvenzsicherung, also den PSVaG. Unverfallbare Ansprüche sind also gesichert. Gemäß § 1b I Betriebsrentengesetz (BetrAVG) gilt: „Die Anwartschaft eines Arbeitnehmers ist unverfallbar, wenn er bei betrieblicher Altersversorgung, die der Arbeitgeber finanziert hat, am Stichtag (Sicherungsfall oder vorheriger Betriebsaustritt) mindestens das 30. Lebensjahr vollendet und die Versorgungszusage mindestens 5 Jahre bestanden hat." Weitere Informationen erhalten Sie beim Pensionssicherungsverein unter der Adresse: PSVaG – Versicherungsverein auf Gegenseitigkeit, 50963 Köln, oder über die Homepage www.psvag.de.

Unverfallbare Ansprüche

Welche Rechte haben Sie bei einer Kündigung in der Insolvenz?

Die Insolvenz an sich ist kein Kündigungsgrund, aber im Fall einer Betriebsschließung oder infolge von Sanierungsmaßnahmen kann es dennoch zu betriebsbedingten Kündigungen kommen. Wird nicht der gesamte Betrieb geschlossen, sondern im Verlauf von Sanierungsmaßnahmen nur ein Teil der Belegschaft vom Insolvenzverwalter entlassen, gelten grundsätzlich die allgemeinen Regelungen nach dem Kündigungsschutz- und dem Betriebsverfassungsgesetz. Der Sonderkündigungsschutz, zum Beispiel nach dem Mutterschutz-

Bei Sanierung

oder dem Schwerbehindertengesetz, ist ebenfalls zu berücksichtigen. Insbesondere muss der Insolvenzverwalter im Sanierungsfall eine Sozialauswahl über den ganzen Betrieb durchführen.

Schadens-ersatz-anspruch

Die Kündigungsfrist beträgt maximal drei Monate. Haben Sie eine längere Kündigungsfrist, dann entsteht ein Schadensersatzanspruch, mit dem Sie aber nur Insolvenzgläubiger sind. Angenommen, Sie haben eine Kündigungsfrist von sieben Monaten und der Insolvenzverwalter kündigt Ihnen, dann haben Sie Anspruch auf Schadensersatz in Höhe von vier Monatsgehältern, zum Beispiel auf 16.000 Euro. Bei einer Insolvenzquote von fünf Prozent würden Sie daher nur 800 Euro als Schadensersatz erhalten. Auch diese Forderung ist beim Insolvenzverwalter schriftlich anzumelden.

Betreiben Sie Schadensminimierung

Wenn Ihr Arbeitgeber Insolvenz anmeldet, können Sie leider nur noch versuchen, den Schaden für sich und Ihre Familie zu minimieren. Die folgende Checkliste hilft Ihnen bei Ihren Überlegungen.

	Erledigt
Zwischenzeugnis beantragen Beantragen Sie umgehend bei Ihrem Vorgesetzten oder bei der Personalabteilung ein Zwischenzeugnis, und beginnen Sie sofort, sich zu bewerben. Warten Sie nicht, bis der Insolvenzverwalter Ihnen kündigt.	
Rechtsanwalt aufsuchen Suchen Sie unbedingt einen Rechtsanwalt auf, der Erfahrungen mit Insolvenzen hat. Insolvenzrecht ist eine schwierige Rechtsmaterie.	
Insolvenzgeld beantragen Beantragen Sie bei der Agentur für Arbeit Insolvenzgeld. Achten Sie dabei auf die Antragsfrist von zwei Monaten.	

Ansprüche als Insolvenzgläubiger anmelden
Melden Sie beim Insolvenzverwalter innerhalb der von ihm vorgegebenen
Frist schriftlich Ihre Ansprüche an:
- Rückständige Gehaltszahlungen
- Abfindungen aus Aufhebungsverträgen, die vor der Eröffnung des Insol-
  venzverfahrens abgeschlossen wurden
- Schadensersatz für die auf drei Monate verkürzte Kündigungsfrist bei
  Kündigung durch den Insolvenzverwalter
- Sonstige Forderungen gegen den Arbeitgeber, zum Beispiel Reisekosten,
  die bei Dienstreisen entstanden sind, usw.

Angebote zu Beschäftigungsgesellschaft und Aufhebungsvertrag prüfen
Bietet Ihnen der Insolvenzverwalter den Übertritt in eine Beschäftigungs-
gesellschaft an, dann überlegen Sie sich gut, ob Sie das ablehnen wollen. Als
Insider kennen Sie Ihren Betrieb möglicherweise gut genug, um beurteilen
zu können, ob das geplante Sanierungskonzept realistisch ist. Wenn das
Sanierungskonzept des Insolvenzverwalters nicht greift, drohen eine Betriebsschließung und daraufhin eine Kündigung mit maximal dreimonatiger
Kündigungsfrist.
Stellt sich beispielsweise nach einem halben Jahr heraus, dass das Sanierungskonzept fehlgeschlagen ist, dann dürften die letzten finanziellen Mittel
des Unternehmens erschöpft sein, sodass kaum noch Geld für Abfindungen
vorhanden sein dürfte. Informieren Sie sich im Kapitel „III. Beschäftigungsgesellschaften – Chancen und Risiken" über diese Alternative.

Nachträglichen Widerspruch gegen den Betriebsübergang prüfen
Ist der Insolvenz ein Betriebsübergang vorausgegangen, lassen Sie Ihren
Rechtsanwalt prüfen, ob ein nachträglicher Widerspruch gegen diesen Betriebsübergang möglich ist. Damit würde das Arbeitsverhältnis zu Ihrem
früheren Arbeitgeber wiederaufleben. Dieser wird dann vermutlich bestreiten, dass die Widerspruchsfrist noch nicht abgelaufen ist. Sie müssten also
zunächst eine Feststellungsklage erheben, um dies klären zu lassen. Gewinnen Sie die Klage, müssen Sie damit rechnen, von Ihrem früheren
Arbeitgeber betriebsbedingt gekündigt zu werden. Dagegen können Sie
wiederum mit einer Kündigungsschutzklage vorgehen. Informieren Sie sich
darüber in den Kapiteln „V. Betriebsübergang – Was gilt bei einem Verkauf?" und „II. Betriebsbedingte Kündigung – Was kann ich tun?".

Aussichten in einer Kündigungsschutzklage prüfen
Reichen Sie nur dann eine Kündigungsschutzklage ein, falls Aussichten bestehen, den Kündigungsschutzprozess zu gewinnen.
Die Klage müssen Sie innerhalb von drei Wochen ab Zugang der Kündigung
beim Arbeitsgericht einreichen.

157

Was kann der Betriebsrat tun?

Auf Sie als Betriebsrat kommen jetzt eine große psychische Belastung und eine Menge Arbeit zu. Sie müssen Ihre eigenen Emotionen schnellstmöglich in den Griff kriegen. Dies ist schwierig, da Ihnen bewusst wird, dass auch Ihr Arbeitsplatz jetzt gefährdet ist.

Emotionen der Mitarbeiter

Gleichzeitig müssen Sie die Emotionen der Mitarbeiter auffangen. Setzen Sie der Belegschaft gegenüber am besten auf Offenheit. Informieren Sie Ihre Kollegen kontinuierlich über alles, was im Betrieb passiert, und klären Sie sie über ihre Rechte auf. Ihnen ist nicht damit geholfen, wenn Sie ihnen falsche Hoffnungen machen oder nur über (Management-) Fehler in der Vergangenheit diskutieren. Schildern Sie in einer Betriebsversammlung die Situation und die Handlungsoptionen, die die Mitarbeiter haben, klar, deutlich und vor allen Dingen ehrlich.

> **TIPP**
>
> Beim Insolvenzrecht geht es um komplizierte Sachverhalte, die Sie als Betriebsrat alleine nicht durchschauen können. Besprechen Sie die Situation unbedingt mit einem Rechtsanwalt. Handelt es sich um ein Tochterunternehmen eines Konzerns mit Sitz im Ausland, dann wählen Sie einen Rechtsanwalt, der Erfahrung mit internationalem Recht hat.

Alternativen

Als Betriebsrat kennen Sie den Betrieb samt seinen Problemen gut. Entwickeln Sie daher zusammen mit dem Insolvenzverwalter Alternativen zu einer Betriebsschließung. Lässt sich eine (Teil-)Betriebsschließung nicht vermeiden, dann bereiten Sie sich, wie in den Kapiteln „II. Betriebsbedingte Kündigung – Was kann ich tun?" und „VI. Betriebsschließung – Ist mein Arbeitsplatz zu retten?" beschrieben, auf die Sozialplanverhandlungen und die Betriebsratsanhörungen zu den Kündigungen vor.

Schließt der Insolvenzverwalter den gesamten Betrieb, dann können Sie den Kündigungen nicht wegen fehlender Sozialauswahl widersprechen. Hier sind allein die freien, für den jeweiligen Mitarbeiter passenden Stellen im Rest-Unternehmen maßgeblich. Daher muss sich Ihr Widerspruch auch darauf beziehen. Geht es um eine Teilbetriebsschließung, unterscheiden sich die Vorbereitungen nicht von denen für eine betriebsbedingte Kündigung. Beachten Sie aber, dass der Insolvenzverwalter eine verkürzte Kündigungsfrist von maximal drei Monaten einhalten muss.

Kommt es zum Verkauf eines (Teil-)Betriebs, dann lesen Sie das Kapitel „V. Betriebsübergang – Was gilt bei einem Verkauf?". Die Überleitungsvereinbarung wird in diesem Fall jedoch mangels Masse kaum eine Ausgleichszahlung für entfallende soziale Leistungen beim bisherigen Arbeitgeber enthalten können. Sie sollten dann zumindest über eine Härtefallregelung verhandeln.

Überleitungsvereinbarung

159

VIII. Wie Sie Trennungs-gespräche erfolgreich bewältigen

Will Ihr Arbeitgeber Ihnen Angebote zur einvernehmlichen Beendigung des Arbeitsverhältnisses unterbreiten, sehen Sie sich plötzlich psychologisch geschulten Personalmanagern gegenüber. Diese verfolgen nur die eine Absicht: Sie wollen, dass Sie einen Aufhebungsvertrag unterschreiben oder dem Eintritt in eine Beschäftigungsgesellschaft zustimmen.

Einzige Absicht

Die rechtliche Situation

Sie haben einen Arbeitsvertrag mit Ihrer Firma. Dieser verpflichtet Sie dazu, die geforderte Arbeit zu leisten. Im Gegenzug ist Ihr Arbeitgeber verpflichtet, Ihnen Aufgaben zu stellen und Ihr Gehalt zu zahlen. Doch in immer mehr Unternehmen wird dieser Grundsatz des Arbeitsvertrags ignoriert. Ist ein Kundenauftrag oder Projekt beendet, erklären Arbeitgeber ihren Mitarbeitern ganz einfach, dass mit dem Ende eines Auftrags oder Projekts deren Arbeitsplatz entfällt. Sie als Betroffener werden aufgefordert, sich einen neuen Arbeitsplatz innerhalb oder außerhalb der Firma zu suchen. Diese Vorgehensweise verstößt ganz eindeutig gegen Ihren Arbeitsvertrag. Machen Sie sich diese einfache Tatsache bewusst. Denn hieraus leiten sich all Ihre Rechte in Bezug auf Trennungsgespräche und die sie begleitenden Maßnahmen ab.

Verstoß gegen Arbeits-vertrag

Der Arbeitgeber darf Trennungsgespräche führen

Gibt es in einem Unternehmen dauerhaft keine Arbeit für einen Mitarbeiter, kann der Arbeitgeber versuchen, das Arbeitsverhältnis in gegenseitigem Einvernehmen zu beenden. Aus diesem Grund darf er mit Ihnen Trennungsgespräche führen und Ihnen Angebote zur Aufhebung des Arbeitsverhältnisses machen. Der Arbeitgeber darf dabei auch darauf hinweisen, dass er ansonsten eine betriebsbedingte Kündigung erwägt. Dies ist juristisch gesehen keine widerrechtliche Drohung, die zur Anfechtung eines Aufhebungsvertrags (§ 123 BGB) berechtigen könnte.

Allerdings darf ein Unternehmen seine Mitarbeiter nicht unter psychischen Druck setzen, um sie zu einer Unterschrift unter einen Aufhebungsvertrag oder zum Eintritt in eine Beschäftigungsgesellschaft zu drängen. Dies ist in der Praxis aber leider häufig der Fall, der Übergang zum Mobbing ist fließend.

Psychischer Druck

Die Firma muss ein Nein akzeptieren

Viele Arbeitgeber sind der Meinung, sie dürften ihre Mitarbeiter so lange zu Personalgesprächen bitten, bis sie ihre Unterschrift unter den Aufhebungsvertrag gesetzt haben. Dies wurde jedoch vom Arbeitsgericht Berlin im Jahr 2003 eindeutig verneint. Das Urteil ist rechtskräftig, das heißt, der Arbeitgeber ging nicht in Berufung.

BEISPIEL: Eine Berliner Firma wollte sich von dem 50-jährigen Herrn P. trennen. Die Personalabteilung bot ihm einen Aufhebungsvertrag an, um eine einvernehmliche Lösung herbeizuführen. Herr P. gab bereits im ersten Trennungsgespräch am 26.8.2003 zu erkennen, dass er dies nicht wünscht, auch nicht mit einer Abfindung. Diesem Gespräch folgten vier weitere. Herr P. lehnte das Angebot der Firma immer wieder ab.

Nach seinem mehrfachen Nein wollte Herr P. keine Trennungsgespräche mehr führen. Daher beauftragte er einen

Rechtsanwalt, der Firma dies mitzuteilen. Dieser schrieb: „(…) Unser Mandant ist nicht bereit, den von Ihnen vorgeschlagenen Aufhebungsvertrag (…) abzuschließen. Wir dürfen Sie höflich bitten, etwaige weitere Korrespondenz, die den Bestand des Arbeitsverhältnisses und seine weitere Durchführung betrifft, nur über uns zu führen. Insbesondere bitten wir, von weiteren Trennungsgesprächen oder ähnlichen persönlichen mündlichen Anhörungen Abstand zu nehmen (…)"

Einstweilige Unterlassung

Der Arbeitgeber forderte Herrn P. jedoch erneut zu einem Trennungsgespräch auf. Daraufhin reichte dieser einen Antrag auf einstweilige Unterlassung bei Gericht ein. Begründung: Er habe „bisher bereits mehr als zumutbar den Vorlagen der Beklagten zu derartigen Personalgesprächen wie auch zur Suche nach Alternativen nachgegeben".

URTEIL

Das Arbeitsgericht Berlin hat dazu am 1.12.2003 per einstweiliger Verfügung Folgendes erlassen: „Der Beklagten [der Firma] wird im Wege einstweiliger Verfügung aufgegeben (…) zu unterlassen, mit dem Kläger Trennungsgespräche zu führen, sofern dieser nicht selber zu Trennungsgesprächen auf sie zukommt." Das Gericht begründete seine Entscheidung folgendermaßen: Der Arbeitgeber „setzt sich nämlich erkennbar und wirklich beharrlich über den erklärten Willen des Klägers hinweg". Er kann nicht unentwegt weitere Versuche unternehmen, den Kläger „nach Belieben ein ums andere Mal in die Mangel zu nehmen". Er muss den erklärten (Un-)Willen des Klägers und sein Nein akzeptieren. Herr P. habe einen vertraglichen Anspruch „auf Respektierung seiner unmissverständlich erklärten Haltung" (AG Berlin, Az. 28Ga29101/03).

Wenn Sie also immer wieder von der Personalabteilung zu Trennungsgesprächen geladen werden, obwohl Sie ein Angebot zur einvernehmlichen Auflösung des Arbeitsverhältnisses abgelehnt haben, können Sie sich auf dieses Urteil beziehen. Wie ein entsprechender Brief aussehen könnte, zeigt Ihnen das folgende Beispiel.

Beispiel

Erika Mustermann
Hauptstraße 17
12345 Woauchimmer

An die
Elektro AG
z. Hd. Herrn Müller
Nebenstraße 5
54321 Ebendort

Woauchimmer, 11.12.2006

Sehr geehrter Herr Müller,

wie ich Ihnen und meinem Vorgesetzten, Herrn Häuserle, bereits mehrfach (am 11.10., 20.10., 3.11. und 4.12.2006) mitgeteilt habe, möchte ich Ihr Angebot „Aufhebungsvertrag mit Eintritt in eine Beschäftigungsgesellschaft" nicht annehmen. Ich bitte Sie, von weiteren Personalgesprächen oder ähnlichen persönlichen mündlichen Anhörungen abzusehen, und weise in diesem Zusammenhang auf das Urteil des Arbeitsgerichts Berlin (Az. 28Ga29101/03) hin. Nach diesem ist das Nein eines Mitarbeiters zu Trennungsangeboten vom Arbeitgeber zu akzeptieren.

Mit freundlichen Grüßen
Erika Mustermann

Unterlässt die Personalabteilung derartige Versuche selbst dann nicht, wenn Sie ein derartiges Schreiben verschickt haben, machen Sie es am besten wie Herr P. Schalten Sie in solchen Fällen einen Rechtsanwalt ein, um eine einstweilige Verfügung (sofortiges Verbot) gegen diese Trennungsgespräche zu erwirken.

Sofortiges Verbot

Womit Sie im Verlauf der Verhandlungen rechnen müssen

Nicht in jedem Gespräch zwischen einem Vorgesetzten oder der Personalabteilung und einem Mitarbeiter, in dem Trennungsangebote unterbreitet werden, wird mit harten Bandagen gekämpft. Die Praxis zeigt jedoch, dass im Lauf der Zeit immer häufiger unfaire Verhandlungsmethoden angewendet werden. Das liegt auch daran, dass Vorgesetzte selbst unter Druck stehen. Sie haben Angst, ihre Stellung im Betrieb oder ihren Arbeitsplatz zu verlieren, wenn sie sich nicht einvernehmlich von einer vorgegebenen Anzahl von Mitarbeitern trennen. Dies entschuldigt natürlich auf keinen Fall ein **Schlechtes Verhalten** schlechtes Verhalten, erklärt aber, warum sich ein Chef, mit dem man bisher hervorragend zusammengearbeitet hat, plötzlich in voller Härte gegen einen stellt. Es ist überaus wichtig, dass Sie sich diese Konfliktsituation klarmachen und erkennen: Blindes Vertrauen ist bei Trennungsgesprächen fehl am Platz.

Bedenken Sie, dass Chefs vor einem Stellenabbau darin geschult werden, diesen strategisch abzuwickeln. Sie arbeiten mit Persönlichkeitsprofilen und analysieren Stärken sowie Schwächen ihrer Mitarbeiter. So finden sie heraus, an welcher Stelle sie psychologisch ansetzen können, um ihr Ziel, sich von einem Arbeitnehmer zu trennen, zu erreichen.

Das erste Gespräch: freundlich, aber bestimmt

Trennungsgespräche beginnen in aller Regel freundlich. Dennoch wird Ihr Gesprächspartner keinen Zweifel daran lassen, dass die Trennung unausweichlich ist. Das Ziel dieses ersten Gesprächs besteht darin, Ihnen ganz eindeutig darzulegen, dass es für Sie keine Alternative zum Verlassen der Firma gibt.

Bereiten Sie sich vor! In Personalgespräche sollten Sie daher nie unvorbereitet gehen. Werden Sie sich vorher darüber klar, was Sie in diesem Gespräch erreichen wollen und was Sie auf keinen Fall möchten. Sie sollten sich diese Punkte notieren. Hier dürfen Sie – egal wie das Gespräch auch verläuft – nicht nachgeben.

TIPP

In der Praxis werden erste Gespräche meist ohne einen Betriebsrat geführt. Doch jeder Mitarbeiter hat das Recht, einen Betriebsrat seines Vertrauens zu einem Personalgespräch mitzunehmen. Kann Sie zum angesetzten Besprechungszeitpunkt kein Betriebsrat begleiten, dürfen Sie das Personalgespräch verschieben. Falls Unmut deswegen aufkommt, weisen Sie gegebenenfalls auf dieses Recht hin und beziehen Sie sich auf die §§ 81 IV und 84 I BetrVG.

Gehen Sie so vor: Prüfen Sie nach dem ersten Gespräch die Angebote des Arbeitgebers und finden Sie heraus, wie Ihre Chancen in einem Kündigungsschutzprozess aussehen. Falls es in Ihrem Betrieb einen Betriebsrat gibt, empfiehlt es sich, mit ihm in Verbindung zu treten.

Informieren Sie sich auch durch Ratgeber, im Internet und bei Kollegen über die Situation. Je mehr Sie selbst wissen, desto leichter fällt es Ihnen, die richtigen Entscheidungen zu treffen. Natürlich wird ein Gespräch mit einem Anwalt ebenfalls leichter und effektiver, wenn Sie die Grundlagen des Kündigungsschutzgesetzes kennen.

Ein abgekartetes Spiel

Unfaire Arbeitgeber verknüpfen Trennungsgespräche mit Maßnahmen, die den psychischen Druck auf den Arbeitnehmer stufenweise erhöhen, sodass er nur noch den einen Wunsch hat, das Unternehmen zu verlassen. Zum Beispiel werden Gespräche häufig so gestaltet, dass der Vorgesetzte hart und unnachgiebig agiert („böser Cop"), während ein Mitarbeiter der Personalabteilung sich freundlich und mitfühlend („guter Cop") verhält.

Unfaire Arbeitgeber

Eine solche Rollenverteilung führt dazu, dass der Mitarbeiter glaubt, der unangenehmen Situation mithilfe des „guten Cops" entfliehen zu können. Dieser wird erklären, dass er den Betreffenden aber nur unterstützen kann, wenn er alles über dessen Beweggründe, den Bewerbungsfortschritt, seine Gespräche mit Betriebsrat, Kollegen oder Rechtsanwalt erfährt. Wenn Sie auf ein solches Spiel hereinfallen, liefern Sie reihenweise Informationen über sich, mit denen der Arbeitgeber das Gesamtbild Ihrer Persönlichkeit vervollständigen kann.

Häufig lässt sich nicht unterscheiden, ob ein solcher Gesprächsverlauf bewusst inszeniert wird oder ob er sich einfach so entwickelt. Im Zweifelsfall sollten Sie zur eigenen Sicherheit ein gesundes Misstrauen beibehalten.

Gesundes Misstrauen

> **TIPP**
>
> Machen Sie sich vor und im Gespräch bewusst, dass Sie keine Gegenargumente finden müssen, warum Sie ein Angebot des Arbeitgebers ablehnen. Ein einfaches Nein genügt.

In den folgenden Trennungsgesprächen werden Sie immer wieder dazu aufgefordert, sich einen neuen Arbeitsplatz zu suchen. Dabei wird Ihnen die Unterstützung der Personalabteilung angeboten, was aber oft nur der Kontrolle dient. Verlangen Vorgesetzte und Personalabteilung von Ihnen eine regelmäßige Offenlegung Ihrer Bewerbungsaktivitäten und wöchentliche Berichte über Ihren Bewerbungsfortschritt, dann können Sie davon ausgehen, dass es in erster Linie darum geht, über den jeweils aktuellen Stand informiert zu sein und Druck auf Sie auszuüben.

Deshalb ist es wichtig zu wissen: Bewerbungen sind Privatsache. Der Arbeitgeber hat kein Recht darauf, alles über Ihre Bewerbungsaktivitäten zu erfahren. Geben Sie seinem Verlangen daher nicht nach. Ein verständiger Arbeitgeber wird Ihr Nein akzeptieren.

Machen Sie sich klar, dass Sie, während die Trennungsgespräche laufen, immer wieder mit dem Angebot Aufhebungsvertrag oder Beschäftigungsgesellschaft konfrontiert werden. Ein ums andere Mal wird der Vertrag vorgelegt, und Sie werden dazu gedrängt, ihn zu unterzeichnen. In vielen Fällen folgt die Drohung, dass das Angebot verschlechtert wird, wenn Sie nicht sofort unterschreiben. Manchmal schicken Unternehmen sogar bereits unterschriebene Verträge an ihre Mitarbeiter mit der Aufforderung, diese einfach gegenzuzeichnen.

> **TIPP**
>
> Die einfachste Methode, damit umzugehen: Ignorieren Sie den Ihnen zugeschickten Vertrag. Betrachten Sie ihn wie ein Werbeangebot. Wenn es Sie nicht interessiert, legen Sie es beiseite. Werden Sie in Trennungsgesprächen darauf angesprochen, bleiben Sie bei Ihrem Nein und verweisen gegebenenfalls auf das Urteil des Arbeitsgerichts Berlin.

Arbeitsentzug und Isolation

In vielen Fällen entziehen Vorgesetzte ihren Mitarbeitern sogar die Arbeit. Sind Sie davon betroffen, bekommen Sie entweder gar keine Arbeit mehr oder eine minderwertige. Diese Methoden fallen unter den Begriff „Mobbing" (mehr dazu ab Seite 182). Damit wird Ihnen in voller Absicht gezeigt, dass Sie im Betrieb überflüssig und nicht mehr erwünscht sind. Außerdem sollen Sie sich langweilen und dann eventuell von selbst nachgeben.

Mobbing

40 Stunden in der Woche ohne echte Aufgabe im Betrieb anwesend sein zu müssen ist zermürbend. Das BAG hat im sogenannten Bügelurteil den Arbeitsentzug sogar als einen Verstoß gegen die Menschenwürde eingestuft. Arbeitsentzug ist damit ein klarer Verstoß gegen das Arbeitsrecht und gegen Ihr Grundrecht auf menschenwürdige Behandlung. Sind Sie

Bügelurteil

davon betroffen, dann können Sie sich während der Arbeitszeit mit außerdienstlichen Dingen beschäftigen. Sie dürfen nur nicht Ihre Kollegen von ihrer Arbeit abhalten. Darüber hinaus können Sie eine vertragsgemäße Beschäftigung auch einklagen.

Seltener kommt es im Zusammenhang mit Trennungsgesprächen zur gezielten Arbeitsüberlastung eines Mitarbeiters. Denn überhäuft der Arbeitgeber Sie mit Arbeit, kann er im Fall einer betriebsbedingten Kündigung kaum noch argumentieren, dass er keine Aufgaben für Sie hat.

Isolation des Mitarbeiters

Arbeitsentzug oder bewusst herbeigeführte Arbeitsüberlastung wird häufig mit Isolation verbunden. Der Arbeitgeber fordert den Mitarbeiter auf, in einen anderen Raum umzuziehen. Dort ist er entweder allein oder mit ihm unbekannten Kollegen zusammen, die von seiner Situation nichts wissen. Der Entzug der vertrauten Umgebung erhöht gerade in der Situation des drohenden Arbeitsplatzverlusts den psychischen Druck. Plötzlich hat der Betroffene keine Kollegen mehr in der Nähe, mit denen er über seine persönliche Situation reden kann.

Ausgrenzung

Die neuen Kollegen haben häufig mehr als genug Arbeit und können nicht verstehen, warum der Neue in ihrer Abteilung nichts tut. Dies führt ganz von selbst dazu, dass er aus der Gruppe ausgegrenzt wird. Sind Sie in einer solchen Lage, sollten Sie Ihren Kollegen, zum Beispiel beim gemeinsamen Mittagessen in der Kantine, die Lage erklären. Hilfreich ist zudem, wenn ein Kollege, der Ihre Situation gut kennt, an diesem Gespräch teilnimmt. Sind Sie isoliert in einem Raum, sollten Sie darauf achten, dass Sie den Kontakt zu Ihren Kollegen nicht verlieren. Gehen Sie weiterhin mit ihnen zusammen essen oder sorgen Sie für kurze Treffen zum Beispiel in der Teeküche.

Der Betriebsrat – Ihr „Anwalt" im Betrieb

In vielen Unternehmen existiert ein Betriebsrat. Wenn das auch in Ihrer Firma der Fall ist, nutzen Sie die Vorteile, die sich dadurch ergeben. Die Rolle eines Betriebsrats in Personalgesprächen lässt sich am besten mit der eines Anwalts in einem Rechtsstreit vergleichen. Der „Anwalt" Ihres Chefs ist hingegen der Vertreter der Personalabteilung, den er jederzeit – so wie Sie den Betriebsrat – hinzuziehen kann.

Ein Anwalt vertritt ausschließlich die Interessen seines Mandanten und versucht, diese durchzusetzen. Es geht ihm nicht darum, was der Prozessgegner will, und er versucht auch nicht, es beiden Parteien recht zu machen. Eine einvernehmliche Lösung kommt für ihn nur infrage, wenn sie für seinen Mandanten sinnvoll ist und dies mit ihm abgesprochen wurde.

Interessen des Mandanten

Und genau das wird ein Betriebsrat, der sein Amt ernstnimmt, für Sie tun. Zudem spricht er nicht ohne Ihr Wissen über Ihre Angelegenheiten mit dem Arbeitgeber, denn er ist zur Verschwiegenheit verpflichtet. Hält er sich nicht daran, begeht er eine Amtspflichtverletzung.

Sie können zu jedem Personalgespräch einen Betriebsrat Ihres Vertrauens hinzuziehen. Vorgesetzte dürfen dies nicht verweigern. „Ihres Vertrauens" bedeutet in diesem Fall, dass Sie nicht mit irgendeinem Betriebsratsmitglied vorliebnehmen müssen – schon gar nicht, wenn die Person von der Personalabteilung vorgeschlagen wird –, sondern Sie können den Betriebsrat hinzuziehen, zu dem Sie persönlich Vertrauen haben.

Lehnt die Personalabteilung oder Ihr Chef die Beteiligung eines Betriebsrats ab, informieren Sie den Betriebsrat und formulieren Sie Ihre Forderung schriftlich oder per E-Mail. Nachfolgend finden Sie ein Musterschreiben hierzu.

Beispiel

> Erika Mustermann
> Hauptstraße 17
> 12345 Woauchimmer
>
> An die
> Elektro AG
> z. Hd. Herrn Müller
> Nebenstraße 5
> 54321 Ebendort
>
> Woauchimmer, 16.10.2006
>
> Sehr geehrter Herr Müller,
>
> hiermit bitte ich noch einmal ausdrücklich um eine Verschiebung des Gesprächstermins, da ich zu diesem Gespräch einen Betriebsrat meines Vertrauens hinzuziehen möchte. Dieser steht zu dem von Ihnen angegebenen Termin nicht zur Verfügung. Ein Terminvorschlag unsererseits wäre der 20.10.2006, 10:00 Uhr.
>
> Mit freundlichen Grüßen
> *Erika Mustermann*

Besteht Ihr Arbeitgeber trotzdem darauf, dass das Personalgespräch zum ursprünglichen Termin stattfinden soll, müssen Sie hingehen, um eine Abmahnung oder gar verhaltensbedingte Kündigung zu vermeiden. Diese wären zwar ungerechtfertigt, aber Sie müssten dann dagegen erst gerichtlich vorgehen. Während des gesamten Zusammenseins können Sie einfach schweigen.

Versuchen Vorgesetzte oder Personalabteilung, die Teilnahme des von Ihnen gewünschten Betriebsrats zu unterbinden, informieren Sie diesen auf jeden Fall. Dies stellt nämlich eine **Behinderung der Betriebsratsarbeit** dar und kann gemäß § 119 I Nr. 2 BetrVG geahndet werden. Darin heißt es: „Mit Freiheitsstrafe bis zu einem Jahr oder mit Geldstrafe wird bestraft, wer (…) die Tätigkeit des Betriebsrats (…)

behindert oder stört". Auf diesen Paragrafen sollte der Betriebsrat Vorgesetzte und Personalabteilung gegebenenfalls hinweisen.

Was Sie tun können: Strategien für Trennungsgespräche

Wir können es nicht oft genug betonen: In Trennungsgesprächen geht es um den Abschluss eines neuen Vertrags mit Ihrem Arbeitgeber. Ein solcher Aufhebungsvertrag beendet Ihr Arbeitsverhältnis und legt fest, unter welchen Bedingungen Sie das akzeptieren. Er ist ein Angebot – mehr nicht. Ob Sie es annehmen, entscheiden Sie und nicht Ihr Arbeitgeber.

Diese Angebote unterscheiden sich – rein rechtlich gesehen – durch nichts von solchen beispielsweise für ein neues Auto. Stellt Ihnen der Händler ein neues Modell vor, dann können Sie es kaufen oder nicht. Sind Sie nicht interessiert, werden Sie das Angebot zurückweisen. Andernfalls werden Sie vor Vertragsabschluss sicherlich noch andere Autos anschauen und noch einmal prüfen, ob Sie sich den gewünschten Wagen tatsächlich leisten können.

Dies sollten Sie auch beim Angebot Ihres Arbeitgebers tun. Wenn Sie in ein Trennungsgespräch gehen, bereiten Sie sich gut vor. Nutzen Sie dazu die Methoden, die wir schon dargelegt haben: Machen Sie sich noch einmal Ihre private und berufliche Situation bewusst und entscheiden Sie dann, welchen Weg Sie einschlagen wollen. Nur wenn Sie genau wissen, was Sie wollen, werden Sie sich gegenüber Ihrem Gesprächspartner behaupten können. Nehmen Sie sich außerdem vor, im Gespräch erst einmal zuzuhören und sich erst danach zu überlegen, wie Sie auf ein Angebot des Gesprächspartners reagieren wollen.

Methoden bewusst einsetzen

Denken Sie auch noch einmal daran, dass Ihr Arbeitgeber Ihnen einen Aufhebungsvertrag anbietet, weil er befürchtet, dass Sie einen Kündigungsschutzprozess führen und diesen gewinnen. Dieses Wissen hilft Ihnen, selbstbewusst in die Verhandlungen zu gehen.

Tipps und Tricks für kritische Gespräche

An dieser Stelle geben wir Ihnen einige Tipps an die Hand, die Ihnen dabei helfen, kritische Personalgespräche erfolgreich zu meistern. Diese können Sie anwenden, wenn Sie auf sich allein gestellt sind, aber auch der Betriebsrat kann sie einsetzen, wenn er Sie begleitet.

Der hilfreiche Aktendeckel

Zwei Grundregeln

Für Personalgespräche gelten zwei Grundregeln, die Sie eisern beachten sollten:

- *Grundregel eins: Unterschreiben Sie während des Personalgesprächs nie ein Dokument. Das gilt auch für sogenannte Empfangsbestätigungen.* Es ist rechtlich nicht erforderlich, dass Sie bestätigen, den Aufhebungsvertrag oder eine Kündigung erhalten zu haben. Zudem kann es passieren, dass Sie – vor lauter Aufregung – unwissend den Verzicht auf eine Kündigungsschutzklage unterzeichnen. Ihre Unterschrift gilt und besiegelt diese Abmachung. Verträge im Nachhinein anzufechten ist schwierig und voller Risiko.
- *Grundregel zwei: Lesen Sie während eines Personalgesprächs nie ein gerade überreichtes Dokument, das Ihnen noch unbekannt ist.* Wenn Sie das tun, geraten Sie schnell in eine schlechte Verhandlungsposition. Ihr Gegenüber wird, während Sie lesen, auf Sie einreden und

Ihnen die Vorteile seines Angebots schmackhaft machen. Sie können sich weder aufs Lesen noch aufs Zuhören konzentrieren und reden vielleicht über Details, die Sie vorher noch gar nicht durchdacht haben. Die Gefahr, dass Sie Zusagen machen, die Sie nachher bereuen, ist sehr groß.

Teilen Sie Ihrem Gegenüber besser mit, dass Sie dieses Papier zuhause ganz in Ruhe lesen werden und es gegebenenfalls von Ihrem Anwalt prüfen lassen. Gehen Sie dann im Lauf des Gesprächs nicht mehr auf das Dokument ein, auch wenn Ihr Gegenüber immer wieder versucht, dessen Inhalte zu thematisieren.

> **TIPP**
>
> Nehmen Sie in das Gespräch einen undurchsichtigen Aktendeckel mit. Dann können Sie Papiere, die Ihnen überreicht werden, sofort ungelesen hineinlegen. So kommen Sie gar nicht erst in Versuchung, das übergebene Dokument zu lesen. Wenn Sie keinen Aktendeckel zur Verfügung haben, drehen Sie das Papier einfach um.

Mit Pokerface zuhören

Wenn Ihnen die Personalabteilung ein Trennungsangebot unterbreitet, hören Sie es sich einfach nur an. Nehmen Sie sich dies fest vor. Äußern Sie sich nicht, signalisieren Sie nicht, ob das Angebot Sie interessiert oder nicht. Lassen Sie sich auf gar keinen Fall durch Sätze wie „Wenn Sie das Angebot nicht annehmen, müssen wir Ihnen kündigen", „Sie müssen sich aber sofort entscheiden" oder „Wenn Sie gleich zustimmen, erhalten Sie noch eine Turboprämie" beeindrucken.

Sagen Sie nichts

Setzen Sie stattdessen Ihr Pokerface auf und sagen Sie nichts weiter als: „Ich muss Ihr Angebot prüfen." Lassen Sie sich nicht dazu hinreißen, aus Höflichkeit zu ergänzen: „Ihr Angebot klingt interessant für mich." Denn auf diese Weise signalisieren Sie Ihrem Gesprächspartner, dass er nur lange genug auf Sie einreden muss, um Ihre Unterschrift doch noch zu bekommen.

Nicht jede Frage erfordert eine Antwort

Unser normales Kommunikationsverhalten zielt darauf ab, auf die Fragen des Gegenübers einzugehen und sie zu beantworten. In Personalgesprächen sollten Sie sich davon verabschieden, ansonsten ist es für einen geschulten Gesprächspartner sehr leicht, Sie dorthin zu bringen, wo er Sie haben will. Machen Sie sich bewusst, dass Sie nicht dazu gezwungen sind, auf Fragen und Redebeiträge des anderen zu reagieren. Sie bestimmen, wann Sie antworten. Stattdessen können Sie

Bestimmen Sie selbst

- mit einer Gegenfrage reagieren,
- das Gesagte ignorieren und schweigen,
- Papagei spielen und stets antworten: „Sehr angenehm, Ihnen zuzuhören, aber ich bin an Ihrem Angebot nicht interessiert.",
- ohne Übergang ein anderes Thema anschneiden und damit die Gesprächsführung übernehmen.

Nein sagen

Wenn Sie das Angebot zu einem Aufhebungsvertrag oder einer Beschäftigungsgesellschaft nicht annehmen wollen, sagen Sie klar und deutlich Nein – nicht Ja und auch nicht Vielleicht. Formulieren Sie Ihre Ablehnung am besten schriftlich, und schicken Sie den Brief an Ihren Personalbetreuer. Übermitteln Sie auch Ihrem Chef eine Kopie von diesem Schreiben.

Schriftliche Ablehnung

Erika Mustermann
Hauptstraße 17
12345 Woauchimmer

An die
Elektro AG
z. Hd. Herrn Müller
Nebenstraße 5
54321 Ebendort

Woauchimmer, 27.10.2006

Sehr geehrter Herr Müller,

vielen Dank für Ihr Angebot. Nach reiflicher Überlegung und Beratung durch das Arbeitsamt habe ich mich entschlossen, das Angebot des Aufhebungsvertrags, verbunden mit dem Eintritt in eine Beschäftigungsgesellschaft, nicht anzunehmen.

Mit freundlichen Grüßen
Erika Mustermann

Die Macht des Schweigens

Vor allem wenn Sie sich unsicher fühlen oder immer wieder gegen Ihren Willen zu Personalgesprächen gebeten werden, sollten Sie darüber nachdenken, ob Sie nicht das Schweigen als Abwehrtechnik einsetzen. Dies hat sich in der Praxis bei Personalgesprächen, die nur mit dem Ziel geführt werden, den Arbeitnehmer unter Druck zu setzen, bewährt.

Abwehrtechnik

Eisernes Schweigen als Antwort auf gezielte Fragen ist sehr wirkungsvoll, denn die meisten Menschen können Schweigen nicht ertragen. Ihr Gesprächspartner fühlt sich schnell unter Zugzwang gesetzt. Er redet und redet – manchmal über Dinge, die er gar nicht preisgeben wollte. Sie sind klar im Vorteil, da Sie gar nichts Falsches sagen können.

Damit Sie Ihr Schweigen durchhalten, nehmen Sie sich ganz bewusst vor, nichts zu sagen. Damit sorgen Sie dafür, dass Ihr Gesprächspartner mit seiner Strategie, egal wie sie aussieht, keinen Schritt weiterkommt. Probieren Sie diese Methode einfach einmal aus. Bald werden Sie erkennen, dass sich der psychische Druck in einem unfairen Personalgespräch mit Schweigen deutlich verringern lässt. Sie brauchen nichts weiter zu tun, als zu warten, bis das Gespräch vorbei ist. Achten Sie aber darauf, dass Sie die Höflichkeitsformen beim Begrüßen und Verabschieden wahren. Bei Personalgesprächen ist es üblich, sich zu Beginn und am Ende die Hand zu reichen, gehen Sie darauf ein.

Notizen machen

Schreiben Sie während eines Personalgesprächs alles auf, was Ihnen wichtig erscheint – allerdings nur, wenn Sie nicht zu aufgeregt sind. Zitternde Hände signalisieren Schwäche. Wenn Sie das Notizenmachen mit der Schweigetechnik kombinieren, wird das Gespräch voraussichtlich schnell zu Ende gehen, da das ständige Mitschreiben Ihr Gegenüber noch mehr irritiert. Ein weiterer Vorteil dieses Vorgehens ist, dass Sie das Gespräch protokolliert haben. Gegebenenfalls können Sie die Gesprächsnotizen Ihrem Anwalt vorlegen.

Lassen Sie sich nicht provozieren

Sehr häufig werden Mitarbeiter in Trennungsgesprächen angegriffen. Die meisten Menschen neigen dazu, sich daraufhin zu rechtfertigen. Doch dadurch spitzt sich die Situation nur weiter zu. Wenn Sie in eine solche Situation kommen, verteidigen Sie sich nicht, sondern versuchen Sie, ruhig und sachlich zu bleiben. Ansonsten bringen Sie sich selbst in eine schlechtere Position, wenn Sie aufgrund der starken Emotionen ungewollt Informationen und Schwachstellen preisgeben.

Meist hat eine solche Vorgehensweise zum Ziel, den Mitarbeiter zu provozieren und in ihm das Gefühl zu erzeugen, dass er seinen Gesprächspartnern hilflos ausgeliefert ist. Mit Angriffen möchten unfaire Personalmitarbeiter den Wunsch verstärken, dass der Betreffende lieber arbeitslos wird, als weiter im Unternehmen zu bleiben.

Lassen Sie sich davon nicht beeindrucken, sondern halten Sie sich immer Ihr Ziel vor Augen. Ein schneller Entschluss bringt vielleicht Erleichterung, doch schon bald holt Sie die Realität mit all ihren Tücken ein. Bleiben Sie also stark und setzen Sie Ihre Interessen durch.

Ihr Ziel

Checkliste

Die folgende Checkliste zeigt Ihnen noch einmal auf einen Blick, worauf Sie ganz besonders achten sollten, wenn es um Trennungsgespräche geht.

Trennungsgespräche

Unterschreiben Sie in einem Personalgespräch *nie etwas.*

Ihre Rechte in Trennungsgesprächen
- Nehmen Sie einen Betriebsrat Ihres Vertrauens mit.
- Sie müssen nicht unendlich viele Trennungsgespräche dulden.

Trennungsgespräche sind Vertragsverhandlungen
- Der Arbeitgeber braucht Ihre Unterschrift. Alleine kommt er nicht zum Ziel.
- Je intensiver der Arbeitgeber mit Ihnen verhandelt, desto geringer sind seine Chancen, Ihnen erfolgreich zu kündigen.

Tipps für Verhandlungen
- Bereiten Sie sich (zusammen mit Ihrem Betriebsrat) auf das Personalgespräch vor. Machen Sie danach eine Gesprächsnotiz.
- Antworten Sie nur auf Fragen, wenn Sie das wollen. Lassen Sie sich zu nichts provozieren, verteidigen Sie sich nicht, bleiben Sie sachlich und ruhig.
- Nehmen Sie einen undurchsichtigen Aktendeckel mit, um Papiere, die Ihnen überreicht werden, ungelesen hineinzutun.
- Sagen Sie Nein, wenn Sie etwas nicht wollen, vermeiden Sie dann unbedingt ein Vielleicht oder gar Ja.
- Wenn es Ihnen sinnvoll erscheint, nutzen Sie die Macht des Schweigens.

Wenn Sie ein Betriebsrat unterstützt

Was wollen Sie?

Soll ein Betriebsrat seiner Funktion gerecht werden, muss er wissen, was Sie wollen, denn nicht er soll die Richtung eines Personalgesprächs bestimmen, sondern Sie. Außerdem kann er nur dann Ihre Interessen vertreten. Sie sollten sich vor einem Trennungsgespräch daher mit dem Betriebsrat treffen und ihm die Situation schildern. Erklären Sie ihm ganz genau, was Sie sich als Ergebnis vorstellen, was Sie auf keinen Fall möchten und wo Sie kompromissbereit sind.

Der Betriebsrat wird Ihnen möglicherweise Alternativen und die Folgen Ihres Entschlusses aufzeigen. Letztlich muss er Ihre Entscheidung akzeptieren, auch wenn er persönlich anders handeln würde. Überprüfen Sie aber seine Hinweise daraufhin, ob Sie sie in Ihre Überlegungen einbeziehen wollen.

Zweites Gespräch

Vereinbaren Sie dann gegebenenfalls ein zweites Gespräch mit dem Betriebsrat und legen Sie gemeinsam mit ihm eine Gesprächsstrategie fest. Wenn Sie auf keinen Fall einen Aufhebungsvertrag unterschreiben oder in eine Beschäftigungsgesellschaft wechseln wollen, sagen Sie ihm das noch einmal klar und deutlich. So kann der Betriebsrat Sie am besten unterstützen. Nehmen Sie sich für diese Vorgespräche ausreichend Zeit.

Machen Sie sich noch einmal bewusst, dass Personalgespräche mit Vertragsverhandlungen vergleichbar sind. Bleiben Sie wachsam und wägen Sie alle Argumente, die im Gespräch angeführt werden, sorgfältig ab. Grundsätzlich gilt: Wenn Sie nichts sagen wollen, tun Sie es nicht. Lassen Sie stattdessen Ihren Betriebsrat reden. Er ist sozusagen Ihr Anwalt im Betrieb.

> **TIPP**
>
> Wenden Sie folgende Methode an, um Angriffe der Gegenseite abzuwehren und Eskalationen zu verhindern. Vereinbaren Sie mit dem Betriebsrat, dass er auf Vorwürfe jeder Art reagiert. Er kann den Angriff verbal abwehren, auf Sachlichkeit dringen oder einfach das Thema wechseln und eine sachliche Frage stellen. Diese Rollenaufteilung hat den Vorteil, dass dem Angriff sofort die Spitze genommen wird und Sie gar nicht erst in die Lage kommen, sich verteidigen zu müssen.

Wenn Sie das Gefühl haben, dass das Gespräch sich in eine Richtung entwickelt, die nicht Ihren Vorstellungen entspricht, oder Ihr Betriebsrat im Eifer des Gefechts von dem Vereinbarten abweicht, dann fordern Sie eine sofortige Unterbrechung des Gesprächs. Dieses Recht haben Sie.

Unterbrechung

> **TIPP**
>
> Machen Sie mit dem Betriebsrat einen Satz aus, um das Gespräch zu unterbrechen, beispielsweise: „Ich möchte eine Auszeit." Gehen Sie dann mit dem Betriebsrat aus dem Zimmer und beraten Sie sich. Sie können auch eine Pause fordern, wenn Ihnen das Gespräch psychisch zu viel wird. Auszeiten zu nehmen ist normal in Verhandlungen — und ein der Personalabteilung bekanntes Mittel, um beim Gegenüber Unsicherheit zu erzeugen.

Nach einem Personalgespräch empfiehlt es sich, eine Gedächtnisnotiz anzufertigen, die Sie und Ihr Betriebsrat unterschreiben. Damit können Sie noch Wochen später belegen, was gesagt und welches Ergebnis erzielt wurde.

Erfahrungswerte: Fälle aus der Praxis

Vorgesetzte versuchen immer wieder, die Unwissenheit von Mitarbeitern auszunutzen. Sie stellen Behauptungen auf, die nicht haltbar sind, oft sogar rechtlich nicht zutreffen. So behauptete in einem Fall ein Abteilungsleiter, es wäre unnötig, einen Betriebsrat zu dem anstehenden Personalgespräch hin-

179

zuzuziehen. Schließlich sei – so die Begründung des Chefs – eine neutrale Person aus der Personalabteilung anwesend. Aber Sie wissen es bereits, jeder Mitarbeiter hat das Recht, einen Betriebsrat seines Vertrauens zu einem Personalgespräch mitzunehmen. Vertreter des Arbeitgebers sind in Personalgesprächen nie neutral.

Überraschung im Personalgespräch

BEISPIEL: Paul P. wurde von seinem Vorgesetzten Stefan K. zu einem Gespräch über die aktuelle Projektarbeit gebeten. Es begann zwar fachlich, mündete aber sehr schnell in massive Vorwürfe gegen Paul P. Stefan K. legte ihm nahe, das bisher abgelehnte Trennungsangebot besser anzunehmen, ansonsten würde er im Unternehmen nicht mehr froh werden. Auf dieses Gespräch folgte ein zweites, bei dem ein Vertreter der Personalabteilung „zufällig" anwesend war. Darüber war Paul P. nicht informiert worden.

Fortsetzung mit Betriebsrat Unter solchen Umständen haben Sie das Recht, ein Gespräch mit dem Hinweis abzubrechen, dass Sie für die Fortsetzung einen Betriebsrat hinzuziehen möchten.

Wartezeiten

BEISPIEL: Carola M. weiß, dass sie dazu gebracht werden soll, die Firma zu verlassen. Daher kommt sie pünktlich zum Gespräch, um ja keinen Fehler zu machen. Sie wird von ihrem direkten Vorgesetzten Heiko T. und einer Mitarbeiterin aus der Personalabteilung, Susanne R., erwartet. Der übergeordnete Vorgesetzte, der auch dabei sein will, erscheint nicht. Heiko T. und Susanne R. beginnen ein lockeres Gespräch. Sie bieten Carola M. ein Glas Wasser an, plaudern, lachen ein wenig, tun so, als ob die Situation ganz alltäglich wäre. Dadurch entsteht eine fast irrwitzige Diskrepanz zu den Empfindungen von Carola M. Sie weiß ganz genau, worum es geht. Sie soll ihren Arbeitsplatz freiwillig aufgeben und einen Aufhebungsvertrag unterschreiben. Ihr ist noch deutlich in Erinnerung, dass ihr erst vor ein paar Stunden Fehlverhalten vorgeworfen wurde. Trotzdem begegnen ihr Heiko T. und Susanne R. so, also ginge es nur darum, miteinander zu plaudern und etwas zu trinken.

Carola M. weiß nicht, wie sie dieses Verhalten einschätzen und wie sie sich in dieser Wartezeit verhalten soll. Innerlich verkrampft sie sich immer mehr. Ihr Wunsch, dieser absurden Situation zu entfliehen, wird stärker und stärker.

Genau das ist der Sinn dieser Inszenierung. In Carola M. soll der Wunsch entstehen zu gehen. Aufgrund der damit verbundenen psychischen Verunsicherung macht sie eventuell Zugeständnisse, die sie eigentlich nicht will, oder unterschreibt sogar den Aufhebungsvertrag. Niemand hat sichtbar Druck ausgeübt, es wurde keine Drohung ausgesprochen. Alle waren nur freundlich, damit ist der Aufhebungsvertrag nicht anfechtbar. Daher der Rat: Lassen Sie sich – wenn möglich – von einem Betriebsrat begleiten. Warten Sie gemeinsam vor der Tür des Besprechungszimmers, bis alle Beteiligten anwesend sind und das Gespräch beginnen kann.

Verunsicherung

Wenn Sie nicht von einem Betriebsrat begleitet werden, teilen Sie den Anwesenden mit, dass Sie vor der Tür warten, bis alle Beteiligten anwesend sind. Hilfreich ist es, in dieser Wartezeit mit einem Freund oder Kollegen über Handy zu telefonieren, der Ihre Situation kennt. Damit können Sie die Wartezeit überbrücken, ohne noch nervöser zu werden. Ansonsten gehen Sie langsam auf und ab und stellen sich dabei vor, dass Sie ein unsichtbarer Schutzpanzer umgibt, den niemand durchdringen kann.

Wartezeit

181

IX. So wehren Sie sich gegen Mobbing

Unerträg-
liche
Situation
Manche Arbeitgeber schaffen Situationen, die den Arbeits-
alltag für den betroffenen Mitarbeiter unerträglich werden
lassen, mit dem Ziel, ihn so zu zermürben, dass er nur noch
den Wunsch hegt, die Firma zu verlassen. Mobbing tritt
verstärkt auf, wenn die Konjunkturlage ungünstig und die
Arbeitslosigkeit hoch ist. In diesen Zeiten können sich Mitarbeiter widrigen Bedingungen im Job weniger leicht durch
einen Arbeitsplatzwechsel entziehen. Außerdem sind die
Arbeitgeber in solchen Phasen bestrebt, Mitarbeiter abzubauen, um Kosten einzusparen.

Was ist Mobbing?

Das Wort „Mobbing" lässt sich am besten mit „systematische
Schikanen" übersetzen. Sie werden bewusst initiiert, um
einem Menschen das Leben und das Arbeiten zu erschweren.
Derartiges Verhalten ist so angelegt, dass der Betroffene in
psychischer, fachlicher und sozialer Hinsicht überfordert ist.

Mobbing entwickelt sich entweder aus ungelösten Konflikten oder wird gezielt angewendet, um jemanden zu Handlungen zu bewegen, die er freiwillig nie tun würde. Der
Mobbende stellt offen Behauptungen auf wie „Herr A ist
leistungsschwach und reagiert ständig aggressiv auf Anforderungen" und schafft dann systematisch Situationen, die
Konflikt dies bestätigen. Ein Konflikt beginnt unter der Oberfläche
vor sich hin zu schwelen, da es nie zu klärenden Gesprächen
kommt. Unterstützt wird dies durch gezielt eingesetzte spit-
ze Bemerkungen und kleinere Gehässigkeiten, wodurch im
Kollegenkreis Misstrauen gegenüber der betroffenen Person

entsteht. Der Gemobbte beginnt sich zunächst zu rechtfertigen und reagiert auf Provokationen aggressiv und erkennt gutgemeinte Hilfestellungen von Kollegen nicht als solche, sondern interpretiert sie als Angriffe.

Nach und nach zieht er sich immer mehr zurück. Die Feindseligkeiten verdichten sich und richten sich immer häufiger und direkt gegen ebendiese eine Person. Der Gemobbte gerät in einen Zustand, in dem er niemandem mehr vertrauen kann. Dies führt dazu, dass seine Kräfte sehr schnell nachlassen. Die Lust an der Arbeit weicht einer inneren Lähmung. Lösungen zu finden und umzusetzen wird immer schwerer und schließlich unmöglich. Auf diese Weise isoliert er sich schnell. Die Kollegen sehen den Gemobbten als Störfaktor, der durch sein Verhalten das Betriebsklima vergiftet. Sie grenzen den Betreffenden weiter aus und weigern sich, mit ihm zusammenzuarbeiten.

Innere Lähmung

Sobald ein gewisses Maß an Störung und Unruhe erreicht ist, werden meist weitere Vorgesetzte eingeschaltet. Sie schließen sich in der Regel der Meinung des Mobbenden an, selbst wenn sie bereit sind, sich den Standpunkt des Mobbingopfers anzuhören. Finden dazu Gespräche statt, an denen Opfer und Täter teilnehmen, wird der Mobbende darauf verweisen, dass der betroffene Mitarbeiter sich ablehnend verhält, aggressiv wird, schlechtere Leistungen zeigt, sehr empfindlich reagiert und in der Gruppe isoliert ist. Befragte Kollegen werden dies bestätigen.

Der Gemobbte hingegen wird im Beisein seines Peinigers mit Angst, Aggressivität und dem Bedürfnis, bloß nichts Falsches zu sagen, kämpfen. Dadurch wirkt er verkrampft und überfordert, er läuft Gefahr, die Beherrschung zu verlieren und den Mobbenden ohne Beweise zu beschuldigen. Die durch den Mobbenden künstlich geschaffene Situation wird dadurch zementiert und zu einer realen Situation. Der Betroffene ist objektiv gesehen aggressiv, kann sich nicht in die Gruppe integrieren, stört durch sein uneinsichtiges Verhalten das Betriebsklima und zeigt massive Leistungstiefs. Der Verursacher bleibt meist unerkannt.

Sanktionen gegen Opfer

Die Folge sind weitere Sanktionen gegen das Opfer. So wird beispielsweise der betroffene Mitarbeiter von Projekten und Besprechungen ferngehalten oder ohne nachvollziehbare Gründe und gegen seinen Willen in eine andere Abteilung versetzt. Der Arbeitgeber missachtet dabei die Mitbestimmungsrechte des Betriebsrats. Die bisherigen Aufgaben werden dem Betroffenen entzogen, oder ihm werden neue Arbeitsbereiche zugewiesen, die ihn entweder unter- oder überfordern. Arbeitsentzug ist dabei das am häufigsten eingesetzte Mittel. Der Mitarbeiter ist acht Stunden zum Nichtstun verdammt. Beruflich führt der Ausschluss aus dem Arbeitsprozess zum Verlust an Qualifikation und Kompetenz.

Steigender Druck

Der Druck auf den Gemobbten steigt weiter. Der Mobbende droht mit verhaltensbedingter Kündigung. Um dieser zu entgehen, unterschreibt der Betroffene dann häufig den ihm angebotenen Aufhebungsvertrag. Am Ende steht der Verlust des Arbeitsplatzes, und in manchen Fällen sind die eingetretenen psychischen und physischen Schäden so groß, dass der Betroffene nicht mehr in den Arbeitsprozess zurückkehren kann.

Mobbing verletzt elementare Grundrechte

Das deutsche Rechtssystem kennt den Begriff „Mobbing" nicht. Daher „(…) muss die Rechtsprechung in Ermangelung einer speziellen gesetzlichen Regelung (…) zur Gewährleistung der physischen und psychischen Unversehrtheit der im

Arbeitsleben stehenden Bürger gegenüber Mobbing ein klares Stopp-Signal setzen", so das LAG Thüringen (Urteil vom 15.2.2000, Az. 5 Sa 102/2000, 1. Leitsatz) Mobbing verstößt gegen

- die Menschenwürde (Artikel 1 GG),
- das Recht auf freie Entfaltung der Persönlichkeit (Artikel 2 I GG),
- das Recht auf körperliche Unversehrtheit (Artikel 2 II GG) und
- das Diskriminierungsverbot (Artikel 3 GG).

Diskriminierungsverbot

Definition durch das Bundesarbeitsgericht

Nicht jeder Konflikt am Arbeitsplatz ist Mobbing. Das BAG grenzt mit seiner Definition „Mobbing" von üblicherweise in einem Betrieb vorkommenden Konfliktsituationen ab: „Mobbing ist das systematische Anfeinden, Schikanieren oder Diskriminieren von Arbeitnehmern untereinander oder durch Vorgesetzte. Es wird begünstigt durch Stresssituationen am Arbeitsplatz, deren Ursachen u.a. in einer Über- oder Unterforderung einzelner Arbeitnehmer oder Arbeitnehmergruppen, in der Arbeitsorganisation oder im Verhalten von Vorgesetzten liegen können" (BAG, Urteil vom 15.1.1997, Az. 7 ABR 14/96, AiB 1997, 410 = NZA 1997, 781).

Mobbing ist also gekennzeichnet durch gehäufte schädliche Handlungen und Verhaltensweisen, die sich systematisch gegen eine bestimmte Person richten. Dahinter steht immer die Absicht des Mobbenden, sein Opfer „kleinzukriegen", es beispielsweise dazu zu bringen, unliebsame Aufgaben zu übernehmen, auf die Karriere zu verzichten oder die Firma zu verlassen.

GUT ZU WISSEN

Lange hat sich die Ansicht gehalten, dass Mobbing nur dann vorliegt, wenn die entsprechenden Handlungen sich über mindestens ein halbes Jahr erstrecken. Dies ist seit dem Urteil des LAG Thüringen im Jahr 2000 kein Kriterium mehr: „Es ist abzulehnen, wenn gefordert wird, dass die Annahme von Mobbing einen längeren Zeitraum, mindestens jedoch ein halbes Jahr andauernde Handlungen voraussetzt. Ein als Mobbing zu bezeichnendes Verhalten kann innerhalb kürzester Zeit zu den schwerwiegendsten Folgen führen" (LAG Thüringen, Urteil vom 15.2.2000, Az. 5 Sa 102/2000).

Kategorien von Mobbinghandlungen

Mobbing umfasst die in der folgenden Tabelle aufgeführten Handlungskategorien, die einzeln oder auch in Kombination auftreten können:

Unterbindung der Kommunikation

- Der Vorgesetzte verbietet dem Betroffenen und den Kollegen, miteinander zu reden.
- Informationen werden zurückgehalten, bewusst fehlerhaft weitergegeben oder in einer unverständlichen Terminologie vermittelt.
- Der Gemobbte darf nicht mehr ausreden. Der oder die Mobbenden warten nicht ab, bis er einen Sachverhalt vollständig dargelegt hat.

Kappen von sozialen Bindungen
- Der Betroffene wird in eine andere Abteilung versetzt, in der er niemanden kennt.
- Er wird alleine in einen viel zu großen Raum gesetzt, um ein Einsamkeitsgefühl zu erzeugen.

Beschädigung des sozialen Ansehens
- Gerüchte über den Betroffenen werden in die Welt gesetzt, beispielsweise dass er ein Trinker oder homosexuell ist oder unter psychischen Störungen leidet.
- Es wird sich über Aussehen, Hautfarbe, Behinderung oder Eigenarten lustiggemacht.

Über- oder Unterforderung
- Dem Betroffenen wird Arbeit gegeben, die er nicht bewältigen kann, weil ihm das Wissen dazu fehlt. Arbeitsmittel werden dabei entzogen. Begleitet wird dies häufig von engen Arbeitskontrollen.
- Dem Gemobbten wird entweder keine Arbeit gegeben oder eine Arbeit, die ihn bis zur Langeweile unterfordert.

Angriff auf die Gesundheit
- Der Betroffene soll, oft unter Androhung arbeitsrechtlicher Konsequenzen, Tätigkeiten verrichten, die seiner Gesundheit schaden.
- Situationen, die Stress verursachen, werden erzeugt. Dabei nimmt der Mobber in Kauf, dass sich stressbedingte Krankheiten wie Migräne, Herzinfarkt, Hörsturz und Ähnliches entwickeln.

Phasen beim strukturellen Mobbing

Strategisches Mobbing wird leider allzu oft als personalwirtschaftliches Instrument beim Personalabbau eingesetzt. Damit wird nur ein Ziel verfolgt, nämlich einen Mitarbeiter zu bewegen, einen Aufhebungsvertrag zu unterschreiben oder dem Eintritt in eine Beschäftigungsgesellschaft zuzustimmen. Obwohl strategisches Mobbing in der Praxis täglich vorkommt, ist es immer noch tabu, offen darüber zu sprechen. Es wird ausschließlich von Vorgesetzten betrieben und von der Firmenleitung toleriert. In manchen Fällen wird es sogar regelrecht als Methode zum Personalabbau empfohlen.

Tägliche Praxis

Mobbing verläuft immer auf gleiche Weise, ganz egal ob ihm ein Konflikt vorausgeht oder ob es sich um strategisches Mobbing handelt. Das Mobbing von Vorgesetzten wird durch entsprechendes Verhalten der Kollegen im Unternehmen verstärkt. Fast immer reagieren diese mit Schweigen und unterstützen mit diesem Verhalten die Mobbingaktivitäten ihres Chefs.

HINWEIS

Kennzeichen von strategischem Mobbing ist eine plötzliche und unerklärliche Verhaltensänderung Ihres Chefs, mit dem Sie bisher gut zusammengearbeitet haben. Das Einzige, was sich gegenüber früher verändert hat, ist, dass Sie Ihren Arbeitsplatz räumen sollen.

Phasen des strategischen Mobbings

Strategisches Mobbing kann sich gegen einzelne Mitarbeiter oder gegen eine Gruppe von Personen richten und läuft in folgenden Phasen ab.

Erste Phase

Freund-liches Gespräch

Der Arbeitnehmer erhält ein Angebot zur freiwilligen Beendigung seines Arbeitsverhältnisses, meist verbunden mit der Androhung einer betriebsbedingten Kündigung. Das entsprechende Gespräch verläuft freundlich. Doch der Arbeitnehmer lehnt das Angebot ab.

Zweite Phase

In kurzen Zeitabständen finden Personalgespräche statt, die jeweils deutlich länger dauern. Dabei wird der Mitarbeiter bearbeitet, endlich den Aufhebungsvertrag zu unterschreiben.

Dritte Phase

Massiver Druck

Nachdem der Mitarbeiter das Angebot zur „freiwilligen" Beendigung des Arbeitsverhältnisses erneut abgelehnt hat, übt die Firma mit vielfältigen Maßnahmen massiven Druck aus. Anstatt das Nein zu akzeptieren und diesen Mitarbeiter gemäß Arbeitsvertrag weiterzubeschäftigen, werden Mobbingmaßnahmen wie Versetzungen, Isolation und Über- oder Unterforderung eingeleitet, um den Mitarbeiter doch noch zur „freiwilligen" Aufgabe seines Arbeitsplatzes zu bewegen.

Vierte Phase

In dieser Phase werden die klassischen Mobbingmethoden eingesetzt. Der Mitarbeiter wird am Arbeitsplatz genauestens beobachtet und streng kontrolliert. Jeder kleine Fehler wird als Katastrophe dargestellt. Dem Mitarbeiter wird täglich demonstriert, dass er unfähig und unerwünscht ist. Vorfälle werden konstruiert, um Abmahnungen aussprechen zu können. Der Mitarbeiter weiß, dass sein Vorgesetzter die verhaltensbedingte Kündigung vorbereitet. Spätestens zu diesem Zeitpunkt kapitulieren 90 Prozent der Mobbingopfer und setzen ihre Unterschrift unter den Aufhebungsvertrag – obwohl viele Wissen, dass dadurch zunächst Arbeitslosigkeit auf sie zukommt. Doch sie sind mit den Nerven am Ende, wollen nur noch aus der Firma heraus und wählen das aus ihrer Sicht kleinere Übel.

**Abmah-
nungen**

> **TIPP**
>
> Strategisches Mobbing können Sie nicht mit Gesprächen auflösen. Dieser Form können Sie nur begegnen, indem Sie sich von Anfang an mit allen Mitteln wehren. Dazu gehört, dass Sie zum Betriebsrat gehen, sich mit anderen Betroffenen zusammentun, Kollegen um Unterstützung bitten, die Firmenstrategie offenlegen und – wenn gar nichts anderes hilft – gerichtliche Schritte einleiten.

Wen trifft strategisches Mobbing, und wie wirkt es sich aus?

Gibt es das typische Mobbingopfer? Nein, denn Mobbing kann jeden treffen, auch den scheinbar Stärksten. Stärke ist für einen gesunden Menschen fast eine Selbstverständlichkeit. Wer sich am Arbeitsplatz wohlfühlt und eine Aufgabe hat, der er gewachsen ist, kann kleinere Angriffe im sicheren und gewohnten Umfeld abwehren. Konflikte lassen sich lösen.

Wer kann Opfer werden?

Gezieltes strategisches Mobbing setzt im Umfeld an, dieses wird so verändert, dass sich der Betreffende nicht mehr

189

wohlfühlt. Damit kann Mobbing jeden treffen – selbst denjenigen, den scheinbar nichts aus der Bahn wirft. Allerdings gibt es Menschen, die besonders gefährdet sind. Dazu gehören diejenigen,

- die über wenig soziale und emotionale Kompetenz verfügen, sich also wenig in die Gruppe integrieren,
- die sehr leistungsorientiert sind, dabei stur vorgehen und der Gruppe ihre Vorstellungen aufdrücken,
- die ein starkes Harmoniebedürfnis haben, sich nie wehren und um des lieben Friedens willen schnell nachgeben.

Risiko-gruppen

Daher zählen folgende Personen zu den Risikogruppen:

- Frauen sind häufiger betroffen als Männer. Das gilt insbesondere dann, wenn sie in einem Beruf tätig sind, der als Männerdomäne gilt. Dies trifft ebenso auf Männer zu, die in einem klassischen Frauenberuf arbeiten. Auch wenn Frauen in Führungspositionen aufsteigen, werden sie weit häufiger zu Mobbingopfern als Männer. Ihnen fehlt in der Regel auf der Führungsetage das soziale Netz.
- Berufseinsteiger sind besonders gefährdet, da sie über wenig Erfahrung verfügen, das betriebsinterne Beziehungsgeflecht nicht kennen und noch relativ isoliert sind. Verstärkt wird dies, wenn sie glauben, alles besser zu können als die Älteren, und ohne Rücksicht auf das soziale Beziehungsgeflecht ihre Karriere vorantreiben.
- Sehr häufig sind ältere Arbeitnehmer von strategischem Mobbing betroffen. „Je sicherer der Arbeitsplatz, desto größer die Gefahr, zur Zielscheibe von Aggressionen zu werden – als gezielte Methode, Personal zu reduzieren", stellte Mobbingforscher Dieter Zapf fest (Frankfurter Allgemeine Zeitung vom 16.5.2005 in dem Artikel „Bin ich ein Mobbingopfer?").

Physische und psychische Folgen

Die andauernde, enorme psychische Belastung, die Mobbing mit sich bringt, führt bei vielen Betroffenen zu gesundheitlichen Beeinträchtigungen oder zu einer deutlichen Verschlechterung ihres Gesundheitszustands. Als körperliche Symptome treten beispielsweise Schlafstörungen, Herzbeschwerden, Kreislaufprobleme, Schweißausbrüche, Migräne und Spannungskopfschmerzen, Magen- und Darmerkrankungen, Tinnitus und Hörsturz auf. Auf psychischer Ebene führt Mobbing zu Konzentrationsproblemen, Gedächtnisstörungen, Übersensibilität, gereizter aggressiver Stimmung, gesteigerter Aggression, Hektik, Ratlosigkeit, Alpträumen, Erschöpfungszuständen, Selbstzweifeln, Unsicherheit, Gefühlen der Verzweiflung, Depressionen und Antriebslosigkeit bis hin zu Selbstmordgedanken.

Körperliche Symptome

Dazu führte das Mitarbeiternetz NCI im Dezember 2003 im Rahmen einer Massenentlassung eine Umfrage unter den Mitarbeitern durch. Eine Zusammenfassung finden Sie unter http://www.nci-net.de/Archiv/Psychologie/Gesundheit-2003/Gesundheits-Umfrage-2003-Zusammenfassung.html. Die Umfrage betraf die Auswirkungen des strategischen Mobbings auf die Gesundheit der Betroffenen und ihrer Familien, die der belastenden Situation ein Jahr lang ausgesetzt waren. 133 Mitarbeiter beteiligten sich an der Umfrage. Von den Rückläufen wurden 129 bei der Auswertung berücksichtigt.

Umfrage

Die Auswertungen ergaben bei den betroffenen Kollegen massive psychische und physische Auswirkungen: 60 Prozent hatten starke und weitere 20 Prozent mittlere psychische Beschwerden wie: Schlafstörungen (mit negativen Auswirkungen auf das Immunsystem), gereizte aggressive Stimmung, Selbstzweifel, sinkendes Selbstbewusstsein, Konzentrationsverlust, Angst und Gefühle der Verzweiflung.

191

Dies führte bei 56 Prozent zu starken und bei 19 Prozent zu mittleren physischen Beschwerden wie Ein- und Durchschlafproblemen, Kopfschmerzen, Rückenschmerzen, Verdauungsproblemen, Herz- und Kreislaufproblemen, Müdigkeit sowie Schwindelgefühlen und Schweißausbrüchen. Die Gruppe der Schwerbehinderten und Älteren war hiervon deutlich stärker betroffen. Besonders bedrückend war, dass sechs Prozent der Betroffenen starke und vier Prozent **Selbstmord-** mittlere Selbstmordgedanken hatten. Betroffen waren also **gedanken** zehn Kollegen/innen von 107, die diese Frage beantwortet haben.

Aus den Textantworten (offene Fragen) war weiterhin zu entnehmen, dass bei einigen Kollegen/innen große Partnerschaftsprobleme bis hin zur drohenden Scheidung aufgetreten sind. Auch die Kinder waren davon betroffen, was sich zum Beispiel bei den schulischen Leistungen äußerte. 48 Prozent waren deshalb in ärztlicher und 18 Prozent in psychotherapeutischer Behandlung.

Erfahrungswerte: ein Fall aus der Praxis

Strategi- Wie strategisches Mobbing in der Praxis aussehen kann, zeigt **sches Mob-** Ihnen das folgende Beispiel. An diesem Bericht können Sie **bing** sehr genau ablesen, welches Verhalten weiterhilft, damit die Täter ihr Ziel nicht erreichen können.

BEISPIEL: Angela W., 46 Jahre, sollte im Rahmen eines Stellenabbaus ihren Arbeitsplatz räumen und sich an einem New-Placement-Programm beteiligen. Betriebsrat und Betriebsleitung hatten im Rahmen einer Betriebsvereinbarung festgelegt, dass kein Mitarbeiter zur Teilnahme gezwungen werden würde. Lehnt jemand das Angebot ab, dürften ihm keine Nachteile entstehen. Insbesondere sollte nicht mit betriebsbedingter Kündigung gedroht werden.

Angela W. sagte Nein zu diesem Arbeitgeberangebot und bat einen höheren Vorgesetzten, die Auswahl der betroffenen Mitarbeiter nochmals zu überdenken. Im Gegenzug bot sie dem Abteilungsleiter an, sich selbst einen neuen Arbeitsplatz innerhalb des Konzerns zu suchen. Sie verspräche sich, so die Argumentation von Angela W., bessere Chancen, wenn sie sich ohne das Stigma „aussortiert" bewirbt.

Zunächst wurde Angela W. unter einem harmlosen Vorwand zusammen mit ihrem Abteilungsleiter Ralf S. zur Personalabteilung zitiert. Dort forderte der Personalmanager Paul V. nach freundlicher Begrüßung Ralf S. auf, Angela W. mitzuteilen, welche arbeitsrechtlichen Verstöße sie während der letzten Tage begangen habe. Sie habe den Betriebsfrieden gestört, weil sie sich mit ihren Kollegen über New Placement unterhalten hatte. Zudem habe sie die Arbeit verweigert, weil sie ihren Partnern mitgeteilt hat, dass es wahrscheinlich zu Terminverzögerungen im Projekt kommen werde, wenn sie und noch ein weiterer Kollege an diesem New-Placement-Programm teilnehmen.

Harmloser Vorwand

Angela W. wehrte sich gegen diese Vorwürfe. Sie versuchte, so sachlich wie möglich zu erklären, dass sie weder den Betriebsfrieden gestört noch die Arbeit verweigert habe. Sie habe lediglich voraussichtliche Terminverzögerungen mitteilen wollen, damit die Projektbeteiligten sich darauf einstellen könnten. Angela W. redete, bis sie plötzlich bemerkte, dass es niemanden interessierte, was sie sagte. Schlagartig schwieg sie. Ihre Sicht der Dinge wollte hier niemand hören.

Paul V. nutzte das Schweigen von Angela W. und überreichte ihr völlig unvermittelt eine Abmahnung mit dem Hinweis, dass die Firma sie fristlos kündigen werde, wenn sie den Aufhebungsvertrag, der Ende dieses Monats ihr Arbeitsverhältnis beenden würde, nicht unterschreibt. Zwei Tage hätte sie Bedenkzeit. Ab sofort dürfe sie auch nicht mehr in die Firma **Hausverbot** kommen, sie habe Hausverbot. Damit war das Personalgespräch zu Ende. Paul V. und Ralf S. reichten ihr freundlich die Hand und wünschten ihr einen schönen Abend.

Diese Situation, die Freundlichkeit bei Begrüßung und Abschied gepaart mit den massiven Angriffen auf sie und ihren Arbeitsplatz, empfand Angela W. als absolut irreal. Sie fühlte sich vollkommen hilflos und beschloss, zum Betriebsrat zu gehen. Angela W. hatte Glück. Sie traf auf Betriebsräte, die einerseits die Brisanz der Situation erkannten und andererseits ihre Sorgen und Ängste abfingen. Zunächst wurde Angela W. darüber aufgeklärt, dass das Hausverbot nur ausgesprochen worden war, um einen Grund für die fristlose Kündigung zu konstruieren: unentschuldigtes Fehlen am Arbeitsplatz. Sie hätte, so die Betriebsräte, zwei Zeugen gegen sich. Drei Tage kämpfte der Betriebsratsvorsitzende Heribert F. mit viel Einsatz, um die drohende fristlose Kündigung abzuwehren.

Daraufhin wurde Angela W. die Arbeit entzogen, die sie mit großem Erfolg und sehr selbständig durchgeführt hatte. Ihre direkte Vorgesetzte Inge Z. übertrug ihr stattdessen eine Aufgabe, zu der Angela W. das Wissen völlig fehlte. Ihre Chefin bot an, sie zu unterstützen. Doch immer, wenn Angela W. nachfragte, gab Inge Z. entweder gar keine Antwort **Enge** oder eine, die sie nicht verstand. Die Termine waren eng ge- **Termine** steckt, so eng, dass selbst ein eingearbeiteter Mitarbeiter Mühe gehabt hätte, sie zu halten. Dass es Arbeitsmittel gab, die Angela W. dringend benötigte und die ihr die Arbeit erleichtert hätten, wurde verschwiegen. Als sie dies von einem Kollegen erfuhr, verbot Inge Z. ihr, diese Mittel einzusetzen.

Gleichzeitig ordnete der Abteilungsleiter Ralf S. wöchentliche Termine an, um ihren Arbeitsfortschritt zu kontrollieren. Dabei sollte Angela W. auch offenlegen, auf welche Stellen sie sich beworben hat, und über den Status der Bewerbungen sowie Ablehnungsgründe berichten.

Diese Gespräche fanden freitags um 17:00 Uhr statt und liefen stets gleich ab. Anwesend waren ihre direkte Vorgesetzte Inge Z., der Abteilungsleiter Ralf S., Carola R., eine Mitarbeiterin der Personalabteilung, Angela W. selbst und ihr Betriebsrat Claus S. Der Betriebsratsvorsitzende Heribert F. hatte ihr Claus S. als ständigen Begleiter zur Seite gestellt. Angela W. konnte – trotz Anwesenheit des Betriebsrats – sagen, was sie wollte, es wurde gegen sie verwendet. Nach den Gesprächen erstellte Ralf S. Protokolle, die die Situation falsch und immer zuungunsten von Angela W. darstellten. Angela W. und der Betriebsrat Claus S. verfassten jedes Mal eine Gegendarstellung.

Ablauf der Gespräche

Inge Z. ließ keine Möglichkeit aus, Angela W. zu provozieren. Schließlich gelang es ihr, sodass es zu einer heftigeren verbalen Auseinandersetzung kam. Dies wurde Angela W. beim nächsten wöchentlichen Gespräch so ausgelegt, dass sie erneut den Betriebsfrieden gestört hätte. Sie solle sich überlegen, ob es nicht doch besser wäre, einen Aufhebungsvertrag zu unterschreiben. Als sie wieder ablehnte, ging das Mobbing weiter.

Angela W. hatte zwei Kollegen, Jan T. und Pascal L., die das Mobbing der Vorgesetzten nicht unterstützten. Pascal L. half ihr, die ihr fremde Arbeit zu bewältigen, sodass Angela W. alle Termine halten konnte. Beide sprachen mit ihr ausführlich über die Situation, verteidigten sie, wenn Inge Z. sie attackierte, und brachten sie dazu, zum Betriebsrat zu gehen, wenn sie kurz davor war aufzugeben. Als Abteilungsleiter

Ralf S. das bemerkte, verbot er Jan T. und Pascal L., mit Angela W. zu sprechen. Er ermahnte Pascal L., drohte Angela W. mit einer weiteren Abmahnung. Aber die Kollegen ließen sich nicht einschüchtern, sondern teilten dem Betriebsratsvorsitzenden Heribert F. mit, was passiert war.

Dank der Unterstützung durch Kollegen und Betriebsrat konnte sich Angela W. wehren. Sie weigerte sich von Anfang an, über ihre Bewerbungen zu sprechen, und machte deutlich, dass dies ihre Privatsache sei und der Arbeitgeber nicht das Recht habe, Einblick zu nehmen. Um sicherzugehen, sprach sie jeden ihrer Schritte mit dem Betriebsrat ab. Er bot **Asyl** ihr „Asyl", wie sie es nannte. Sie konnte jederzeit dorthin gehen, auch wenn sie nur mal für eine Stunde der unerträglichen Situation am Arbeitsplatz entfliehen wollte. „Ohne meine Kollegen und den Betriebsrat hätte ich das Mobbing nicht überstanden", sagte Angela W. später. Schließlich gelang es dem Betriebsratsvorsitzenden Heribert F. – auch durch deutliche Hinweise auf die Rechtslage –, das Mobbing zu unterbinden. Der Personalchef Matthias X. erklärte sich schließlich bereit, die firmeninternen Bewerbungen von Angela W. nicht länger zu blockieren. Sie bekam einen anderen Arbeitsplatz innerhalb der Firma.

Genau richtig: das Verhalten von Angela W.

Das Beispiel von Angela W. zeigt im Großen und Ganzen einen typischen Mobbingverlauf. Ungewöhnlich war nur, dass die Personalabteilung so früh eine Abmahnung aussprach und mit fristloser Kündigung drohte. Diese heftige Reaktion der Vorgesetzten deutet darauf hin, dass sich Angela W. unwissentlich jemandem in den Weg gestellt hat, indem sie das Angebot ablehnte und sogar die Auswahl der betroffenen Mitarbeiter hinterfragte.

Im weiteren Verlauf zeigte Angela W. Stärke: Sie wehrte sich von Anfang an und vermied es, sich zu isolieren. Außerdem ließ sie sich nicht einschüchtern und ging zum Betriebsrat. Dabei ignorierte sie das Verbot, mit ihren Kollegen zu reden, die sich ebenfalls nicht durch Redeverbote abhalten ließen, sie zu unterstützen, und mit ihr immer wieder über die aktuelle Situation sprachen. Sie erkannte, dass sie Hilfe brauchte, und bat aktiv darum. Dem Betriebsrat erzählte sie offen, was geschehen war, sodass dieser eingreifen und die unmittelbare Kündigung abwehren konnte.

Rede-verbote

Der offene emotionale Umgang mit der Situation und die positiven Reaktionen der Kollegen und des Betriebsrats hatten zur Folge, dass Angela W. sowohl fachlich als auch emotional Unterstützung fand, sich mehr und mehr stabilisierte und am Ende ihren Arbeitsplatz erhalten konnte. Kollegen und der Betriebsrat halfen ihr, die soziale Orientierung wiederzugewinnen, indem sie Angela W. einerseits bestätigten, dass sie die Situation richtig einschätzte, und ihr andererseits aktiv halfen, die von den Vorgesetzten künstlich erzeugten Probleme zu bewältigen. Dabei war entscheidend, dass Angela W. nicht passiv auf Hilfe von außen wartete, sondern aktiv eigene Strategien entwickelte.

Starke Unterstützung: der Betriebsrat

Der Betriebsrat reagierte in diesem Fall sowohl menschlich als auch fachlich hervorragend. Das Angebot des Betriebsrats, jederzeit in seine Räume kommen zu können, eröffnete Angela W. einen Fluchtraum, der ihr die Luft zum Atmen wiedergab. Weiter verhinderte diese Ausweichmöglichkeit, dass Angela W. sich gezwungen sah, in eine Krankheit zu fliehen. Entscheidend dabei war der Hinweis des Betriebsratsvorsitzenden Heribert F., dass ihre Vorgesetzten ihr den Gang zum Betriebsrat nicht verweigern können, verbunden

Gute Reaktion

197

mit dem Angebot, einzuschreiten, wenn sie dies versuchen sollten.

Zeuge

In seiner fachlichen Funktion stand der Betriebsrat ihr als Zeuge in Gesprächen und vor allem beratend zur Seite. Mit ihm sprach sie ihre Strategie, wie sie sich am besten wehren konnte, durch, bekam viele Tipps und gewann so ihre Sicherheit zurück. Darüber hinaus setzte sich der Betriebsrat mit seinen Rechten für sie ein, wo ihre Handlungsmöglichkeiten zu Ende waren.

Stabiles Umfeld: die Kollegen

Auch ihre Kollegen ließen Angela W. nicht im Stich. Sie halfen ihr emotional und fachlich, selbst durch Drohungen der Vorgesetzten und durch Redeverbote ließen sie sich nicht abschrecken. Damit war es den Vorgesetzten unmöglich, das soziale Umfeld von Angela W. zu zerstören. Der Arbeitgeber konnte ein wesentliches Ziel, die soziale Isolierung von Angela W., nicht erreichen. Die Unterstützung ihrer Kollegen erschwerte es den Chefs außerdem, Vorfälle zu konstruieren, die Arbeitsverweigerung oder Betriebsfriedensstörungen nachweisen sollten.

GUT ZU WISSEN

„Mobbing funktioniert nicht, wenn die Kollegen nicht mitmachen", sagt Angela W. „Schweigen ist Mitmachen, denn Schweigen der anderen ermuntert den Mobbenden. Nur aktive Unterstützung hilft, Isolation zu vermeiden."

Was kann ich als Betroffener tun?

Gehen Sie von Anfang an aktiv gegen Mobbing an. Im Gegensatz zu den üblichen Konflikten am Arbeitsplatz hört Mobbing nicht einfach auf. Wehren Sie sich nicht, fühlt sich der Mobbende ermuntert. Je länger Sie mit der Gegenwehr warten, desto stärker wird der Mobber und desto schwächer werden Sie selbst. Die Angst, dass der Zustand schlimmer wird, wenn Sie etwas tun, ist falsch. Wichtig ist: Der Arbeitgeber muss erkennen, dass Sie sich nicht schikanieren lassen.

Reden Sie mit Ihrer Familie und Ihren Freunden

Gestehen Sie Ihrer Familie und Ihren Freunden gegenüber ein, dass Sie beruflich stark unter Druck stehen. Ihr privates Umfeld wird an Ihrer Aggressivität oder Niedergeschlagenheit ohnehin merken, dass irgendetwas nicht stimmt. Sagen Sie offen: „Ich brauche jemanden, der mir zuhört. Ich brauche das Gespräch mit vertrauten Personen. Ihr könnt und müsst mir keine Lösungen anbieten. Aber hört mir bitte zu."

Privates Umfeld

Suchen Sie sich Verbündete im Kollegenkreis

Meist kennt jeder ein oder zwei Kollegen, zu denen er eine persönlichere Beziehung hat. Sprechen Sie möglichst früh mit diesen Personen und erzählen Sie, dass Ihr Chef Sie seit einiger Zeit schikaniert. Meistens fällt den Kollegen das sowieso schon auf, nur möchten sich viele erst einmal heraushalten. Fragen Sie sie, wie sie mit solchen Vorfällen umgehen würden. In der Regel werden Sie danach einen Gesprächspartner haben, mit dem Sie über das Mobbing sprechen können. Allein das Gefühl, sich austauschen zu können und am Arbeitsplatz Verbündete zu haben, hilft.

Bitten Sie Ihre Kollegen um Hilfe, wenn Sie Unterstützung brauchen, aber drängen Sie sie nicht, etwas für Sie zu tun. Die anderen sind durch die Situation ebenfalls verunsichert. Vielleicht haben sie Angst, selbst zu Mobbingopfern zu werden,

Bitte um Hilfe

199

wenn sie sich offen für Sie einsetzen. Nur wenige haben den Mut, Mobbing aktiv entgegenzutreten. Aber viele sind bereit, im Hintergrund zu helfen. Fordern Sie Ihre Kollegen daher nicht in Anwesenheit des Mobbers auf, Ihnen zu helfen. Äußern Sie auch nicht Sätze wie: „Sie werden schon sehen, meine Kollegen stehen voll hinter mir." Damit erreichen Sie lediglich, dass der Mobber Ihre Kollegen ebenfalls bedroht und gegen Sie aufhetzt.

Wenden Sie sich an den Betriebsrat

Handeln Sie auch hier rechtzeitig. Gehen Sie zum Betriebsrat, sobald Sie merken, dass Sie von Mobbing betroffen sind. Der Betriebsrat Ihres Vertrauens bekommt dann den ganzen Verlauf von Anfang an mit. Sie verhindern damit, dass Vorgesetzte in einer späteren Mobbingphase den Betriebsrat mit konstruierten Beweisen für Ihr Fehlverhalten beeindrucken können. Mobber belegen nämlich ihre Behauptungen mit vielen kleinen Begebenheiten. Sie ziehen Situationen, in denen Sie auf eine Provokation aggressiv reagiert haben, als Beweis für eine von Ihnen verursachte Betriebsfriedensstörung heran. Aufgaben, die Sie wegen Überlastung nicht bewältigen konnten, dienen als Beleg für Ihre mangelnde Bereitschaft zu arbeiten. Dabei verschweigen sie jedoch, dass diese Vorfälle bewusst inszeniert wurden.

Konstruierte Beweise

Führen Sie nie alleine ein Gespräch mit Ihrem Chef, wenn Sie gemobbt werden, sondern nehmen Sie den Betriebsrat mit. Sie brauchen einen Zeugen und jemanden, mit dem Sie den Gesprächsverlauf diskutieren und die weitere Strategie entwickeln können. In Mobbinggesprächen sind die Verhaltensweisen hilfreich, die ausführlich im Kapitel „VIII. Wie Sie Trennungsgespräche erfolgreich bewältigen" beschrieben wurden.

Mitarbeiter, die in einem betriebsratslosen Betrieb arbeiten, sollten verstärkt auf eine Unterstützung im Kollegenkreis achten. Überlegen Sie auch frühzeitig, einen Anwalt einzuschalten, um professionelle Hilfe zu bekommen.

Unterstützung durch Kollegen

> **TIPP**
>
> Führen Sie ein Mobbingtagebuch. Das hilft Ihnen, den Konflikt zu verarbeiten. Darüber hinaus ist es ein notwendiges Beweisstück, falls Sie vor Gericht gehen müssen. Schreiben Sie die einzelnen Mobbingvorfälle samt Datum und Uhrzeit oder Tageszeit (Vormittag, Nachmittag) auf. Schildern Sie die Geschehnisse möglichst genau und notieren Sie auch, was Sie dabei empfunden haben. Mithilfe dieses Mobbingtagebuchs können Sie selbst und andere die Vorfälle später nachvollziehen.

Professionelle Hilfe

Wenn Sie das Gefühl haben, dass Sie die Mobbingsituation nicht mehr alleine bewältigen können, scheuen Sie sich nicht, eine Mobbingberatungsstelle oder einen Psychologen aufzusuchen. Dort erhalten Sie professionelle Hilfe. Machen Sie Ihrem Gesprächspartner aber deutlich, dass es für Sie keine Lösung des Konflikts darstellt, wenn Sie Ihren Arbeitsplatz aufgeben.

Treten bei Ihnen gesundheitliche Störungen wie Schlaflosigkeit, Herzklopfen, Bluthochdruck, Ohrensausen oder gar Depressionen auf, gehen Sie zum Arzt und schildern Sie ihm die Situation an Ihrem Arbeitsplatz. Lassen Sie sich von ihm attestieren, dass die Symptome auf die Schikanen, denen Sie dort ausgesetzt sind, zurückzuführen sind.

Gesundheitliche Störungen

Wenn der Arzt Sie krankschreibt, machen Sie sich bewusst, dass das Zu-Hause-Bleiben hilfreich zur Regeneration ist, aber nicht zu einer Flucht werden darf. Das negative Gefühl, danach wieder in die Firma zu müssen, kann so stark werden, dass Sie bereit sind, Ihren Arbeitsplatz aufzugeben. Machen

Sie sich klar, welche Folgen dies für Sie hat. Sie könnten als Empfänger von Hartz IV in eine ähnlich verheerende psychische Situation geraten. Erklären Sie das Ihrem Arzt oder Psychologen, damit es Ihnen, aber auch Ihrem Arzt bewusst bleibt. Wenn Sie nach einer Krankschreibung wieder in die Firma zurückkehren, suchen Sie gleich am ersten Tag den Betriebsrat auf und gehen mit den Ihnen vertrauten Kollegen essen. Das gibt Sicherheit.

Nach der Krankschreibung

> ### HINWEIS
>
> Für Schwangere gilt: Ärzte können Ihnen ein Beschäftigungsverbot bescheinigen, wenn Ihr Kind durch die berufliche Tätigkeit gefährdet wird. Das BAG in Erfurt entschied die Frage, ob Stress am Arbeitsplatz durch Streitereien oder Mobbing für ein Beschäftigungsverbot ausreicht, positiv: Auch bei fehlendem Krankheitswert könne die subjektive Belastung am Arbeitsplatz einen Gefährdungswert für das Kind haben; dies reiche nach dem Mutterschutzgesetz aus. Es sei daher auch die subjektive Stresssituation zu prüfen, wenn diese zur realen Belastung führe. Voraussetzung für ein Beschäftigungsverbot sei aber auch dann, dass der Stress im Zusammenhang mit der Arbeit stehe (BAG, Urteil vom 21.3.2001, Az. 5 AZR 352/99).

Wenden Sie sich an einen Rechtsanwalt

Lässt sich das Mobbing nicht mithilfe des Betriebsrats eindämmen oder gibt es in Ihrem Betrieb keinen Betriebsrat, konsultieren Sie einen Anwalt. Dabei hilft das Mobbingtagebuch, die Vorfälle genau rekonstruieren zu können. In manchen Fällen reicht es aus, wenn sich Ihr Anwalt mit Ihrem Arbeitgeber in Verbindung setzt, um das Mobbing einzudämmen. Genügt das nicht, überlegen Sie sich, ob Sie vor Gericht gehen wollen.

Mobbingtagebuch

Klage gegen einzelne Mobbingvorfälle

Mobbing kann die verschiedensten Rechte verletzen (siehe Seite 184f.), in solchen Fällen können Sie gegen einzelne

Maßnahmen vorgehen. Klagen Sie zum Beispiel eine vertragsgemäße Beschäftigung ein, wenn Ihnen die Arbeit entzogen wurde. Oder reichen Sie eine Klage gegen eine offensichtlich ungerechtfertigte Abmahnung ein. Damit zeigen Sie dem Mobbenden, dass Sie den Gang vor Gericht nicht scheuen. In der Regel sind Prozesse gegen einzelne Mobbingaspekte einfacher zu führen, da leichter nachweisbar. Sie können jedoch auch gegen das Mobbing insgesamt klagen.

Klage gegen Mobbing

Da Mobbing aus vielen kleinen einzelnen Vorfällen besteht, die für sich gesehen häufig wie normale Konflikte am Arbeitsplatz erscheinen werden, müssen Sie im Zweifelsfall die dahinterstehende Systematik beweisen. Verlassen Sie sich dabei nicht auf die Aussagebereitschaft von Kollegen, sondern sorgen Sie dafür, dass Sie dem Gericht die folgenden Beweismittel vorlegen können.

Systematik

- Mobbingtagebuch: Das LAG Thüringen weist auf die Notwendigkeit dieses Tagebuchs hin: „Bei einem sich über einen unbestimmten Zeitraum erstreckenden Geschehen, wie es z. B. bei Mobbing der Fall ist, kann von dem Betroffenen nicht ohne weiteres erwartet werden, dass er ohne Rückgriff auf gegebenenfalls tagebuchartig zu führende Aufzeichnungen zu einer vollständigen und damit wahrheitsgemäßen Aussage in der Lage ist (…)" (LAG Thüringen, Urteil vom 15.2.2000, Az. 5 Sa 102/2000, 10. Leitsatz).

Ein Mobbingtagebuch gilt als anerkannter Beweis vor Gericht. Liegt es vor, dreht sich die Beweislast um. Nicht Sie müssen darlegen, dass Sie gemobbt werden, sondern die Gegenseite muss beweisen, dass Ihre Behauptungen falsch sind.

- Ärztliches Attest: Aus diesem muss eindeutig hervorgehen, dass die Schikanen im Betrieb die gesundheitlichen Störungen verursacht haben. Das LAG Thüringen sagt dazu: „... kann allerdings das Vorliegen eines ‚mobbingtypischen' medizinischen Befundes erhebliche Auswirkungen auf die Beweislage haben: Wenn eine Konnexität zu den behaupteten Mobbinghandlungen feststellbar ist, muss das Vorliegen eines solchen Befundes als ein wichtiges Indiz für die Richtigkeit der Behauptungen angesehen werden. Die jeweilige Ausprägung eines solchen Befundes kann ebenso wie eine ‚mobbingtypische' Suizidreaktion des Opfers im Einzelfall darüber hinaus Rückschlüsse auf die Intensität zulassen, in welcher der Täter das Mobbing betrieben hat" (LAG Thüringen, Urteil vom 15.2.2000, Az. 5 Sa 102/2000, 7. Leitsatz).
- Bringen Sie zudem Zeugenaussagen Ihres Betriebsrats sowie Gesprächsnotizen über Mobbinggespräche, die am besten von Ihnen und Ihrem Betriebsrat unterzeichnet wurden, bei.

> **HINWEIS**
>
> Liegt nachweislich Mobbing vor, können Sie Schadensersatz und Schmerzensgeld vom Mobber einklagen. Näheres dazu finden Sie ab Seite 216.

Was tun, wenn ein Kollege gemobbt wird?

Typisches Verhalten

Die Erfahrung zeigt, dass Arbeitskollegen Mobbing meist erkennen, sich aber aus der Sache heraushalten. Dieses Verhalten ist mit dem nach einem Verkehrsunfall oder in einer anderen Gefahrensituation vergleichbar. Jeder denkt, dass er doch nicht der Einzige ist, der sieht, was geschieht – und hofft darauf, dass jemand anderer eingreift.

HINWEIS

Wenn Sie bei Mobbing wegsehen oder schweigen, gehören Sie – ob Sie es wollen oder nicht – zu den „Möglichmachern". Ihr Schweigen bestärkt den Mobbenden in seinem Handeln und verstärkt die Isolation des Gemobbten. Halten Sie sich nicht heraus, sondern zeigen Sie Zivilcourage.

Mit dem Betroffenen reden

Vermitteln Sie Ihrem Kollegen die Sicherheit, dass er weiterhin dazugehört. Am besten sprechen Sie mit ihm über die Situation, damit er sich nicht ausgegrenzt fühlt, wenn der Chef mobbt. Sie können dies beim Mittagessen oder bei einem abendlichen Treffen tun. Wichtig ist, dass es dem Mobbenden nicht gelingt, das soziale Umfeld zu zerstören. Sollte der gemobbte Kollege in einen anderen Raum versetzt werden, halten Sie bewusst den Kontakt zu ihm.

Ausgrenzung nicht zulassen

Grenzen Sie den gemobbten Kollegen nicht aus

Erstaunlich viele Menschen antworten auf die Frage: „Warum sprichst du eigentlich mit dem gemobbten Kollegen nicht mehr?" mit den Worten: „Ich will ihn nicht verletzen, indem ich die Situation anspreche." Sie können aber sicher sein, dass Sie genau dies tun, wenn Sie nicht mehr mit ihm reden. Dabei ist es nicht wichtig, was Sie sagen, sondern dass Sie etwas sagen. Seien Sie so normal wie möglich und sprechen Sie die Situation einfach an, beispielsweise mit den Worten: „Ich habe das Gefühl, dass unser Chef dir ziemlich Unrecht tut."

Reagieren Sie auf emotionale Spitzen

Mobbingopfer verhalten sich häufig sehr emotional. Es kann sein, dass die unterdrückten Gefühle spontan hervorbrechen, vor allem wenn der Mobbende sein Opfer provoziert. Bemerken Sie, dass der Betroffene aggressiv und eventuell unangemessen reagieren will, unterbrechen Sie ihn. Hilfreich ist hierbei, wenn Sie ein Wort ausgemacht haben, das dem anderen sofort signalisiert, dass er dabei ist, in die Provokationsfalle zu tappen.

Signalwort

Auch wenn Ihr Kollege verdächtig still ist, sollten Sie auf ihn eingehen. Sagen Sie ein paar freundliche Worte, reichen Sie ihm einen Kaffee oder einen Tee. Es sind solche kleinen Gesten, die einem Mobbingopfer das Gefühl geben, nicht von allen im Stich gelassen zu werden.

Lassen Sie sich nicht zum Werkzeug machen

Mobber scheuen nicht davor zurück, andere Mitarbeiter als Zeugen für einen (konstruierten) Vorfall heranzuziehen. Das gilt insbesondere dann, wenn ein eingeschalteter Betriebsrat irritiert werden soll. Sollten Sie in eine solche Situation kommen, dann stellen Sie das Geschehen in den richtigen Gesamtzusammenhang. So wird für den Dritten klar, dass beispielsweise der aggressiven Antwort eine gezielte Provokation vorausgegangen ist und das vom Vorgesetzten geschilderte Verhalten nur Teil einer Serie von Mobbinghandlungen ist. Besonders wichtig wird dies, wenn das Ereignis eine Abmahnung oder Kündigung bewirkt und Sie im Fall einer Kündigungsschutzklage vor Gericht als Zeuge auftreten müssen.

Gezielte Provokation

Überzeugen Sie den Kollegen, zum Betriebsrat zu gehen

Vor allem Mobbingopfer in einer fortgeschrittenen Phase sind nicht mehr in der Lage, selbständig Hilfe zu suchen. Unterstützen Sie den Betroffenen dann und gehen Sie mit ihm zum Betriebsrat. Berichten Sie in seinem Beisein für ihn, damit er auf diesem Weg wieder zum Gespräch zurückfindet und sein Schweigen bricht.

Will der Betroffene nicht zum Betriebsrat gehen, fragen Sie ihn nach den Gründen. Vielleicht ist er zuvor an einen Betriebsrat geraten, der ihn zurückgewiesen hat. In solchen Fällen können Sie selbst beim Betriebsrat nachfragen, was zu tun ist. Sie zeigen damit, dass der Betroffene nicht übertrieben hat, sondern tatsächlich Mobbing ausgesetzt ist.

Helfen Sie dem Betroffenen bei Überforderung

Hat Ihr Kollege eine Aufgabe bekommen, die ihn fachlich überfordert, unterstützen Sie ihn. Erklären Sie ihm, was er nicht weiß, und zeigen Sie ihm die Arbeitsmittel, die er benötigt. Für einen kurzen Zeitraum können Sie auch einen Teil seiner Arbeit miterledigen, damit er die vorgegebenen Termine halten kann. Das ist selbstverständlich keine dauerhafte Lösung, aber wenn ein Vorgesetzter merkt, dass seine Maßnahmen nicht greifen, lässt er erfahrungsgemäß bald davon ab und versucht, anders zum Ziel zu kommen.

Hilfreiche Arbeitsmittel

Das können Sie bei Unterforderung tun

Unterforderung geht einher mit Eintönigkeit und Langeweile sowie mit Ausgrenzung von den interessanten Vorkommnissen im beruflichen Alltag. Berichten Sie daher Ihrem gemobbten Kollegen, was in Besprechungen, an denen er nicht teilgenommen hat, gesagt und beschlossen wurde. Fragen Sie ihn um fachlichen Rat und binden Sie ihn in Diskussionen ein. Weisen Sie Ihren Kollegen außerdem darauf hin, dass der Chef nach einhelliger Rechtsmeinung mit Arbeitsentzug gegen die Menschenwürde verstößt und seine arbeitsvertraglichen Nebenpflichten verletzt. Hier wäre ein Ansatzpunkt, um rechtlich gegen den Mobber vorzugehen.

So kann der Betriebsrat helfen

Betriebsräte müssen gemäß § 75 I BetrVG Mobbing im Betrieb ernstnehmen. Sie sollten es thematisieren, um unter Vorgesetzten und Mitarbeitern ein Bewusstsein dafür zu schaffen, welche verheerenden physischen und psychischen **Psycho-** Auswirkungen der Psychoterror am Arbeitsplatz hat. Der **terror** Betriebsrat kann auf Richtlinien drängen, in denen sich der Arbeitgeber bereiterklärt, Mobbing konsequent zu sanktionieren. Ein Betriebsratsmitglied sollte fachgerecht ausgebildet sein, um gegen Mobbing gezielt intervenieren zu können. Diese Person muss über emotionale und soziale Kompetenzen verfügen und guten Kontakt zu Mobbingberatungsstellen und Rechtsanwälten, die sich auf Mobbing spezialisiert haben, pflegen.

Am Anfang steht das Zuhören

Eine Mobbinggeschichte besteht immer aus kleinen unbedeutenden Einzelfällen, die für sich betrachtet harmlos erscheinen. Daher bleibt Mobbing oft unerkannt. Die oft verkürzt und bruchstückhaft dargebrachten Erzählungen des Opfers klingen nicht so schlimm oder wirken übertrieben. Zudem wird Mobbingopfern häufig nicht geglaubt. In solchen Situationen ist der Betriebsrat gefordert, erst einmal gut und geduldig zuzuhören, um dann richtig reagieren zu können. Dem Betroffenen hilft es nicht, wenn jedes einzelne Vorkommnis analysiert wird, um aufzuzeigen, dass es sich um ganz normale Konflikte handelt, die überall vorkommen. Erst die Summe und die Häufigkeit scheinbar harmloser Ereignisse macht Mobbing aus.

Ein Betriebsrat kann wertvolle Hilfe leisten, indem er den Gemobbten berät und ihm Stabilität verleiht. Es geht nicht primär darum, Lösungen zu finden, sondern dass der Betroffene lernt, sich Schritt für Schritt zur Wehr zu setzen. Dazu benötigt er Sicherheit, die ihm ein Betriebsrat geben kann. Verunsicherung und die Angst vor Fehlern, die durch das Mobbing ausgelöst werden, führen dazu, dass der Betroffene die Folgen seiner Handlungen nicht mehr richtig einschätzen kann. Er braucht einen Gesprächspartner, um sich in der künstlich verrückten Realität, in der ihm alles, was er sagt oder tut, negativ ausgelegt wird, zurechtzufinden. Die Gespräche ermöglichen es dem Betroffenen, Mobbinghandlungen von normalen Handlungen unterscheiden zu können. Dadurch ist er erst in der Lage, richtig zu reagieren und sich erfolgreich zu wehren.

Beratung und Sicherheit

Der Betriebsrat muss kein Psychologe sein, um wirkungsvoll helfen zu können. Vielmehr muss und soll er sich ganz normal verhalten, denn ein Mobbingopfer versucht verzweifelt einzuschätzen, was real und üblich ist. Die Gespräche sollten aber – damit der Betriebsrat vom Mitarbeiter nicht vollkommen in Beschlag genommen wird – im Regelfall an vereinbarte Termine gebunden sein.

Einen Fluchtraum bieten

Ebenso ist es wichtig, dem Betroffenen eine Ausweichmöglichkeit zu bieten, falls er die Mobbingsituation am Arbeitsplatz nicht mehr erträgt. Der Betriebsrat sollte daher dem gemobbten Mitarbeiter das Angebot machen, dass er jederzeit in die Räume des Betriebsrats kommen kann, um sich dort auszuruhen. Um Enttäuschungen vorzubeugen, sollte der Betroffene von vornherein wissen, dass sein Ansprechpartner bei spontanen Besuchen eventuell keine Zeit für ihn hat. Ohne einen solchen Hinweis fühlt sich der Gemobbte

Ruhe finden

leicht zurückgewiesen und auch noch vom Betriebsrat im Stich gelassen.

Doch allein das Bewusstsein, einen Ort zu haben, an den er fliehen kann und auf den weder der Mobber noch seine Gehilfen Zugriff haben, gibt dem Betroffenen einen festen Halt. Denn hier findet er zu jeder Zeit Zuflucht und kann neue Kräfte sammeln.

Tod als Flucht

Steht einem Gemobbten keinerlei Fluchtmöglichkeit offen, kann der Druck so groß werden, dass er an Selbstmord denkt oder ihn gar ausführt. Besonders gefährdet sind diejenigen ohne stabiles privates Umfeld. Der Weg in den Tod wird mit Dauer und Schwere der Mobbinghandlungen zu einer realen Fluchtmöglichkeit für das Opfer. Dies lässt sich verhindern, wenn dieser Mitarbeiter einen Ort hat, an den er sich zurückziehen kann.

Der Betriebsrat kann allein durch sein Angebot dazu beitragen, dass ein Mobbingopfer Selbstmord nicht als einzige Möglichkeit sieht, der unerträglichen Situation zu entfliehen.

Zusammen Lösungen suchen

Sobald der Mitarbeiter Vertrauen zum Betriebsrat gefasst hat (dies gelingt am besten durch Zuhören), sollten beide gemeinsam Lösungen erarbeiten. Wesentlich dabei ist: Kein Schritt darf ohne Zustimmung des Mitarbeiters erfolgen. Er muss voll in den Prozess eingebunden werden, ansonsten verliert er das Vertrauen oder fühlt sich mit der Situation überfordert. Auf keinen Fall darf der Betriebsrat ohne Zustimmung des Mitarbeiters oder gar heimlich mit Vorgesetzten und Kollegen des Betroffenen über die Situation sprechen. Dies passiert in der Praxis leider häufig, weil Betriebsräte es als ihre Aufgabe ansehen, stellvertretend für den Betroffenen

Lösungen herbeizuführen. Ein solches Vorgehen stellt jedoch einen Vertrauensbruch dar, der dem Gemobbten auch noch die letzte Zufluchtsmöglichkeit raubt.

Vertrauensbruch

Begleitung bei Personalgesprächen

Am besten ist es, wenn der begleitende Betriebsrat an jedem Personalgespräch teilnimmt. Es empfiehlt sich, diese Termine gut vorzubereiten. Der Mitarbeiter sollte dem Betriebsrat genau darlegen, was sein Ziel ist, und vor allem auch sagen, was er gar nicht will. Nach jedem Gespräch fertigen Mitarbeiter und Betriebsrat gemeinsam ein Protokoll an und unterschreiben es beide. Damit hat der Mitarbeiter einen Nachweis über den Verlauf des Gesprächs in der Hand. Wenn der Vorgesetzte Gesprächsprotokolle anfertigt, die fehlerhaft sind, müssen Betriebsrat und Mitarbeiter zusammen eine Gegendarstellung verfassen. So lässt sich verhindern, dass die falschen Behauptungen später als Beweise gegen den Betroffenen verwendet werden können.

Schlichtungsgespräche durchführen

Nach Absprache mit dem betroffenen Mitarbeiter kann ein Betriebsrat Gespräche mit dem Personalleiter, dem mobbenden Vorgesetzten und gegebenenfalls weiteren Beteiligten führen. Dabei sollte oberstes Ziel sein, in der Hierarchie des Arbeitgebers einen Verantwortlichen zu finden, der das Mobbing unterbindet. Dies lässt sich erreichen, indem der Personalchef den Mobbenden anweist, sein Tun zu unterlassen, gegebenenfalls abmahnt oder in besonders schweren Fällen kündigt. Eine weitere Möglichkeit ist die Versetzung des Mitarbeiters, wenn dieser zustimmt.

Oberstes Ziel

Der Betriebsrat darf in diesen Gesprächen nicht vergessen, dass der Mitarbeiter sein „Mandant" ist, dessen Interessen er vertritt. Sehr schnell besteht sonst die Gefahr, dass er sich vom Mobber einwickeln lässt, weil dieser das Mobbinggeschehen sehr wahrscheinlich in viele kleine harmlos erscheinende Vorfälle zergliedert. Zeigt der Mobbende in den Gesprächen kein Einsehen, was zu erwarten ist, dann kann der Betriebsrat darauf hinweisen, dass eine klare Verletzung der Fürsorgepflicht des Arbeitgebers vorliegt, die der Betriebsrat nicht dulden wird. Er kann dazu die Schutzrechte des BetrVG nutzen. Falls dies alles keine Wirkung zeigt, kann er den Mobbenden darauf aufmerksam machen, dass Mobbing einen Straftatbestand darstellt und von jedermann zur Anzeige gebracht werden kann.

Schutzrechte des BetrVG

Bei derartigen Gesprächen muss sich der Betriebsrat klar und deutlich auf die Seite des Gemobbten stellen und erklären, dass er nicht gewillt ist, diesem als Lösung vorzuschlagen, seinen Arbeitsplatz aufzugeben. Nur so erkennt der Täter, dass der Mitarbeiter tatkräftige Unterstützung bekommt und er den Betriebsrat nicht zu seinem Handlanger machen kann.

Leider geben viele Betriebsräte dem Druck des Mobbenden nach, lassen sich durch die vielen kleinen aufgeführten Beispiele überzeugen und drängen dann zusammen mit dem Arbeitgeber darauf, dass der Betroffene den Aufhebungsvertrag unterschreibt. Ein solches Verhalten kann entweder aus Unerfahrenheit entstehen, oder der Betriebsrat möchte der Situation selbst entkommen, weil der Druck vom Arbeitgeber steigt und der Betroffene mit seiner ständigen Suche nach Unterstützung psychisch anstrengend wird. Machen Sie sich als Betriebsrat klar: Mobbing und die Lösung des Konflikts ist ein Prozess, der Wochen und Monate dauern kann.

Was auch immer am Ende geschieht, der Betriebsrat sollte bei all seinen Maßnahmen darauf achten, dass nicht das Mobbingopfer die Folgen tragen muss, sondern der Mobber. Die

Versetzung eines Mobbingopfers sollte daher nur angestrebt werden, wenn der Betreffende selbst das wünscht. Konsequentes Vorgehen hilft den Mobbingopfern, einen eigenen Gerichtsprozess zu vermeiden, der häufig mit der Aufgabe des Arbeitsplatzes endet, da die psychische Belastung zu groß wird.

Schutzrechte aus dem Betriebsverfassungsgesetz

Mobbingtäter haben häufig kein Schuldbewusstsein. Mobbing wird in den Betrieben totgeschwiegen, die Verantwortlichen werden nur selten zur Rechenschaft gezogen. Mobbing gilt vielfach immer noch als Kavaliersdelikt, als ein zwar nicht ganz sauberes, aber doch legitimes Mittel, um Mitarbeiter dazu zu bewegen, ihren Arbeitsplatz aufzugeben.

Häufig wird dem Gemobbten eine Mitschuld gegeben. Dies rührt daher, dass Firmen Mobbing selten sanktionieren und die Lösung eines damit verbundenen Konflikts meist auf Kosten des Opfers geht. Doch Mobbingtäter, ihre Helfer und Zuschauer können strafrechtlich und zivilrechtlich belangt werden. Die verbreitete Meinung, dass dem Betriebsrat keine rechtlichen Mittel zur Verfügung stehen, ist falsch. Das Betriebsverfassungsgesetz bietet eine Reihe von Schutzrechten, mit denen Sie als Betriebsrat Mobbing entgegentreten können.

Mitschuld des Gemobbten?

BetrVG	Erläuterung
§ 74 I	Arbeitgeber und Betriebsrat sind verpflichtet, sich einmal im Monat zusammenzusetzen, um strittige Fragen zu klären. Nutzen Sie diese Treffen, um Mobbing im Betrieb zu thematisieren. Machen Sie den Arbeitgeber (nach Rücksprache mit dem Betroffenen) auf einzelne Mobbingfälle aufmerksam, und weisen Sie ihn auf seine Fürsorgepflicht hin. Signalisieren Sie als Betriebsrat dem Arbeitgeber deutlich, dass Sie nicht gewillt sind, Mobbing als Abbaumethode im Betrieb zu dulden.

§ 75 I	„Arbeitgeber und Betriebsrat haben darüber zu wachen, dass alle im Betrieb tätigen Personen nach den Grundsätzen von Recht und Billigkeit behandelt werden." Dieser Paragraf berechtigt Sie als Betriebsrat, gegen Mobbing vorzugehen und vom Arbeitgeber zu verlangen, dass er Mobbing im Betrieb unterbindet und mit arbeitsrechtlichen Konsequenzen belegt.
§ 75 II	„Arbeitgeber und Betriebsrat haben die freie Entfaltung der Persönlichkeit der im Betrieb beschäftigten Arbeitnehmer zu schützen und zu fördern. Sie haben die Selbständigkeit und Eigeninitiative der Arbeitnehmer und Arbeitsgruppen zu fördern." Auf dieser Grundlage können Sie verlangen, dass enge und schikanöse Arbeitskontrollen, Arbeitsentzug, Arbeitsüberlastung etc. vom Arbeitgeber unterbunden werden.
§ 80 I	„Der Betriebsrat hat folgende allgemeine Aufgaben: 1. (…) darüber zu wachen, dass die zugunsten der Arbeitnehmer geltenden Gesetze (…) durchgeführt werden." Diese gesetzliche Regelung gibt Ihnen als Betriebsrat nicht nur das Recht, sich einzumischen, wenn Arbeitnehmer in Ihrem Betrieb gemobbt werden, sondern es verpflichtet Sie sogar dazu. Ihre Aufgabe als Betriebsrat ist es, darüber zu wachen, dass die Gesetze und damit auch die Menschenwürde (Artikel 1 und 2 GG) im Betrieb beachtet werden.
§ 84 I, III	In der Praxis ist oft die Tatsache, dass ein Arbeitnehmer sich bei einem höheren Vorgesetzten beschwert hat, Auslöser für Mobbing. Weisen Sie den mobbenden Vorgesetzten und die Personalabteilung in diesem Fall auf § 84 BetrVG hin. Danach darf ein Arbeitnehmer sich bei einem Vorgesetzten beschweren. Das Gesetz betont extra in Abs. III, dass ihm dadurch keine Nachteile entstehen dürfen.
§ 85 I	Spricht der Arbeitgeber Ihnen als Betriebsrat das Recht ab, sich „um den Fall" zu kümmern, dann bringen Sie das BetrVG zum nächsten Treffen mit und lesen Sie ihm § 85 I BetrVG vor: „Der Betriebsrat hat Beschwerden von Arbeitnehmern entgegenzunehmen und, falls er sie für berechtigt erachtet, beim Arbeitgeber auf Abhilfe hinzuwirken."
§ 85 II	Ist Ihr Arbeitgeber nicht gesprächsbereit und bestreitet er vehement die Schwere der Vorfälle, rufen Sie die Einigungsstelle an. Dann entscheidet gegebenenfalls ein Richter. „Bestehen zwischen Betriebsrat und Arbeitgeber Meinungsverschiedenheiten über die Berechtigung der Beschwerde, so kann der Betriebsrat die Einigungsstelle anrufen. Der Spruch der Einigungsstelle ersetzt die Einigung zwischen Arbeitgeber und Betriebsrat."

	Dieses Mittel sollte ein Betriebsrat auf jeden Fall anwenden, wenn Mobbing im Betrieb nicht zu unterbinden ist. Der Gang zur Einigungsstelle hat den Vorteil, dass das Tabu „Mobbing" durchbrochen wird und außenstehende Stellen davon Kenntnis erhalten.
§ 98 III	Werden Arbeitnehmer durch Zuweisung von Aufgaben, für die sie nicht qualifiziert sind, gemobbt oder ist die Mobbingursache der Streit um die Einsetzbarkeit des Mitarbeiters, dann „kann der Betriebsrat Vorschläge für die Teilnahme von Arbeitnehmern (…) an (…) Maßnahmen der beruflichen Bildung machen".
§ 104	Bei Mobbing kann und sollte der Betriebsrat die Entlassung des Mobbenden verlangen, wenn dieser nicht bereit ist, sein Verhalten zu ändern. Einem uneinsichtigen Mobber sollten Sie folgenden Text vorlesen, um ihm die möglichen Konsequenzen seines Handelns klarzumachen. „Hat ein Arbeitnehmer durch gesetzwidriges Verhalten oder durch grobe Verletzung der in § 75 Abs. 1 enthaltenen Grundsätze, insbesondere durch rassistische oder fremdenfeindliche Betätigungen, den Betriebsfrieden wiederholt ernstlich gestört, so kann der Betriebsrat vom Arbeitgeber die Entlassung oder Versetzung verlangen."

Strafrechtliche Folgen

Die einzelnen Mobbingvorfälle liegen zwar meist unterhalb der Schwelle einer strafrechtlichen Relevanz, können aber in ihrer Gesamtheit durchaus einen Straftatbestand darstellen. Das gilt insbesondere dann, wenn eine gezielte Absicht und Vorgehensweise des Mobbenden erkennbar ist. Als Straftatbestände kommen die folgenden infrage: (vorsätzliche) Körperverletzung (§ 223 Strafgesetzbuch [StGB]) und fahrlässige Körperverletzung (§ 229 StGB), Nötigung (§ 240 StGB), Beleidigung (§§ 185, 192 StGB), darüber hinaus üble Nachrede (§ 186 StGB), Verleumdung (§ 187 StGB) und Anstiftung (§ 26 StGB).

Wer mithilft oder schweigend zuschaut, kann eine Anzeige wegen Beihilfe (§ 27 StGB) oder unterlassener Hilfeleistung (§ 323 c StGB) bekommen. Ein Arbeitgeber, der Kenntnis von Mobbing in seinem Betrieb hat und nichts dagegen un-

Anzeige wegen Beihilfe

215

ternimmt, macht sich mitschuldig und kann wegen Beihilfe belangt werden.

Anzeige gegen Täter

Straftaten kann jeder, also nicht nur das Mobbingopfer selbst, zur Anzeige bringen. Die Anzeige richtet sich gegen den Täter, in der Regel also gegen den direkten Vorgesetzten, und seine Mithelfer, nicht gegen die Firma oder Personalabteilung. Bei begründetem Verdacht muss die Staatsanwaltschaft ermitteln. Der Strafantrag ist innerhalb einer Frist von drei Monaten ab Kenntnis der Straftat zu stellen.

Arbeitsrechtliche Folgen

Mobbing kann zu fristloser Kündigung ohne Abmahnung führen. So urteilte das Landesarbeitsgericht Thüringen in seinem wegweisenden Urteil zu Mobbing:

URTEIL

„Das so genannte Mobbing kann auch ohne Abmahnung und unabhängig davon, ob es in diesem Zusammenhang zu einer Störung des Betriebsfriedens gekommen ist, die außerordentliche Kündigung eines Arbeitsverhältnisses rechtfertigen, wenn dadurch das allgemeine Persönlichkeitsrecht, die Ehre oder die Gesundheit des Mobbingopfers in schwerwiegender Weise verletzt werden. Je intensiver das Mobbing erfolgt, umso schwerwiegender und nachhaltiger wird die Vertrauensgrundlage für die Fortführung des Arbeitsverhältnisses gestört. Muss der Mobbingtäter erkennen, dass das Mobbing zu einer Erkrankung des Opfers geführt hat, und setzt dieser ungeachtet dessen das Mobbing fort, dann kann für eine auch nur vorübergehende Weiterbeschäftigung des Täters regelmäßig kein Raum mehr bestehen" (LAG Thüringen, Urteil vom 15.2.2000, Az. 5 Sa 102/2000).

Schadensersatzforderungen und Schmerzensgeld

Auf einen Täter können Schadensersatzforderungen von Arbeitgeber- wie von Arbeitnehmerseite zukommen. So ver-

urteilte das LAG Hamm die Vorarbeiterin einer Arbeitneh-
merin dazu, deren Verdienstausfall so lange zu ersetzen, bis
diese einen neuen Arbeitsplatz gefunden hat. Diese Mitarbeiterin hatte ihren Arbeitsplatz aufgrund wahrheitswidri-
ger Behauptungen der Vorarbeiterin verloren (LAG Hamm,
Urteil vom 30.11.2000, Az. 8 SA 878/00).

**Verdienst-
ausfall**

Wenn Sie als Arbeitnehmer physische und psychische Schäden durch Mobbing davontragen, können Sie gegen Ihren
Peiniger auch Schadensersatz für die entstehenden Kosten
fordern. Darunter fallen Ausgaben für Arztbehandlungen,
für Psychotherapie und für sonstige Beratungen sowie Kosten, die durch eventuelle Folgeschäden entstehen. Darüber
hinaus können Sie Schmerzensgeld für den erlittenen Schaden verlangen.

Der Arbeitgeber kann ebenfalls Schadensersatzforderungen
geltend machen. Dies ist dann möglich, wenn einem Mobbingopfer Fehler unterlaufen, die nachweislich durch das
Mobbinggeschehen bedingt sind. Führt dies zu Schäden im
Betrieb, zum Beispiel zu einem Defekt an einer Maschine
oder zu Konventionalstrafen wegen Terminverzögerung,
kann der Arbeitgeber denjenigen, der als Mobber verantwortlich ist, dafür heranziehen.

Gehen Sie offen gegen Mobbing vor

Die beste Maßnahme gegen Mobbing ist, es zu thematisieren und offen dagegen vorzugehen. Scheuen Sie sich auch
nicht, vor Gericht zu gehen. Lassen Sie sich auf gar keinen
Fall einschüchtern, und nehmen Sie alle Hilfe in Anspruch,
die Sie kriegen können. Die folgende Checkliste hilft Ihnen
dabei.

**Offenes
Vorgehen**

217

Checkliste – Mobbing

Für Mobbing gilt: *Wehret den Anfängen*
Die häufig von Angst begleitete Ansicht: „Wenn ich mich wehre, wird es noch schlimmer"
ist falsch.
Die Erfahrung zeigt: Wenn Sie sich nicht wehren, eskaliert die Situation zwangsläufig
und Sie verlieren Ihren Arbeitsplatz. Je eher Sie gegen Mobbing vorgehen, desto größer
sind die Chancen, einen Mobbingangriff abzuwehren.

Von Mobbing *Betroffene*
- Wehren Sie sich von Anfang an.
- Suchen Sie Verbündete im Kollegenkreis.
- Reden Sie mit Freunden und Familie.
- Suchen Sie Ihren Betriebsrat und gegebenenfalls einen Anwalt auf.

Kollegen
- Schauen Sie nicht weg. Sie ermöglichen dadurch Mobbing.
- Reden Sie mit dem gemobbten Kollegen und lassen Sie nicht zu, dass er isoliert wird.
- Unterstützen Sie ihn, zum Beispiel mit Informationen, die ihm vorenthalten werden. Helfen Sie ihm bei Aufgaben, die ihn überfordern.

Betriebsrat
- Hören Sie zu. Glauben Sie dem Gemobbten.
- Bieten Sie einen Fluchtraum an, wo sich der Gemobbte erholen kann.
- Reflektieren Sie mit dem Betroffenen die Vorkommnisse.
- Begleiten Sie ihn zu Personalgesprächen.
- Agieren Sie nicht über seinen Kopf hinweg, sondern suchen Sie gemeinsam eine Lösung.

X. Gemeinsam gegen die Isolation: Gründen Sie ein Mitarbeiternetz

Obwohl in der Regel viele Mitarbeiter von einem Stellenabbau betroffen sind, bleibt in den meisten Fällen jeder mit seinen Problemen allein. Gefühle werden vor den Kollegen verborgen, jeder lächelt und tut so, als könne er ganz souverän mit der Nachricht „Ihr Arbeitsplatz entfällt" umgehen. Erst wenn zufällig zwei Kollegen den Mut finden, miteinander zu reden, stellen sie fest, dass sie beide gleichermaßen mit der Situation überfordert sind.

Verborgene Gefühle

Zehn Schritte zum Ziel

Ein solches Gespräch kann die Keimzelle für ein Mitarbeiternetz sein. Wenn sich mehrere Betroffene zusammenschließen, können sie sich gegenseitig dabei unterstützen, mit der Situation des drohenden Arbeitsplatzverlustes besser umzugehen. Es muss nur einer den ersten Schritt wagen.

Erster Schritt: Nehmen Sie die Sache in die Hand

Gehen Sie aktiv auf die Kollegen zu, die Sie kennen und die in der gleichen Lage sind wie Sie. Sagen Sie einfach: „Angesichts der Situation lasst uns darüber reden und darüber nachdenken, welche Möglichkeiten wir haben." In den meisten Fällen werden die Kollegen Ihren Vorschlag gerne aufgreifen. Warten Sie nicht, bis Sie angesprochen werden. Die Scheu, den ersten Schritt zu tun, empfindet Ihr Kollege genauso wie Sie. Machen Sie den Anfang. Je eher Sie das tun, desto besser für alle.

Werden Sie aktiv

HINWEIS

Die Kollegen, auf die sich der Stellenabbau nicht auswirkt, wissen häufig nicht, wie sie mit den Betroffenen umgehen sollen. Daher schweigen sie oft. Sprechen Sie auch diese Mitarbeiter an, um die Mauer der Hilflosigkeit zu durchbrechen.

Zweiter Schritt: Organisieren Sie ein Treffen

Legen Sie einen Termin fest und reservieren Sie einen geeigneten Raum für ein solches Treffen. Dies kann ein Hinterzimmer in einer Kneipe sein oder ein Raum, den die örtliche Kirchengemeinde bereitstellt. Wichtig ist, dass Sie hier in Ruhe reden können und kein großer Verzehr erwartet wird. Laden Sie die betroffenen Kollegen dazu ein, über die aktuelle Situation zu diskutieren. Versuchen Sie nicht, einen Termin zu finden, zu dem alle können, sondern setzen Sie Ort und Termin einfach fest. Wer kommen will, der kommt.

Einladung

Sie können mündlich einladen, per Telefon oder per E-Mail. Nutzen Sie aber nicht das Schwarze Brett in der Firma oder senden eine E-Mail an 50 oder 60 Empfänger, denn damit ziehen Sie die Aufmerksamkeit des Arbeitgebers auf sich. Bitten Sie die Kollegen, die Sie ansprechen, die Einladung weiterzuverbreiten. Achten Sie darauf, dass auch die Stillen oder besonders Souveränen dabei sind.

Dritter Schritt: das erste Treffen

Bereiten Sie für die erste Zusammenkunft kein Programm vor. Beginnen Sie nicht mit Sachinformation. In dieser Phase herrschen Gefühle vor, Sachinformationen könnten die meisten sowieso nicht aufnehmen. Eröffnen Sie die Gesprächsrunde, indem Sie über Ihre Gefühle sprechen, beispielsweise so: „Ich habe den Eindruck, dass die meisten von uns mit der Situation überfordert sind. Mich jedenfalls traf die Nachricht, dass ich gekündigt werden soll, wie ein Schock. Es würde mich interessieren, ob es euch auch so geht. Vielleicht kann jeder kurz schildern, wie er die Situation empfindet."

Häufig reden die Kollegen dann auch über ihre Gefühle und können auf diese Weise den Schock über den drohenden Arbeitsplatzverlust besser verarbeiten. Überspringen Sie diesen Punkt nicht. Lassen Sie es zu, dass sich die Veranstaltung frei entwickelt. Moderieren Sie nur ein klein wenig, wenn jemand zu lange redet. Meistens ist der erste Abend damit ausgefüllt.

Schock verarbeiten

Am Ende fragen Sie, ob weitere Treffen gewünscht sind. Sie werden ziemlich sicher auf Zustimmung stoßen. Lassen Sie einen Zettel herumgehen, auf dem Ihre Kollegen ihre Namen, die private E-Mail-Adresse und Telefonnummer eintragen können. Bitten Sie darum, dass sie deutlich schreiben. Fragen Sie außerdem, ob Ihnen jemand bei der Organisation des nächsten Treffens hilft.

Vierter Schritt: Laden Sie zu einem Folgetreffen ein

Organisieren Sie das Folgetreffen, vielleicht hilft Ihnen jemand aus der Gruppe dabei. Bitten Sie in der zweiten Einladung wieder darum, dass die Eingeladenen neue betroffene Kollegen mitbringen.

Fünfter Schritt: die sachliche Situationsanalyse

So gut und wichtig es war, das erste Treffen den Gefühlen zu widmen, sollten Sie beim zweiten Mal zur Problemlösung übergehen. Ansonsten besteht die Gefahr, dass sich die Teilnehmer nur gegenseitig bemitleiden und so eine schlechte Stimmung entsteht.

Problemlösung

Erfassen Sie zunächst gemeinsam die Ist-Situation. Oft liegen Arbeitgeberangebote in Form von Aufhebungsvertrag und Beschäftigungsgesellschaft vor, die mit der Drohung verbunden sind, dass bei Ablehnung eine betriebsbedingte Kündigung ausgesprochen wird. In manchen Fällen beabsichtigt der Arbeitgeber eine Betriebs- oder Teilbetriebsschließung oder steht gar vor der Insolvenz.

Gezielt Informationen sammeln

Sie wissen jetzt, zu welchen Themen Sie Informationen brauchen, nun ist es an der Zeit, dieses Buch einzusetzen. Zeigen Sie es den anwesenden Kollegen, studieren Sie gemeinsam das Inhaltsverzeichnis. Besprechen Sie dann, wie Sie die Informationen allen zugänglich machen. Am besten bilden Sie kleine Teams aus zwei bis drei Leuten, die jeweils bestimmte Buchkapitel durcharbeiten und auf der nächsten Sitzung eine Zusammenfassung vortragen. Nur wenn alle mitmachen, können auch alle maximal profitieren. Schließlich geht es um Ihre Arbeitsplätze, dafür lohnt sich der Einsatz.

Sechster Schritt: Wissen aufbauen

Beim nächsten Treffen werden dann die vorbereiteten Vorträge gehalten. Diskutieren Sie über Inhalte und Fragen, und notieren Sie alles, was Sie nicht verstanden haben und daher noch geklärt werden muss.

Siebter Schritt: offene Fragen klären

Regelmäßige Treffen

Wir empfehlen Ihnen, die weiteren Treffen regelmäßig stattfinden zu lassen, in der akuten Phase mindestens einmal pro Woche, besser mehrmals. Stellen Sie nach und nach fest, welcher Fachmann die noch offenen Fragen am besten beantworten könnte. Laden Sie dann entsprechend einen Betriebsrat, Anwalt oder sonstigen Wissensträger ein. Mit Anwälten und sonstigen Fachleuten sollten Sie unbedingt vorher über das Honorar sprechen. Klären Sie, ob die Beratung kostenlos erfolgt oder nicht. Stellen Sie dann sicher, dass sich alle Anwesenden an den Kosten beteiligen. Betriebsräte aus Ihrem Unternehmen hingegen können Sie immer ansprechen, sie werden sich in der Regel nicht verweigern und haben auch Kontakte zu entsprechenden Fachleuten.

Achter Schritt: Chancen und Risiken abwägen

Sobald Sie über alle Informationen verfügen, stellen Sie das Für und Wider aller Handlungsoptionen einander gegenüber. So kann jeder Kollege für sich persönlich die damit verbundenen Chancen und Risiken abschätzen. Tauschen Sie sich aus und diskutieren Sie, aber drängen Sie niemanden in eine bestimmte Richtung. Schließlich muss jeder selbst mit den Konsequenzen seiner Entscheidung leben.

Austausch und Diskussion

Neunter Schritt: neue Gruppen bilden

Hat jeder Einzelne einen Entschluss gefasst, schlagen Sie vor, dass sich nun neue Gruppen je nach Interessenlage zusammenfinden. Kollegen, die sich für die Beschäftigungsgesellschaft oder einen Aufhebungsvertrag entschieden haben, bilden beispielsweise eine Gruppe, Kollegen, die einen Kündigungsschutzprozess führen wollen, eine andere.

Zehnter Schritt: Begleitung bei Gerichtsprozessen

Arbeitsgerichtsverfahren finden öffentlich statt. Jeder kann also den Kollegen, dessen Klage gerade verhandelt wird, unterstützen, indem er daran teilnimmt. Der Betreffende fühlt sich sicherer, wenn er weiß, dass seine Kollegen ihm moralischen Beistand leisten. Und wer ein eigenes Kündigungsschutzverfahren vor sich hat, kann in der Praxis sehen, wie ein Verfahren abläuft, was die Richter fragen und worauf zu achten ist.

Berichte über die Verfahren

Berichten Sie über die Verfahren bei Treffen, per E-Mail oder auf einer Homepage. Damit geben Sie anderen Kollegen wertvolle Tipps, wie sie sich vor Gericht verhalten sollten und welche Fragen gestellt werden könnten.

Erfahrungswerte: Tipps aus der Praxis

Bei der Gründung eines Mitarbeiternetzes stoßen Sie möglicherweise auf unerwartete organisatorische Schwierigkeiten. Im Folgenden erfahren Sie, wie Sie den typischen Problemen begegnen, damit Sie Ihr Vorhaben möglichst reibungslos umsetzen können.

Die leidige Frage nach dem Termin

Je mehr Leute Sie einbeziehen wollen, desto schwieriger ist es, einen gemeinsamen Termin zu finden. Legen Sie daher Zeit und Ort einfach fest. Diejenigen, die erfahren haben, dass die Treffen sie voranbringen, werden kommen. Lassen Sie sich nicht auf Spielchen ein, einen Termin zu finden, der allen passt. Sie werden keinen solchen Zeitpunkt finden. Es wäre schade, wenn Ihr Vorhaben deswegen scheitert.

Zu große Gruppen

Sie haben das Gefühl, dass in der Gruppe kein vernünftiges Arbeiten möglich ist, weil zu viele Personen beteiligt sind? Dann schlagen Sie vor, die Gruppe zu teilen, oder bilden Sie kleine Teams, die sich nach der gerade beschriebenen Methode Wissen aneignen und es den anderen vermitteln.

Perfekt muss nichts sein – Hauptsache, es geht vorwärts

Viele Menschen haben Angst, sich zu blamieren, wenn sie etwas vorlesen, vortragen oder fragen. Sprechen Sie vor der Gruppe aus, dass es keine dummen Fragen gibt und dass es nicht um Perfektion geht. Niemand kann die fremde Materie des Arbeitsrechts sofort verstehen. Zudem lenken die eigenen Emotionen ab, sodass man manches zunächst gar nicht hören will.

Vielleicht hilft es allen, sich folgendes Bild vorzustellen: Sie alle sitzen in einem Boot. Am besten kommen Sie voran, wenn Sie gemeinsam navigieren und rudern. Bleiben Sie dabei geduldig: Erklären Sie einen Sachverhalt langsam und ruhig auch zwei- oder dreimal, bis ihn alle verstanden haben. Beim Erklären werden Sie zudem merken, ob Ihnen selbst noch etwas unklar ist.

Hilfreiche Vorstellung

GUT ZU WISSEN

Anonyme Diskussionsforen empfehlen wir gerade in der Aufbauphase nicht. Hier wird keine Gemeinsamkeit gefördert, sondern eher die Isolation. Häufig reagieren die Teilnehmer nur ihre ganze Wut ab, die Energie wird nicht in sinnvolles Handeln umgesetzt. Auch die Gefahr, durch einen geschickten Autor manipuliert zu werden, ist hoch. Das gilt vor allem, wenn bei den Diskutierenden kein oder nur Halbwissen vorhanden ist.

Beste Voraussetzungen für gutes Gelingen

Die Bereitschaft, etwas für sich und für andere zu tun, muss bei jedem Teilnehmer vorhanden sein. Jeder muss ein klein wenig Arbeit übernehmen. Mit einer bloßen Konsumentenhaltung lässt sich kein Mitarbeiternetz aufbauen.

Bereitschaft, etwas zu tun

Gemeinsam, nicht allein an die Front

Sie als Initiator des Mitarbeiternetzes sollten schon bald von anderen unterstützt werden. Es ist unfair, wenn Sie allein an vorderster Front kämpfen, während alle anderen nur profitieren. Finden Sie nach einiger Zeit keine aktiven Mitstreiter mehr, sondern nur noch passive Konsumenten, dann geben Sie die Idee, ein Mitarbeiternetz zu gründen, lieber wieder auf.

Aktive Mitstreiter

Definieren Sie keine Strukturen

Ein Mitarbeiternetz muss nicht strukturiert werden. Der Versuch, Hierarchien einzuführen, bedeutet das Ende eines Mitarbeiternetzes – selbst wenn sie durch Wahlen entstehen. Dies fördert nur die Passivität derer, die nicht gewählt wurden, und gibt den Gewählten eine Macht, die nicht hilfreich ist.

Lassen Sie einfach jeden das tun, was er am besten kann, und schreiben Sie niemandem vor, auf welche Art und Weise er etwas tun soll. Funktioniert die Zusammenarbeit nicht, bilden sich die Gruppen jeweils selbst um. Wenn Sie zu sehr eingreifen, werden sich ganz schnell all diejenigen, die bisher aktiv waren, zurückziehen.

Kommunizieren Sie privat

Arbeitgeber sind in der Regel nicht erfreut, wenn ein Mitarbeiternetz entsteht. Deshalb empfiehlt es sich, über private E-Mails und Telefone zu kommunizieren und sich außerhalb des Firmengeländes zu treffen.

Vermeiden Sie unüberlegte Handlungen

Achten Sie darauf, dass Sie und Ihre Kollegen unüberlegte Handlungen vermeiden. Ständig über den Arbeitgeber zu schimpfen oder über Vorgesetzte zu klagen, erleichtert zwar innerlich, bringt aber eine Gruppe nicht weiter. Es besteht die Gefahr, dass die Gruppe ihr Ziel, eine Lösung zu finden, vergisst und nur noch ein Forum darstellt, um den persönlichen Frust abzureagieren. Stecken Sie Ihre Energie lieber in die gemeinsame Suche nach Alternativen.

Zu einfach, denken Sie?

So und nicht anders ist das Mitarbeiternetz NCI (www.nci-net.de) in München entstanden. Mit dieser Methode gelang es 2003/2004, 400 Arbeitsplätze bei Siemens zu erhalten. Wichtig ist: Einer muss den Anfang machen. Ob das Netz groß oder klein wird, spielt keine Rolle, es muss für die Beteiligten einfach da sein. Tun Sie also etwas, und zwar rechtzeitig. Es lohnt sich, aktiv zu werden, denn eines gewinnt man immer: Selbstbewusstsein, eine Menge Erfahrung, Wissen und die Fähigkeit, Lösungen zu finden.

Rechtzeitig handeln

Anhang

Literatur

Braunschneider, Hartmut: Das Skript BGB AT, 10. Auflage, Frankfurt am Main 2004.

Hase, Detlef et al.: Handbuch Interessenausgleich und Sozialplan, 4. Auflage, Frankfurt am Main 2004.

Junker, Abbo: Grundkurs Arbeitsrecht, 5. Auflage, München 2006.

Kellner, Hedwig: Rhetorik: Hart verhandeln – erfolgreich argumentieren, München 2001.

Kolodej, Christa: Mobbing. Psychoterror am Arbeitsplatz und seine Bewältigung, Wien 2005.

Links

http://www.psvag.de/
Der Pensionssicherungsverein Versicherungsverein auf Gegenseitigkeit (PSVaG) ist eine Selbsthilfeeinrichtung der deutschen Wirtschaft zum Schutz der betrieblichen Altersversorgung für den Fall einer Insolvenz des Arbeitgebers.

http://www.arbeitsagentur.de/
Wichtige Informationen rund um Leistungen und Angebote der Bundesagentur für Arbeit.

http://bundesrecht.juris.de/index.html
Das Bundesministerium der Justiz stellt in einem gemeinsamen Projekt mit der juris GmbH nahezu das gesamte aktuelle Bundesrecht kostenlos im Internet bereit.

http://www.bundesarbeitsgericht.de/
Allgemeines und Entscheidungen des Bundesarbeitsgerichts.

http://www.arbeitsratgeber.com/
Informationen rund um die Arbeitswelt.

http://www.nci-net.de/
Größtes Arbeitnehmerportal in Deutschland mit Arbeitsrechts-ABC und zahlreichen Informationen und Tipps rund um das Thema Arbeitsplatz und Stellenabbau.

Abkürzungsverzeichnis

AiB	Arbeitsrecht im Betrieb (Zeitschrift)
AP	Arbeitsrechtliche Praxis (Nachschlagewerk des BAG)
ArbG	Arbeitsgericht
ArbGG	Arbeitsgerichtsgesetz
BAG	Bundesarbeitsgericht
beE	Beschäftigungsgesellschaft
BErzGG	Bundeserziehungsgeldgesetz
BetrVG	Betriebsverfassungsgesetz
BGB	Bürgerliches Gesetzbuch
BVerwG	Bundesverwaltungsgericht
DB	Der Betrieb (Zeitschrift)
EStG	Einkommensteuergesetz
EuGH	Europäischer Gerichtshof
EzA	Entscheidungssammlung zum Arbeitsrecht
GdB	Grad der Behinderung
GG	Grundgesetz
GKG	Gerichtskostengesetz
GmbH	Gesellschaft mit beschränkter Haftung
KSchG	Kündigungsschutzgesetz
LAG	Landesarbeitsgericht
MuSchG	Mutterschutzgesetz
NZA	Neue Zeitschrift für Arbeitsrecht
SGB III	Sozialgesetzbuch, Drittes Buch „Arbeitsförderung"
SGB IX	Sozialgesetzbuch, Neuntes Buch „Rehabilitation und Teilhabe behinderter Menschen"
StGB	Strafgesetzbuch
TzBfG	Teilzeit- und Befristungsgesetz

Stichwortverzeichnis